互联网与金融系列丛书

互联网＋金融

乔海曙 等著

INTERNET PLUS
FINANCE

互联网

经济管理出版社
ECONOMY & MANAGEMENT PUBLISHING HOUSE

图书在版编目（CIP）数据

互联网+金融/乔海曙等著. —北京：经济管理出版社，2015.5
ISBN 978-7-5096-3784-5

Ⅰ.①互…　Ⅱ.①乔…　Ⅲ.①互联网络—应用—金融—研究　Ⅳ.①F830.49

中国版本图书馆 CIP 数据核字（2015）第 100865 号

组稿编辑：宋　娜
责任编辑：宋　娜
责任印制：黄章平
责任校对：车立佳

出版发行：经济管理出版社
　　　　　（北京市海淀区北蜂窝 8 号中雅大厦 A 座 11 层 100038）
网　　址：www. E-mp. com. cn
电　　话：（010）51915602
印　　刷：三河市延风印装厂
经　　销：新华书店
开　　本：720mm×1000mm/16
印　　张：17
字　　数：279 千字
版　　次：2015 年 7 月第 1 版　2015 年 7 月第 1 次印刷
书　　号：ISBN 978-7-5096-3784-5
定　　价：88.00 元

写在前面的话

朋友们！

21 世纪刚刚度过第一个 10 年，"互联网金融"这个热词就突然间席卷了整个中国金融业。随着近几年互联网金融的蓬勃发展，人们甚至普遍认为互联网金融将会颠覆传统金融，并称其为中国的互联网金融革命。

2013 年被称为"互联网金融元年"，你知晓这一切是怎么来的吗？

互联网金融的突然崛起，最难受的肯定是国内银行"大佬们"。早年也有过数度辉煌的银行业，凭借着国内的"高富帅"地位，已经过惯了养尊处优的日子，但随着社会的进步与经济的发展，银行业的很多方面已经开始被人们所诟病，面对受大众追捧的互联网金融，它们已经陷入四面楚歌的境地。

面对互联网的强势崛起，过惯了好日子的银行业正在苦苦挣扎，你想知道它们会如何应对吗？

主导这次互联网金融革命的主角是互联网巨头们：富有传奇色彩的电商帝王马云和他的阿里巴巴、万人瞩目的社交明君马化腾和他的"企鹅"帝国等。他们在互联网领域棋逢对手，在互联网金融战场上的大战更是难解难分。小额贷款？支付？存款？互联网金融大战愈演愈烈！

互联网巨头们掀起了互联网金融革命，引发的"诸神"之战精彩纷呈，你想了解这场战争的来龙去脉吗？

移动互联网的火爆引发了中国互联网金融革命中的另一个高潮，微信则是这个高潮中唯一的主角。众多的用户、良好的口碑、巨大的价值，作为互联网金融中的又一面旗帜，微信建立起了属于自己的盛世帝国。乘着移动互联网热潮的春风，微信终于杀入了金融领域，微信支付、微信红包等纷至沓来。

微信作为移动互联网狂潮的引领者，为互联网金融革命开辟了新的战场，你想认识它的前世今生吗？

互联网金融最显著的特征就是大众化、民主化，除了巨头们，各方互联网小势力在互联网上掀起的"草根"金融革命史是不能不提的。"互联网金融元年"也是"草根"的元年，众筹融资、P2P网络借贷等"草根"金融逐渐被人们所熟知。陆金所、点名时间、拍拍贷等互联网金融平台让"草根"们有了追求财富的机会，让"草根"们有了实现梦想的平台。

"草根"们是互联网金融革命中不可或缺的部分，为其注入了新的活力，你想知道它们的金融梦想吗？

比特币——一种出现在互联网上的全新货币形式，它当然也是互联网金融革命中不可或缺的一环。它从几毛钱涨到几千元，接下来又在一天之内下跌一半，最后连最大的比特币交易平台都垮掉了。比特币跌宕起伏，充满无数谜团，更出人意料的是，这种虚拟货币却被很多人认为是潜在的未来货币。

互联网金融革命不仅仅是人与人之间的对抗，也是货币之间的较量，你想明了货币之间是怎么斗争的吗？

互联网金融作为一个全新的事物，它的强势发展被一些人称为野蛮式生长，这种野蛮生长让监管层更是左右为难。互联网金融已经不是传统意义上的金融，传统的金融监管不适合互联网金融，也管不了它，互联网甚至在挑战传统权威的极限。

是金融就存在风险，存在风险就需要监管，你认为互联网金融的监管到底该何去何从呢？

朋友们！

互联网金融，一个改变时代的概念；

互联网金融革命，一次前所未有的金融革新；

中国的互联网金融革命，一段正发生在神州大地上的光辉历史。

现在，让我们一起去见证！

目录

第一章

元年之兴

　　整个世界在风云变幻中前进，金融的中兴之钟已经被互联网敲响了！

　　这种颠覆并不是说互联网要取代银行等传统金融机构，也不是说互联网会创造出什么新的金融形式，而是指以互联网思维和技术来改变金融的交易结构和运作模式。

　　参禅有三重境界：

　　第一重境界："见山只是山，见水只是水。"

　　第二重境界："见山不是山，见水不是水。"

　　第三重境界："见山仍是山，见水仍是水。"

　　我们暂且可以把互联网金融的三重境界划分为对应的"金融互联网"、"互联网金融"和"完全融合境界"。

　　互联网与金融的完全融合，是一种人本精神的体现。正是有了人们更快、更方便、更实惠的本质需求，才会有互联网金融的出现。

第一节 / 金融的中兴

从银行出现至今，以银行为核心的金融机构统治金融行业已经走过了500年的历史。期间，银行业的发展与壮大为社会创造了难以计数的财富，让整个世界联系得更为密切，可以说在银行统治下的金融王朝为人类的发展做出了不可估量的贡献。

但是，银行统治的时间终究是太长了，任何事物都敌不过时间。曾经的银行理念是比对手先进数倍的金融思想，曾经的银行在外行人眼中是个无比新奇有趣的地方，曾经的银行可以轻而易举地赢得社会的认可和赞扬，但这也仅仅是曾经。几百年过去了，银行已不再新奇，以银行为首的金融机构还时常会被民众吐槽，曾经被冠以的"现代金融"之名也开始被"传统金融"所取代。

银行是"冷美人"的化身。

一提到银行，人们就会想起夏天那开着空调略带寒意的营业大厅，漫长的排号等候，复杂的票据流程，差强人意的服务态度以及偶尔出现在人们视线中的小纠纷。作为服务行业的一员，银行似乎没有深层次地意识到服务水平与大众满意度之间的紧密联系，在一些高曝光率的"民银"事件上，银行方面的解决措施也并未得到消费者的认可，如此种种，长期下来银行渐渐地被人们所误解。

但是，支付宝出现了！微支付出现了！移动互联网闯进来了！

"嘀嘀嘀"，掏出手机，轻轻一点，人们再也不用天天往拥挤的银行跑了，再也不会被营业厅那复杂的业务流程忙得晕头转向了。移动支付就像一台善解人意的移动 ATM 机，让我们走到哪里付到哪里。

银行是"聚宝盆"的象征。

一提到银行，人们就会想起一沓沓钞票通过银行柜台点钞机的"唰唰"声，这似乎是财富的声音。银行作为金融行业的领头军，必然会受到国家政策福利的惠及，如存贷利差的扩大为银行带来了丰厚的收益，让银行过上了"赚钱赚得不好意思"（出自某银行行长原话）的生活。基于国家和人民的支持，银行拥有了较强的财富聚敛能力，俗话说权利和义务要对等，银行是否也要服从"先富带动后富"的国家政策去回馈大众呢？但赚了这么多钱的银行有的地方就做得不太厚道了，既然一边依靠国家政策赚钱赚到手软，另一边还是应该要让点利益去回馈大众嘛，但有时民众却还能听到某些"专家"宣称"盈利是企业的最终目的"这种资本主义言论，难免大受刺激，对银行的不满情绪与日俱增也是自然而然了。

但是，余额宝来了！理财通来了！互联网基金冲进来了！

"涨了，噢耶！"人群之中响起了欢呼声。它们一来，顿时使得市场的活期存款利率一下提高了数十倍，相比银行存款，人们转向了更加便捷、更高收益的互联网基金。对于银行而言，互联网理财产品就像一个搅局者，推动了利差的回落，而银行从利息差中赚的一部分钱也开始进入民众的口袋，"赚钱赚得不好意思"这种话怕是再难以说出口了。正所谓"独乐乐不如众乐乐"，让利于民是更好的选择。

银行是"高富帅"的平台。

一提到银行，人们就会想起那一栋栋豪华气派的银行大楼。作为财富的象征，银行似乎也更偏爱充满着"财富气息"的高端客户。银行靠着独有的融资渠道优势进行目标客户选择，高端客户由于拥有雄厚的资金保障，向银行借款几乎畅通无阻，而中小客户等"草根"阶层由于信用不足，借款则是难上加难，资金需求无法得到满足，自身发展更是有心无力。

但是，众筹融资来了！P2P 网贷来了！互联网金融杀进来了！

"哒哒哒"，只需要在电脑前面敲几下键盘。从此，融资不仅限于银行这个渠道了，通过网络，资金借贷变得更加便捷化、大众化，中小企业可以及时地获得一定的资金来让自己渡过难关，"草根"创业者们也能筹到自身的启动资金，资金借贷不再是难事了。

互联网在我国真正爆发始于 2000 年，一群富有远见和创造力的年轻人把国外先进的互联网技术带回了国内，他们精力旺盛、思想开放，积极投身于先进知识和技术的传播运用，为互联网金融的繁衍提供技术沃土。不管是支付宝、微支付等移动互联网技术，还是余额宝、理财通等互联网理财产品，抑或是众筹融资、P2P 网络借贷等"草根"金融，它们都是由互联网带来的。

新的变化猛烈地冲击着社会各方面的旧秩序！

现在，互联网已经开始重塑原有金融秩序，逐渐渗入以银行为主的金融体系的各个方面。

当然，这仅仅是渗透，并不会反客为主，银行在金融体系中仍然发挥着不可替代的作用。而这个重塑的开端应该就是现在所谓的"互联网金融"了。

随着互联网金融的到来，网上购物、团购、手机支付等新鲜有趣的事物相继出现，人们的生活更加方便快捷、丰富多彩了。"草根"创业者和中小企业的资金问题也不再棘手，民间资本也有了更多投资渠道。

随着互联网金融的到来，国内金融业不再平静如初。原本专属于银行的"大蛋糕"将要被重新分割。面对新的对手、新的领域，银行传统领域创新迫在眉睫。

互联网金融就如同一条活力四射的鲶鱼突然跳入了金融界，令传统金融机构措手不及，金融世界的改变一触即发。

整个世界在风云变幻中前进，金融的中兴之钟已经被互联网敲响了！

现在，就让我们来看看互联网是如何改变金融世界的！

第二节 / 东方的互联网金融革命

一

2013 年被称为中国互联网金融元年，时代在改变！

在这个时代，你还在为去银行网点办事要排长队而苦恼吗？有了移动互联网后，用微信交手机费，用支付宝交水电费或购买商品，还有很多折扣优惠。你也许可以利用去银行排队的时间做很多事。

在这个时代，如果你个人急需一笔资金，或者你的网上小店需要小额贷款，你还在为从银行贷不到款而发愁吗？有了 P2P 网贷、众筹等小微金融后，你就可以从网上获取资金了，不用再望"银行"兴叹了，更不会有人冒着巨大风险去找地下钱庄了。

在这个时代，你还在担心有小钱、有野心但没处投资吗？有了余额宝等各种"宝宝"的帮忙，稳定的投资收益突然间提高了不少，银行利率也随之会有所提高，你既不用担心银行存款会出现实际的贬值，也不需要冒风险去投资高风险项目了。

没错，这就是互联网金融给我们现在的生活带来的巨大变化！当然，互联网金融在给普通民众带来很多好处的同时，也给中国的传统金融业，特别是银行业带来了巨大冲击。

随着互联网正在逐渐地改变着传统金融面貌的进程，"互联网金融"这个概念开始被人们频繁提及，近两年更是成了一个爆炸性话题，余额宝、微信支付等产品已经成了人们茶余饭后的谈资，不管什么人都在谈论着互联网对金融的颠覆。

这种情况，在 21 世纪的中国尚属首次！

但这是不是一个不太正常的现象？

早在 15 世纪初，银行就已经出现在欧洲，伴随着资本主义的强势发展，以银行为核心的金融体系在西方世界里也得到了前所未有的飞跃。而中国直到清末才由西方人带来了真正意义上的银行，真正建立起现代银行业金融体系可能要从改革开放后才能算起了。

可以说，时至今日，金融无论是作为一门学科，还是一个行业，或者是一门技术，以美国为首的西方世界都走在前列。

与金融一样，互联网也是由西方人发明创造的。

中国是在近一二十年才真正领略到互联网的魅力，而在此之前，欧美的互联网技术已经十分先进了，特别是美国。虽然中国的互联网行业在近年来得到了相当迅猛的发展，但在很多方面还是相形见绌。

不管是在金融发展方面，还是在互联网技术方面，美国都可以算是世界上最为发达的国家了，但是在美国并没有产生"互联网金融"这种说法，反倒是落后不少的中国出现了互联网对传统金融几乎颠覆性的冲击，互联网金融这个概念才随之浮出水面。

为什么中国的互联网金融会出现西方不具有的颠覆性？为什么中国的互联网金融能带来金融的中兴？为什么互联网金融革命会率先出现在东方？

二

距今 4000 多年前，几乎是同时，两个对后世影响深远的伟大文明诞生了。

一个是东方的华夏文明，另一个是西方的爱琴文明。

华夏文明，也就是我们引以为豪的中华文明，其孕育的汉文化或者说中国文化已经成为东方文化的代表。爱琴文明则衍生出了古希腊文化，经过几度辉煌后成为了西方文化的源头，而在西方文化中，如今最具影响力的非美国文化莫属了。

有人说过这么一句话：东方人的祖先和西方人的祖先都捡到过一根羽毛，只是东方人用软的一端书写，产生了毛笔，而西方人用硬的一端书写，便有了钢笔。虽然年龄差不多，而且都是由人类创造的，但这一东一西的两种文化实在是相差十万八千里。

举几个生活中的例子，好莱坞大片特别热衷于拍英雄，宣扬的都是个人英雄主义，而中国电影往往喜欢加上"这是人们的伟大胜利"这么个类似的设定；龙，在中国象征着吉祥与地位，中国人都称自己为龙的传人，但在西方人眼中，龙就成了面目狰狞、口吐火焰的恶兽，大家难道忘了小时候听的西方童话中抢走公主的都是恶龙了吗？还有个有趣的说法，中文说大话叫吹牛，而到了英语中就变成了"吹马"（Talk Horse）……

类似的情况还有很多，同样，互联网金融概念不偏不倚地最先出现在中国，这可能与中西方的社会文化各方面是分不开的。

从古希腊开始，民主这个概念就已经根植于西方文化中了，民主（Democracy）一词就是由希腊语的 Demos（人民）和 Kratia（统治或权威）派生出来的，在古希腊，执政者是公开选举出来的，就算是一国的执政者，他也是要拍平民马屁的。那时的社会不接受统治与被统治的说法，所有的公民都能积极地参与到政治生活中来。

但在此时的东方，却是一番截然不同的景象。

此时的中国正是处于秦灭六国，实现大一统之时，中央集权制度逐渐被确立，君臣之道、"父母官"等阶级概念深入百姓心中。

银行在中国一直被视为金融业的典范，从成立之初到现在，中国的银行帮助国家构建了完整的现代金融体系，稳定了国内的金融秩序，为中国经济的腾飞做出过巨大的贡献。但时代在变化，竞争在加剧，固有思维唯有与时俱进才不会成为发展路上的思想障碍。

国情的不同，造就了竞争意识与创新意识的差距。2000 多年过去了，相对开放的西方人逐渐具备了更为强烈的竞争意识与创新精神，在文艺复兴运动破除了宗教的禁锢之后，西方世界出现了翻天覆地的变化。新中国的建立彻底废除了落后的集权思想，但毕竟还是会受到历史思维惯性的影响，久而久之，中西差距也逐渐显露。

这点同样十分贴切地体现在了我国如今的金融业以及银行业上。

毫无疑问，在市场经济中，垄断对经济效率的损失是人所共知的常识。

而银行，特别是国有银行，当其垄断达到一定程度时，对金融的影响就不可小视。

与自然垄断、行业垄断不同，国有银行垄断地位的形成多少联系着点儿"经济使命"。国有银行的盈利与否不仅关系着他们自身的发展，更重要的是紧扣着国有经济的发展脉搏。与时俱进，有效满足社会经济对金融资源的需求，一直是国有银行肩负着的伟大使命。

简单点儿说，垄断环境的形成客观上是钻了国家政策的漏洞。由于银行自身具备一定优势，加上金融是关系着国计民生的大事，银行也就自然而然地担当起了金融市场的"管家"。

在这种情况下，渐渐地，银行业再也不用担心别人来抢占他们的市场了，再牛的金融机构也无力与之抗衡；银行再也不用担心利润不够了，依靠政策红利，就算是躺着也能赚大把的钞票；银行再也不用去想服务和创新这些个麻烦事了，又有钱又有地位，干嘛要去讨好别人？

久而久之，原本应该极具创新精神的银行开始变得保守起来，而原本应该充满活力的金融市场也逐渐变得平淡，保持着一如既往的传统习惯。

但是，始料未及的是，互联网以迅雷不及掩耳之势杀进了金融业，银行还没反应过来，就发现他们的好日子或许快要到头了。

三

互联网，作为第三次科技革命的代表性创造，十分明显地表现出了其开放、平等、协作、分享等特征，而这些特征也赋予了互联网十分强大的力量。

早在对金融业造成冲击前，互联网这个新兴势力就已经在其他地方"兴风作浪"了。比如说报纸，如果说电视还不足以撼动报纸的地位，那么互联网的出现则极大地挤占了报纸的生存空间。同样是信息发布平台，早已无处不在的互联网更加方便快捷，还是免费的哟。又比如通信行业，诺基亚、摩托罗拉等手机生产商都曾盛极一时，但乔布斯带着极具互联网理念的苹果手机一来，他们也都纷纷败下阵来。

与这些行业一样，在互联网金融的强烈攻势下，传统金融业的围墙终于被推翻，过了几十年安逸日子的银行业终于体验到了久违的危机感。

金融思维，开始了从寡头金融到大众金融的转变。

大家在进行金融交易的时候通常会依托第三方的帮助完成交易，而在以前人们对于这个第三方可能只能选择银行，这样银行就成了这么一个专属渠道，而互联网的出现给了大家一个多选的机会。有人喜欢放贷，有人有贷款需求，互联网则为他们提供了一个平台，而且互联网覆盖的广度是现今任何技术都比不了的，这样金融就变得大众化了。

支付渠道，开始了从单一化向多元化的转变。

而以前这个单一的支付渠道自然是指银行，我们不用现金进行交易时，只能通过刷储蓄卡或信用卡来实现，而刷卡又必须有 POS 机，这个的确挺麻烦的。但互联网金融出现后，我们可以用支付宝在网上直接转账付款了，而后来的移动支付通过手机声波、二维码等能实现多种方式的轻松结账，这种支付体系也打破了银行的渠道垄断。

除了前面两个改变外，可能还会带来信用评价的大众化。

因为金融是个高风险行业，而风险的来源是信息不对称，也就是说你要把钱借给别人，你并不知道他的信用度如何。传统的做法就是通过权威机构对借款人进行各种调查来进行判断，时间久了就会形成对信用信息的垄断，如果这个权威机构还有一定的资金渠道，垄断程度就更甚了。而互联网则能让信用体系向民间平台转变。我们现在逛淘宝的时候选择店铺不都要看它的信用度如何吗？如果是有几个皇冠（信用等级高）的店铺我们肯定会觉得放心，东西贵也没关系，而如果只有几个红心（信用等级偏低）的话，即使货品便宜些，也有很多人不愿意冒这个险。这不就是一个信用评级吗？这些都是由民众评出来的。互联网可以客观、实时地监控商家，可以看它的信用、交易记录等，这是互联网给金融业提供的一个未来发展的新方向。

互联网对金融的其他改变可能还有很多，这里也难以一一列出，但从我们身边的这些事情就可以看出，互联网对传统金融的颠覆也不是没有可能的。

但这也许仅限于中国。

就美国而言，其金融市场较我国更为开放，竞争因此更加激烈，同时由于其金融市场监管套利空间较小，美国的银行业不存在十足的"优越感"，如果不积极参与竞争，光一个金融风暴就可能导致自己破产。

在第三方支付业务上，美国的银行能提供比别人更好的服务，即使让客户去选择，他们也多半会选择银行的传统支付，这样就没有出现所谓互联网对金融的冲击了，因为根本就冲击不了。比如美国的 Paypal（类似于支付宝）日子过得就没有大洋彼岸的"兄弟"快活了。

再比如说利率，只要你稍微接触了银行的业务，就应该看得出我国的存贷款利率差较大，而这种大的利率差就带来了套利空间，这也是目前国内银行利润的主要来源。然而换个角度想，只要把钱从活期存款搬到货币基金（还是把钱借给银行）里面，收益就会更为可观，余额宝干的就是这么一个搬运的工作。于是人们开始狂热地购买它的基金，余额宝顺势火了一把，同时也成为了互联网金融的一个典范。但在已经进入"零利率"时代的美国，银行间的资金流动根本不需要什么利息，更别说转为货币基金了。美国以前也有过类似余额宝的货币基金，也火过一阵子，但随着利率差的消失，这类产品早已销声匿迹了。

说了这么多，总结起来，互联网金融这个概念会出现在互联网和金融都处于发展期的中国，原因可以从两方面分析。

从美国经验看，美国也有类似互联网金融的概念，但他们是把互联网作为一种服务于金融的技术，银行等金融机构早已把这门技术掌握得跟互联网企业差不多了。互联网对金融的影响属于潜移默化的，可以算是"静悄悄的革命"，而且，这种变革对银行的冲击可以说是基本没有的，因为这就是银行在竞争过程中为了获得成功而实现的自我升级。于是，很少有人把金融与互联网这种技术工具放在一起，"互联网金融"这种概念更是无从说起了。

从中国经验看，由于以银行为首的传统金融体系存在垄断等因素，导致其市场金融服务不到位。与此同时，互联网金融带来了更"体贴"的金融服务，人们自然就会不约而同地把目光投向互联网。作为新事物，政策方面正处于空白期，这也让互联网企业看到了较大的盈利空间，同时他们将收益分享给民众，受欢迎也是很自然的。互联网金融的快速发展给传统金融业带来了巨大影响，称之为"颠覆性的革命"也就不足为奇了。

这就是"东方的互联网金融革命"说法的由来。

第三节 / 革命的三重境界

一

金融拥有强大的力量。

《货币战争》这本书想必大家都听闻过，很畅销。它主要讲述了国际金融集团是如何用金融战役左右世界历史走向的，从罗斯柴尔德家族的金融帝国到美国历史上的政治变革，从美国内战到两次世界大战等，国际金融史几乎贯穿于整个世界的历史当中。当然，这些都带有夸张的手法，借用阴谋论把金融与世界历史的联系以小说的形式写出来，不可否认的是宋鸿兵先生确实把故事写得很吸引人，就算他写的是"美食战争"、"美女战争"，相信也是会大受追捧的。

虽然这本书写得很夸张，但金融的影响力却一点儿也不夸张。美国确实凭着强大的金融实力在主宰着世界，而银行作为这种金融的核心，实力之强大毋庸置疑，比如大家都熟悉的美联储，它其实就是一家私人银行。

相较于他国银行，中国的银行可能更"刁"。

2010 年的《财富》500 强中，中国的五大国有银行均进入了前 100 强。在前 100 强里的银行中，除了利润率都在 20%以上的中国五大行外，其次是摩根大通，它的利润率仅为中国工商银行的一半，而其余银行大部分利润率均在 10%以下，有些甚至存在亏损。"股神"巴菲特旗下的伯克希尔·哈撒韦公司，利润率只有 9%。而作为全球营业额最大的公司，沃尔玛的收入利润率还不到 4%！

由上可见，中国的银行很强大！

但强大并不代表着无敌。

当年称霸海洋的无敌舰队，船身巨大，在海洋中畅游无阻，西班牙以此为傲，不可一世。然而，无敌舰队仅"嘚瑟"了短短 2 个月，之后就被英国彻底击溃！为什么曾经霸道的无敌舰队会瞬间灭亡？其原因就在于它已经无法适应现代海战。英国船队以"小"、"快"、"灵"不断冲击它，体积庞大、战法落后的无敌舰队被消耗得精疲力尽，最终被英军偷袭得逞，一举歼灭！

银行也有相似之处。在规模上，虽然庞大无比，但机构臃肿、人员冗杂反而会造成效率低下及成本过高；在理念上，虽然曾属新奇，但若墨守成规、坐拥利差收益，最终将被时代所淘汰。稳定的利差收入宛如一道极具"安全感"的门阀，慢慢地消磨了银行的斗志，让其失去了往日创新的动力，而整个金融业也因此"沉默"。

直到互联网金融的出现，金融大地活力再起。以互联网为代表的新兴力量，在金融界掀起了一场"颠覆性的革命"。虽然有个声势浩大的开端，但要深层次地改善金融体系，必然也会经历一个艰苦的过程。

这个过程，我们可以称为"革命"的三重境界。

宋代有一个高僧，叫作青原惟信禅师，他曾说过参禅的三重境界分别是：

第一重境界："见山只是山，见水只是水。"

第二重境界："见山不是山，见水不是水。"

第三重境界："见山仍是山，见水仍是水。"

高僧就是高僧，说的确实很在理。这三重境界可以很自然地套到我们的互联网金融"革命"上，我们暂且可以把它划分为"金融互联网"、"互联网金融"以及"完全融合境界"。

二

先来看看互联网金融革命的第一重境界：金融互联网。

见山只是山，见水只是水。

这句话强调的是这个"只"字。人的视野是有局限性的，看见了山，看见了水，但也仅限于此。而且就算能看到，又有谁能保证你看到的是真的山和水？说不定只是海市蜃楼而已。无论是山水，还是花草树木，甚至是明月、雷电、彩云，如果仅是直观观察，还是无法查知它们的存在意义，所以说只是一个假象而已，所以为"只"。

在我国，金融与互联网很早便已产生了"化学反应"，而且部分已经融入了我们的日常生活，其中最明显的就是证券业。近些年开始炒股的新股民们可能对证券交易所不太熟悉，大多可能从没去过（毕竟只有上海、深圳有），但是对于最早的一批股民来说，他们对证券交易所可能比对自己家里还要熟悉。在证券未实现电子化交易前，股民们只能去证券交易所购买股票。随着互联网技术在我国的飞速发展，证券交易很快被搬到了网上，互联网平台能快速有效地促成交易。因此，证券交易所的柜台功能逐渐消失，取而代之的是网络上的各种交易软件。

作为金融业的老大，银行其实早已接触互联网，银行也在逐渐深入地运用互联网技术。早在 2000 年之前就有一些银行开始着手构建自己的网上银行，经过 10 年左右的发展，网银技术已逐渐成熟。今天，无论规模大小，银行基本都建立起了自己的网上银行系统，有实力的大银行还推出了自己的网络品牌产品，甚至进入了电商行业。早已普及开来的信用卡支付和网银缴费业务，还有最近炒的热火朝天的"微信银行"，都是银行积极利用互联网的表现。

由此看来，银行等传统金融确实也"参禅"了，他们也的确看到了互联网的利用价值，但可惜的是，他们只参到了第一层境界，看到的只是互联网作为技术的这个表面现象。经过了多年的快速发展，互联网现在已经不仅仅是一门技术了，技术只是工具，而互联网超越了技术本身和其工具属性，带来的不仅仅是科技的进步和变革，它更深层次的意义在于其不断创新着、影响着、变革着、颠覆着传统的生产消费模式和社会生活方式。互联网是一种思维，蕴含的是自由、开放、大众的思想，现已渗入各行各业之中，而当代金融业正需要这种新型能量的注入。

在这点上，美国的银行就比较有先见之明。由于一开始就置身于激烈的竞争环境，开放、大众、民主这些所谓的互联网思想对它们来说是必须具备的素质。因此，虽然互联网对于它们而言也只是一门技术，但是它们已经把这门技术做到了极致，美国的银行或许早已进入另一个层次了。

由于这个阶段的主体是以银行为主的传统金融机构，互联网仅仅是作为一门技术来为传统金融机构服务的，利用它可以有效提高金融市场的运作效率，因此我们把金融放在前面，称这第一重境界为"金融互联网"还是挺合适的。

三

说完了第一重境界，我们来看看第二重境界：互联网金融。

见山不是山，见水不是水。

这句话强调的是个"不"字，与第一重境界正好相反。前面是肯定，这里就是否定了。前面只要用感觉去感受，这里要用大脑去质疑和思考。见到的山水是不是真的山水？如果不是，那见到的山水又是什么样的山水？山水如何而来，又将如何而去？世界要进步，达到这重境界是关键。虽然看起来容易，但并不是每个人都能做到。"老掉牙"的例子有牛顿和苹果不得不说的故事，往近了讲有乔布斯和"苹果"不得不说的故事，为什么是"牛"人才去会思考地心引力？为什么只有"乔帮主"看到了智能手机的潜力？

前面也说了，银行将互联网视为工具，却又无法参透精髓，于是以互联网为本体的互联网企业出现了。既然银行知道把互联网作为提高效率的途径，作为新时代的佼佼者，互联网企业当然也会反向思考，将金融变为它们的赚钱工具。但是，与银行不同，互联网企业窥测到了第二重境界：互联网和金融一旦连到一起，那么互联网则可能不再是平时意义上的互联网了，而金融也或许不再是传统意义上的金融了。

与银行要具备互联网思维的情况不同，互联网企业要想得到金融思维只需要挖几个人才"依样画葫芦"就行了，毕竟传统金融体系下的"老物件"都已经活了几个世纪了。

2013 年，阿里巴巴旗下支付宝推出的余额宝一炮走红，第一次让人们真正意识到这种带有互联网思维的金融的存在及其所产生的强大力量。余额宝是个货币基金，最开始只是为了提升用户的黏度而把用户闲散的钱吸引到支付宝中，方便用户在淘宝购物。但说到闲散的钱，目标被迅速瞄准到活期存款上了，于是余额宝就有意无意地成为了银行的竞争对手。恰巧在那个时候国内出现了"钱荒"，余额宝反而成为了银行的贷款人。这在以前可是不敢想象的，银行作为金融界的老大，无人敢与之较量，但是在金融从业者看来是外行的互联网却成了第一个吃螃蟹的人。

看过了余额宝的神奇，人们接下来又见识到了腾讯将支付功能植入到微信中所带来的疯狂，以及那早已现身于网络平台上的众筹融资和P2P网贷。再接下来，人们惊讶地发现一向"豪气"的银行日子竟然不好过了，这些互联网公司所主导的金融力量已经对传统金融造成了一种隐形的压力。

当然这并不是说互联网要取代银行等传统金融机构，也不是说互联网会创造出新型金融模式，而是指以互联网思维和技术来颠覆传统金融的交易结构和运作模式。

这种颠覆的关键词就是"渠道"。

在传统金融体系下，存贷款要经过银行，进行证券交易要通过证券公司，买保险要去保险公司，银行、证券公司、保险公司等传统金融机构作为中介，也就是资金融通的渠道，就称其为实体渠道吧。但是互联网可以做金融后，放在支付宝里面的钱可以随时存取，要借款放贷也可以依靠P2P网贷等网络融资平台，还可以购买余额宝和理财通等互联网货币基金，收益比银行存款高，同时又比股票稳定，而保险也开始推行线上销售。如果只是单一做中介或者说渠道的话，那么互联网可以包揽全活，甚至在某些方面会做得更好。但是由于互联网并不存在类似于银行、证券公司的实体机构，我们称其为虚拟渠道也是可以的。

除了虚拟渠道创新对传统金融造成了明显的冲击外，两大"潜力股"也正在蓄势待发，其中一个是大数据的运用，还有一个是虚拟信用平台的初步成形。

大数据（Big Data），又叫巨量资料，指的是由于所涉及的数据很多、很大，以至于无法轻易消化。互联网的存在为大数据的处理提供了技术支持，由此也诞生了"大数据技术"，它有助于我们在较短时间内取出、管理、处理并整理大量的数据资料，并使之成为帮助企业经营决策的有效信息。因此，可以说大数据是一种互联网思维或技术，若将其应用于金融行业，必会产生不小的影响。

虚拟信用平台则更好理解，最典型的就是前面提到过的淘宝信用体系，买家给商家评分，通过累积得分，商家取得对应的信誉等级。相对于银行的传统信用评级，虚拟信用平台更为大众化，因此也更容易被民众所接受。

第二重境界，主要是以互联网企业为主导，用互联网的思维和技术来改变传统金融，从而实现金融在我国的开放化、民主化与大众化，所以我们把互联网放在前，称为"互联网金融"。

当然，上述的几种金融运作模式只是一个雏形，若要真正达到成熟阶段，则要进入到第三重境界当中。

四

互联网金融革命的最终境界：完全融合境界。

见山仍是山，见水仍是水。

这句话强调的是"仍"，此话一出，感觉神乎其神，朦胧混沌。其实不然，互联网金融，单从字眼上就能看到"金融"二字，从本质来说更是离不开金融。但互联网与金融的完全融合，让金融有了全新的面貌，此时再见金融的山水，一定分外纯美。

互联网与金融的完全融合，将带来一种全新的金融体验。

传统金融虽然经过了金融互联网的进步，但是在业务的办理上还是无法完全脱离人工受理。人工的受理方式局限于地域和时间，还增加了银行运营的成本，带来了金融体验的诸多不便。

可是，互联网与金融的完全融合就让一切焕然一新。烦琐的金融业务都被转为简单的程序，只需几个按键就可轻松完成。就比如转账，通过支付宝只需要 3 个步骤，才几秒钟而已，而传统的银行转账业务从填写单据到拿号排队，再到柜台人工受理等烦琐的过程，没有几分钟是绝对办不下来的。此时，你再也不用排着冗长的队伍，填着烦琐的业务单据了，所有一切复杂的业务流程将全部转化为手机上几个无比简单的操作。快速、方便是互联网对金融的全新升级。

这种"人性化"的体验是互联网金融与生俱来的基因。任何业务、任何地点、任何时间只要你想，就可以用移动终端发出指令，通过云计算、大数据、网络后台快捷地办理所有金融业务。计算机的运行极大地提高了金融的工作效率，使金融活动突破了时间和空间的束缚，极大地降低了人力资源成本。

互联网与金融的完全融合，将时间和空间、效率与成本紧密结合，给予了金融一次完美的进化。

可以预见，在未来金融世界里银行柜台将基本消失，人工受理的一般金融业务将被简单的手机操作取代。银行成本将被大大降低，柜台不再办理一般业务，而是更多地为高端客户服务。按照这种金融的发展趋势，银行等金融机构基于现有的机构规模和员工数量，特别是大型银行，将面临一场艰辛痛苦的转型。

互联网与金融的完全结合不仅方便、快捷，更会带来有趣、好玩的全新金融体验。庞大的银行，将被互联网神奇地转为简单的 App 装入我们的手机。

这些体验是传统金融所没有的。

德国有家互联网金融企业叫 Fidor Bank AG。它有一个产品叫 FidorPay Account，它的存款利率是完全与众不同的，是"玩"上去的。其利率是由 Facebook 上 Like 的个数决定的，当 Like 的个数达到某个数字时，利率就会往上调！此产品一出，众人疯抢，玩得超 High。

可以想象，在不远的未来，互联网与金融的完全融合，将给我们带来更多有趣的金融体验，到那时金融对平常人来说不再枯燥无味、繁杂琐碎，而是快捷、方便还好玩儿，特别是这种"好玩儿"是金融史上不曾出现的全新体验。

五

互联网与金融的完全融合，将带来全新的风险控制手段。

银行传统的风险控制主要还是依赖于人力资源，做一笔贷款往往需要庞大的调查队伍以及众多的贷款抵押物，繁杂的会计账本需要内部员工一一整理。但这一切都将在互联网金融时代化为乌有。

只因三个字：大数据！

大数据的成型使得人类彻底摆脱了原有单维的样本数据，拥有多维的全样本数据。说起来似乎神乎其神，其实很好理解。

在传统金融领域，往往通过一系列账务信息来衡量一个企业的信用情况，但这样的财务信息是单维的，并没有显示出企业全部的情况，也正因为单维信息的不确定性，才出现了抵押物，这样又增加了贷款成本。在大数据时代，数据的全面性将打破单维信用评价的桎梏。

比如，一个企业的财务信息可以自己作假，但有些包含在大数据里面的信息则无法作假，企业的用电量、与其他企业交易的数据、企业产品的真实销量等全部被记录下来。多维数据有助于还原企业真实、透明的实际情况，届时无抵押贷款将成为常态。

基于大数据的新型风控模式将会迅速兴起，而这股浪潮在美国已经掀起了波澜。在洛杉矶，由前谷歌首席信息官 Douglas Merrill 创建的名为 ZestFinanc 的公司专做高风险贷款，把钱借给信用不良的个人或者企业。ZestFinance 构建了一个拥有 70000 个变量的大数据分析模型，基于大数据新型风控模型，收益十分显著，模型效率比传统模型高 60%，不良贷款率比同行低 60% 以上，还款率更是高出 90%。

大数据的价值可见一斑，它的运用将极大地降低人工成本，有助于构建更为真实、全面的多维信息，全面地反映企业的信用情况。

对企业如此，对个人也如此。在国内兴起的很多 P2P 网贷公司给个人提供贷款，已经和传统银行完全不同了，不需要用房子做抵押，也没有复杂的程序，只需要填写一张简单的表格，给出家庭住址、手机号码、工作单位等重要信息即可取得无抵押贷款。这几个简单的信息在大数据时代就已经多维地反映了个人的真实情况。

P2P 网贷公司可以通过你的住址，了解你的住房水平；通过住址的水电费用和是否按时缴纳，了解你的基本生活品质和信用情况；通过你的手机信息，了解你手机的品牌，估计你的消费水平；根据工作的单位，了解你的收入情况。在不经意间，人们可以从几个简单的数据挖掘出多方位的信息，从而真实地还原个人的信用情况。一种不同于传统银行的大数据风控手段，将会在互联网金融时代大显神威。

我们满怀信心，在互联网与金融的完全融合时期，大数据风控手段将会以更低的成本、更高的效率以及更准确的信用评价取代传统风控手段。

在大数据的风控技术下，将出现一个全新的网络信用平台。每个企业、每个个体的信用情况，在大数据的还原下一目了然。整个社会的借贷成本，在大数据的帮助下将会大大下降，而个体的信用违约成本将大大提高。其结果是，金融再次高效进化，信用社会全面建立。

六

互联网与金融的完全融合，还将带来全新的普惠金融和大众金融。

在互联网金融推广的中期，互联网企业以让利、普惠的策略吸引民众，开辟了一条完全不同于传统银行的新型普惠金融模式。在中国，传统金融更多的是利用信息不对称以及政策红利，坐享巨额的利差收入，安逸的环境带来的是创新能力的下降。而互联网金融的出现彻底改变了这一局面，互联网构建了新型网络营销渠道，信息充分流动下让出部分利差收益，让民众在金融的发展中分享到更多的成果，如此一来互联网金融深得民心。

普惠金融更多关注传统金融长期忽略的"草根"阶级。通过网络渠道，积少成多，把大量零散资金汇集成大额资本，发挥聚集效应，产生更多的财富增值。普惠金融的出现无疑是对现代金融的强力补充，并大大提高了零散资金的使用效率。

可以预见，互联网金融的出现让普惠金融大行其道，民众得到了更多的实惠，互联网金融将与"草根"阶层紧密地结合在一起。在未来金融世界里，有可能出现现代金融的分流，银行专于大型客户和高端的个性化金融服务，互联网金融立足"草根"，提供大众化的普惠金融，从而完成了现代金融的再次进化，实现了金融的全方位覆盖。

互联网与金融的完全融合，还有可能开创全新的货币体系。

传统货币受限于主权政府，其发行、流通都受到政府的控制。但是政府决策也并不是万无一失，货币一旦发行过多，带来的社会损失将直接影响民众的利益，随后一定程度上会影响民众对本币的信任度。当大众对货币信任度下降时，就会通过各种保值手段来抵御自我的损失，例如黄金热就是一个典型的例子。

正是由于对传统货币的不信任，2013 年比特币着实大放异彩火了一把，其最高价格达到了不可想象的 1200 美元。比特币的出现完全颠覆了原有的货币理念，它基于一套严密的算法，带有严格的数量限制，绝不以个体的意愿多发或少发。可就在比特币天下无敌的时候，最大的比特币交易网站突然破产，从此比特币跌下神坛，一蹶不振。

也许比特币只是一次小小的尝试，这种尝试里带着人们的期盼。民众期待着一种全新的货币，摆脱传统货币通货膨胀之苦。可以预见，在未来金融世界应该还会出现其他新型货币，冲击传统货币的霸主地位。

互联网与金融的完全融合，是一种人本精神的体现。正是有了人们更快、更方便、更安全、更实惠的本质需求，才会有互联网金融的出现。

好玩有趣、快捷方便的金融体验，透明真实的网络信用平台，让利于民的普惠金融，免于通胀的新型货币体系，将会给未来的金融世界带来充满惊喜的无限可能！

第二章

银行之痛

银行看似有点不安地打开病历本。

上面赫然写着：缺乏互联网思维。

互联网金融重重围住银行，时隔 2000 多年，历史上的垓下之战再一次上演。"霸王"银行是否会重演历史，输给一介布衣的互联网金融？

现在银行业的繁荣让我们无可厚非，当一群群搞互联网金融的"野蛮人"进来搅局时，如果银行继续按照自己的思维行动，那么总有一天会惨死在互联网金融之手。

世界潮流，浩浩荡荡，顺之者昌，逆之者亡。传统银行业，面临着新抉择。终究该如何对抗命运？

第一节 / 一路风雨沧桑

有这么一群财大气粗、睥睨一切的先行者，占据着道路，他们叫银行。

有这么一群活力十足的挑战者，一心想要将先行者拉下马，他们叫互联网金融。

狭路相逢，自鸣得意的银行注定要遇上路见不平的互联网金融。这种相遇的场景，大家是不是也幻想过很多次，互联网金融和银行握手示好应该是小概率事件。

一场战斗最终由互联网金融的"亮剑"开始，本以为只是表面上的恐吓而已。

然而，万万没有想到，正面交锋让我们看到的是这群高傲的家伙身上到处烙下的伤痕。

这群家伙似乎也有着一段不堪回首的历史。

是的，他们也曾肝肠寸断、遍体鳞伤过。

20世纪90年代的风雨飘摇

一

"天将降大任于斯人也，必先苦其心志，劳其筋骨，饿其体肤，空乏其身，行拂乱其所为……"

2000多年前，孟子用一个个实例告诉我们这句话的道理：舜从田地中被任用，传说从筑墙的泥水匠中被选拔，胶鬲从鱼盐贩中被举荐，管夷吾从狱官手里被释放并被录用为相，孙叔敖从隐居的海滨被举用进了朝廷，百里奚从买卖奴隶场所被赎回成为大夫。可见，成功没有那么容易，风光的背后总有一段风雨飘摇的岁月。

风光背后，不是沧桑，就是硬扛。银行、国企以及中国整个的金融系统也曾这样。

就拿国企来说吧！20世纪90年代，整个国企的日子都过得很憋屈。财政连年出现赤字，然而大家还是要继续过日子，中央财政继续把国有企业当作提款机使用，但提款机可不是取之不尽、用之不竭的，总有提完的时候。

所谓"捆住老虎放开猴"，国企过分透支，已经毫无力气继续补充能量扩大自己的能力了，而这个时候一些毫无技术、资金和管理经验的民营企业和三资企业却开始在市场上猖狂。"山中无老虎，猴子称大王。"失宠的国企无奈地看着这群"猴子"霸占了自己的地位。

已经手无缚鸡之力的国企在1995年还为1023万名退休工人支付了604亿元的退休工资！

604亿元，本就步履蹒跚的国企被压得更是喘不过气儿来。

总之，20世纪90年代的国企处于混沌状态，银行也不例外。

二

俗话说没妈的孩子像根草，银行这根草在20世纪90年代的风中摇曳着。但也正是因为他像根草，才不会在那片喧嚣中倒下。

20世纪90年代的中国单纯依靠"无形的手"指导经济，信奉市场经济就是自由放任，市场很宽容，只要你肯干，就没有什么清规戒律。银行一路走来看似疯狂，却也惊心动魄。

国家支持实体经济发展而金融秩序混乱的状况激发了银行包举宇内的欲望，他就像被放养的孩子，疯了似的设置机构，肆意发放贷款、吸收存款、同业拆借……只要有赚钱的机会，银行就会积极出手。

金融机构对搞开发区、上投资项目充满了激情。只要我愿意，管他可不可行，会不会批准，他们都会有办法安排。上有政策，难道还怕下面没有对策吗？

上有政策下有对策，这个对策却稍有偏差，金融领域在这样的肆意妄为下，一片混乱，结果还真让人唏嘘。

银行、企业、财政亲密得像一家人，规则这东西，有也罢，没有也罢，面临不同的状况，总有办法可想。

国家信用支撑着整个经济体系的运行，银行固然很开心，管他的，企业还不起的还有大 BOSS 来埋单。银行越来越不把风险当回事，放任信贷规模的胡乱扩张。

银行这个出纳还是比较称职，当得相当不错！

风雨飘摇的年代，注定了银行的命运多舛、痛不欲生。

"乱"的背后终究是一场噩梦。

每到年关，员工们就开始紧张了，他们都在忙于一件事：追索不良贷款。早出晚归，还厚着脸皮好说歹说地向别人要钱。哦，原来借钱是光荣的，讨债似乎变成了可耻的事。一位工作人员曾无奈地说："在很多人眼里，我们都成了黄世仁。"

把这个名号安在银行身上，还是有点儿过。毕竟银行借钱给你了，应该给他机会催你还钱。

言归正传，银行贷款收回的脚步已经远远赶不上放出去的脚步，看来贷款收回的马力还真不够。这时，大量的呆账、坏账出现了，银行终于开始苦恼了。2 万亿~3 万亿元坏账的烂摊子，这是几十年沿袭的国家指导贷款制和借贷时"关系"重于商业规则的做法遗留下来的苦果。

银行没有这个肚量吞下这个苦果，否则不说撑死，苦都要苦死吧。

2 万亿~3 万亿元，这是个不小的数目！尽管无人知道亏空的确切数据。当然，最后还是有人站出来给他解围。

正所谓，大难不死，必有后福。

"牛气"是这样炼成的

当阳光再次普照时，银行获得了重生。

不，是疯狂地生长。

忘记了何为"物极必反"的银行不断壮大的同时还在背后偷着乐呢，他们觉得是有资本来骄傲一番了。从此，银行开始正大光明地修炼他的"牛气"，把傲慢与偏见演绎得活灵活现。

《傲慢与偏见》中整个英国的社会现状就是他们学习的对象了。简·奥斯汀，这部伟大著作的作者，终身未嫁的女作者，通过自己的经历阐释她的思想，一针见血地反映当时的现实。她讲的是婚姻，以钱为基础的婚姻。如果男方有钱有地位，管他长得怎样，只要是个人样，女方也有丰厚的嫁妆，那么这种结合是被人祝福的。还真是有钱人终成眷属，幸福到只剩下钱了。

于是乎，许多没有经济能力的女性开始盼望着自己的白马王子，不，是有钱王子的出现。然而，这也还是需要碰运气的。运气好，就能被出手阔绰的人买走，运气不好，只能一辈子做着自己的豪门梦。即便有些女人被土豪们买走，她们的生活也并不如意，与其说是土豪的妻子，还不如说是买来的佣人或许更贴切。一个个婚姻悲剧在那个时代是很普遍的，根本原因其实很简单，就是妇女地位低下，即便是有钱的太太、小姐们，充当的角色也只是家庭主妇而已。社会的不平等造就了那个时代名门望族的傲慢与偏见。

难以想象，那个社会的傲慢与偏见是要达到怎样的程度，才会让着手描述这个社会的作家终身未嫁。

只能是失望，彻底的失望。

银行似乎对那种社会氛围相当感兴趣，甚至还开始了自导自演，把这个著作生动地演绎了一次。当然，好的角儿必须留给自己，他们早就把自己定位成名门望族了，而客户群体就是处于弱势群体的女性。这样一来，客户群体不仅相当需要他们，还要被他们不停地使唤，这岂不是很爽。

甚至远远不能用爽来表达，反正是非一般的感觉吧。

不得不佩服，银行还是才华横溢的！

于是，在他们的精心策划下，出现了一幕幕相当"精彩"的场景，所有人都看得目瞪口呆，他们心中的滋味也不言而喻。

一

场景一：银行业与房地产业的亲密无间。

先讲一个段子吧。当白素贞被关进雷峰塔后，许仙站在雷峰塔前，痛心疾首："法海你这个秃驴，把我娘子镇压在这个宝塔下，让我们夫妻分离，秃驴你于心何忍？"还没等法海说话，白素贞在塔内幽幽道："在杭州这地方想弄一套跃层，难道要我指望你那个小诊所吗？"

是啊，房价在噌噌噌地往上蹿。

有人这样调侃，男人说看了《蜗居》羡慕宋思明，女人说看了《蜗居》羡慕海藻。

房价的上涨，银行不断地为自己洗脱干系，其实我们都明白，银行业与房地产之间的那点事儿……

支撑起一座座摩天大楼拔地而起的除了看得见的钢筋水泥，更重要的是背后动辄数以亿元计的资金。银行似乎非常明白这个道理，因此对房地产业的信贷额度也不断增长。流出的额度多，当然就避免不了推高房价的嫌疑。

道理很简单：银行不支持你买房，你就支付不起巨额房价，那么房地产业也失去了市场，自然延续不了多久，更谈不上发展得风生水起了。

主要金融机构及小型农村金融机构、外资银行人民币房地产贷款余额在 2013 年 12 月末达到 14.61 万亿元，同比增长 19.1%；而 16 家上市银行的涉房贷款余额合计则占到了主要金融机构及小型农村金融机构、外资银行合计贷款余额的 83% 左右。银行在房贷方面发力还是相当猛烈的。

宽松的房屋贷款政策，让房价不涨都不行！

在 2013 年上半年的互动中，中国银行和房地产业的关系最为密切，房地产贷款的余额最高，为 6027.55 亿元，占其贷款和垫款总额的 8%，创下了上半年同行之最的纪录；工商银行和建设银行的表现逊色很多，加起来的余额才超过 5000 亿元，占比只有 6% 左右，和房地产业的亲密指数不高，在同行中居后五位了。

银行与房地产业的亲密无间不仅仅只体现在房地产贷款的余额上，还体现在表达亲密方式的多种多样上。

比如，房地产业客户在其十大亲密贷款客户中的排名。

光大银行和房地产业似乎走得更近。在 2013 年上半年前十大贷款客户中第 2 名、第 4 名、第 7 名和第 8 名全部被房地产行业包揽，一共拿到了银行 137.53 亿元的贷款，合计的贷款余额占比超过了光大银行所有的房地产业贷款余额为 914.82 亿元的 15%。看来，光大银行和大客户的关系还真是极好的。

关系就是这样，没有最近，只有更近。

这样的亲密合作，银行的最终目的是增加自己的收益。2012 年政府和银行从房地产获得的收入近 4.8 万亿元，占全年房地产业销售额 6.4 万亿元的 75%。75% 无疑是令人咋舌的数字，这么高额的利润，银行真的数钱都数到手软了。

既然关系这么亲密，那就在一起吧，两个人在一起就是幸福。

他们幸福的背后，群众的状况是这样的：

假设一线城市房价为 2 万元/平方米，当然，这只是一个平均数，有些地方的房价还远远不止这些。买个 100 平方米的，似乎才容得下一家三口再加上父母亲。200 万元，对于一个拿着 8000 元薪水的普通白领来说，意味着什么？就算是不吃不喝，也要还上 20 余年。

20 年！多么惊人的数字，刚刚毕业的年轻人就要背负这样的压力，就要为此每天挤公交上下班、每天为一些柴米油盐的事斤斤计较，甚至奢望多加点班来多挣点……并且这样的生活还要持续 20 年，当然，这已经是非常理想的假设了。

为买房而努力不可悲，可悲的是，"买房"已经成为许多年轻人奋斗的唯一目标。

正如网友调侃的：我在遥望，大盘之上，有多少房价在自由地上涨。昨天已忘，风干了好房，我要和你重逢在没房的路上，房价已被牵引，质落价涨，有房的日子，远在天堂。

二

场景二：赚钱？抢钱？

盆满钵满，再也找不出比这个更合适的词了。

难怪经常出现抢银行的。一性感 MM 被一壮汉拦住，MM 求饶道：我把钱包都给你，你不要劫色，行吗？大汉呵斥道：少啰唆！快把袜子脱了，老子还要赶着去抢银行。

说罢，朝着银行奔去。银行是最有钱的，所有人都这么认为。

世界上其他国家的银行存贷款利差只有 1 个多百分点，由 60 多万亿元贷款得出，我们银行比其他银行凭空多拿了 1 万多亿元！银行太爱吃偏饭，这真是令人生畏的本事。

中国银行业利差如此之大，哪有不赚钱的道理？

当然，好戏才刚刚上演。接下来，银行还增加了收费项目，提高了服务价格……在 2011 年的时候，中国银行业的服务项目就达到了 1076 项，其中 226 项免费，占总数的 21%；收费项目 850 项，占 79%。

银行为此事忙得不亦乐乎，但在他们自己看来，他们也是被逼无奈。

如此争强好胜，如此"趁火打劫"，银行你心虚过吗？

2014 年中国五大商业银行的营业收入占中国 500 强企业营业收入总额的 7.96%，利润却占了 32.51%。在服务业 500 强中，银行业以不足一成的企业数量占到了对利润总额贡献程度的七成。

这足以让人惊叹，但还远远不止这些。

"千呼万唤始出来"的工商银行业绩报告着实吓人一跳——2013 年工商银行实现净利润 2626.49 亿元，较 2012 年增长了 10.2%。

工商银行净利润已超"两桶油"之和。

建设银行、农业银行、中国银行和交通银行的净利润分别为 2146.57 亿元、1663.15 亿元、1569.11 亿元和 620.12 亿元，十大上市银行的净利润总额更高达 10879.52 亿元，比沪深两市其余 2418 家公司赚的总和还要多。

成绩果然骄人。

10879.52 亿元！银行业创造的利润比石油、烟草来的还猛。

在 2013 年银行高管薪酬排行中，平安银行行长邵平以 833 万元夺魁，这样的薪酬在平安集团内部还属于正常水平。五大行的董事长、行长年薪一般也在 150 万元左右，中信、浦发、招行、兴业等股份银行，高管薪酬在 300 万~500 万元。

这些数字，对于一个月两三千元的月光族来说，简直就是天文数字。

这些数字，对于农民来说，几乎没有概念了。劳动一辈子都换不来六位数，更何况七位数！

说出来要让多少人羡慕嫉妒恨啊！

民生银行行长在 2011 年环球企业家高峰论坛上说，中国银行业这些年数字非常亮丽，尤其今年，在企业资金需求和经营压力都很大的情况下，中国银行业一枝独秀，利润很高、不良率很低。大家有点儿为富不仁的感觉，企业利润那么低，银行利润那么高，所以我们有时候利润太高了，都不好意思公布。

连行长都公开承认，赚钱赚到不好意思，看来他们真的赚得有点儿多。

如果银行这钱赚得理直气壮、赚得很辛苦，我们也会拜服在他的"石榴裙"下吧。

但银行的行为似乎过于粗暴。

是赚钱？还是抢钱？

相信您心中已有答案。

三

场景三：忘了人情味。

估计很少会有人忘了人情味，可银行几乎做到了。

曾有一位中风老汉在打针期间不方便去取钱，信用社职员就说：这有什么不方便的，打针你就拔了针头过来呗。无奈之下，中风老汉被抬着去取钱，结果却猝死在大堂。如此严格甚至苛刻的程序，银行简直就是死板。

不仅如此，有些银行员工的办事效率也着实让人着急。客户在银行办理一项业务需要排队等候的时间平均1小时，如果每个人耗费在营业厅的1小时换成在自己的工作岗位干1小时，社会也会多进步一小步。在天津，一位老人办理业务时因为排队憋尿太久而晕倒在银行，幸亏医院抢救及时才得以脱离危险；在广州，一名七旬老妇排队40分钟后突然倒地猝死在一家储蓄所业务大厅；黄牛党也不放过任何一次机会，银行大厅惊叹出现"号贩子"……

银行职员你就不能稍微快一点儿吗？这么慢下去不怕手脚反应迟钝？不为我们考虑，总该为自己的健康想想吧。

除此之外，某些简单业务的办理流程烦琐，取款、销卡业务有时候办理时间长达半个小时；有些银行柜员对客户的咨询爱搭不理，极不耐烦，客户填错之后，还经常遭到柜员的冷眼，态度很不友善。

看来，银行的柜员才是上帝，而不是客户。

有一次，甲方一笔150万元的拨款到账后，公司职员去某行办款。由于没有该行的银行卡，于是就打算先办张卡，结果工作人员说："办卡要复印身份证，我们的复印机坏了，你先去复印吧。"听罢，该人暴怒，说："算了，不存了，150万元全部提现。你们今晚报计划，我明天来取。"工作人员一听到此话，态度立刻转变360度，满脸笑容地说："刚刚不好意思，麻烦您把身份证给我，我帮您去复印，您稍等。"

我想大部分看到这些现状的人都会感到不满与气愤，可是银行的心和我们不一样，是没有温度的。

冷漠。

南京下岗女工杜女士到银行取款，3000元被给成了30000元，多给了2700元，三次去还款却被拒之门外。

银行不差钱！我们下班了！（咣！银行大门关上了。）

但是当银行发现出错后又连夜追款，比干什么都积极，拿回钱后并没有对杜女士表示感谢。

还是冷漠。

有关银行的负面新闻出现频率还算高，就像娱乐八卦一样，已经成为大家的谈资。银行的关注度也越来越高，而银行仍旧高傲地抬着头面对着人们的议论，正如很多明星享受着微博粉丝暴增带来的存在感一样。

但是，人们在议论过程中，更多的是气愤和无奈。银行在面对种种现象时，他们柔弱地回应是无可奈何、无能为力。这一切，他们都是被逼无奈的。

2007年，一家化妆品公司的老总分三次用信用卡套现了6万元，加上利息合计已欠银行10多万元。银行多次催款，但他还是赖账不还，后来为了免于骚扰干脆换了手机号码，当最后银行找到他，问他为什么不还钱时，他的理由很简单，却让人惊讶。他说："工作人员的服务态度很差，让我不愿意还钱。"

我想，没有人愿意做宁愿冒着触犯法律的风险，即使多出钱也要躲着不还钱的事吧。

除非，这个银行让他极度反感。不得不说，这家银行的功力确实很深。

简直让人无力吐槽。

四

场景四：溺爱的代价。

银行的陈陈相因，不思其变，让大众颇为失望。这种骨子里流露出的傲慢与偏见终究是什么导致的呢？让我们先回忆一下银行是如何被宠溺的吧。20世纪90年代的工、农、中、建"四大天王"显然没有现在这样阔绰，当时他们的资产还非常小，加起来还不如一个花旗银行的总资产，可见"四大天王"也会有手头拮据的时候。资产少并不是很可怕，可怕的是他们的不良率竟然高达38%，甚至有可能更高。有些人甚至直言"四大天王"在技术上基本已经到了破产的边缘。

20世纪90年代的银行，不良贷款增多，资本金又太少，始终在干着一场没有本钱的买卖。最后，还毫不羞愧地给政府爹妈丢下了2万亿~3万亿元坏账的烂摊子。

难道还真要眼睁睁地看着中国银行业破产不成？

答案是：不会！并且肯定还要在前面加上两个字强调：绝对不会！大家的钱都没有了，那岂不是要天下大乱。

1999年，政府站了出来，搬出救兵——资产管理公司，成立了四大资产管理公司剥离了国有银行3/4的不良贷款，价值1.4万亿元，先后发行2700亿元特别国债为其补充资本金，并动用巨额外汇储备向四大国有商业银行注资。2000年，再次向"四大天王"伸出援助之手，向他们注资，充实了资本金。政府对这个孩子的又爱又恨表现得淋漓尽致。但可以肯定的是，爱多于恨。

2005年4月，经国务院批准，以现代产权制度和公司治理制度建设为核心的股份制改革正式启动，随后，这群初生牛犊不怕虎的孩子——建、中、工、农四大行先后IPO上市。

我国金融市场的利率管制仍然存在，巨大的存贷款利差为银行提供了充足的盈利空间，四大行也很少涉足风险大、回收率低、金额小的中小企业信贷市场。这都是被利率管制惯坏的。

政府做的远远不止这些。

2006年12月22日，《关于调整放宽农村地区银行业金融机构准入政策更好支持社会主义新农村建设的若干意见》正式亮相，在金融市场产生巨浪，之后，村镇银行在全国铺开，干得热火朝天。

但是，银行或许早就忘记了：他们的财大气粗有多少是源于垄断地位？他们是喝谁的奶长大的？他们的成长得到了政府多大的帮助？他们成功的背后有多么庞大的客户群体？……从银行傲慢的脸上再也看不到"顾客是上帝"这几个字，取而代之的是"有钱人才是上帝"。

是的，银行的字典里生来就只有"利润"二字，而对于"民生"二字估计都不认识吧。

牛，真的很牛！

五

场景五：善意的警告。

溺爱不会无限制地持续下去，银行的所作所为终于还是招来了警告。

警告就是，不能让银行多喝水，必须让他渴着。进来的水减少，出去的水增加，银行自然就会面临着钱荒。

2013 年两次钱荒的来袭，让银行叫苦不迭，口干舌燥，还一直高烧不退。一反常态的是，央行对钱荒的来袭并没有及时出手相救。

与此同时，央行加快了推进利率市场化的步伐，2013 年 7 月，央行放开了金融机构贷款利率的管制，还它自由。同年 12 月，央行发文推出同业存单业务，似乎预示着央行将会对存款利率也放开。

要放，就要彻底点。

除此之外，央行在 《2013 年中国金融稳定报告》中宣称，建立存款保险制度的各方面条件已经具备，可择机出台并组织实施。

国家允许银行破产倒闭了！

发生的这一系列事情，早已让银行的小心脏怦怦直跳。看来这已经是严重警告。银行似乎已经察觉到自己得到的宠爱逐渐减少了。

随着竞争的日益激烈，银行业要开始好好反省如何增加业绩，在竞争中立于不败之地了。

这就是善意的警告，来自政府和市场的。

然而，银行的成长最离不开的就是顾客。

顾客才是真正的上帝。

水能载舟，亦能覆舟。

所以，千万不要高估了百姓对傲慢与偏见的容忍度，虽然钱是万能的，但若是自以为管钱的就是老大却是万万不能的。面对不断上演的傲慢剧目，百姓终究会把傲慢者抛弃，傲慢注定会是傲慢者的墓志铭。

银行请你乖乖地、本分地做自己该做的事，把以下善意的建议牢记在心吧。

银行，希望你低调一点，再低调一点。请你合理收费，不再新增收费项目；请你不再实施差别对待，对每一个人都笑脸相迎，因为每一位顾客都是你们的上帝，不论贵贱；请你调整一下心态，放低一下姿态，为顾客多考虑一点儿，谦逊地伫立在金融体系中，你将会是金融界真正的强者。

诚然高贵的银行，如若不再高傲，百姓的怨言将会少很多。

病在腠理？病在肌肤！

一

仔细想想，这个社会真的在飞速进步，但速度却快得有点儿可怕。

若论世界最大的党，非"手机党"莫属，仅在中国就拥有 12 亿余"党员"，手机已俨然成为生活的必备品。微信、手机淘宝、支付宝钱包等手机软件让人们在手掌上就完成了包括聊天、购物、支付、投资等一系列活动，在带来了日常生活方便的同时也使得人们产生了强烈的依赖性，似乎离开了手机就没有了安全感。

"进化论"告诉我们，物种是可变的，生物是进化的；"优胜劣汰"告诉我们，当一个种群中的个体存在了差异，那些能够适应环境的有利变异个体将能繁衍生息，而不具备有利变异的个体将会被淘汰出局。

如此看来，互联网金融就是基因突变的产物，并且这个突变速度还相当之快。

当年的曹操也是以快获胜。曹操率领部队出征乌丸时，部下郭嘉对曹操说："到千里之外的地方作战，军用物资多，速度就慢。这就会让乌丸人知道我军的情况，进而有所准备。不如留下笨重的机械物资，轻装上阵，加速前进，在敌人没有防备的情况下杀他个片甲不留。"曹操照计策办，正如郭嘉所料，乌丸人惊慌失措地应战，一败涂地。

果然，用兵贵在神速。

以迅雷不及掩耳之势席卷而来的互联网金融还拥有非凡的实力。有着突出特点的互联网金融就像训练有素的特种部队，老虎、大象、猎豹和犀牛是他们的士兵，开放、平等、协作和分享是他们的纪律。这样一支魔兽军团的进军，深深刺痛了银行。

互联网金融特点之一：成本低。

正如强壮有力的老虎，互联网金融的低成本为其提供了强大的竞争力，令人生畏。在互联网金融中，通过网络平台资金供求双方可以自行完成信息甄别、匹配、定价和交易，并不需要传统中介，也不存在垄断利润和交易成本。

互联网金融特点之二：范围广。

正如体积硕大的大象一样，互联网金融的客户群体也很庞大。人数众多、金额较小的小微群体是互联网金融的坚定拥护者，并发挥着聚沙成塔、积少成多的效应。

互联网金融特点之三：效率高。

正如短跑之王——猎豹一样，互联网金融的速度为他带来了更高的效率。通过互联网平台，互联网金融打破了市场推广和开发的限制，能够极快地把产品推广给客户，也不再需要客户排队办理业务，轻点鼠标就能完成操作，So easy。

互联网金融特点之四：更新快。

正如拥有坚实外壳保护的犀牛一样，互联网金融不断推陈出新的思维和理念为他提供了有力的保护。依托于大数据和电子商务的发展，互联网金融的推陈出新，几乎不存在技术上的壁垒。

面对如此强劲的对手，尽情享受赚钱赚得不好意思所带来的快感的银行，离痛苦也不远了。

二

某日，银行一如往常地占据着道路，高傲的姿态让人心生不满。路见不平的互联网金融终于出手了。

突然、迅速。银行措手不及。

只觉得眼前一片漆黑。醒来的时候银行发现自己已经躺在一家高档医院了。有钱就是好，连进的医院都是中国最好的，还是 VIP 病房。

后知后觉的银行这才发现自己的身体已经发生了变化，意识到又一轮的病痛已经来袭，但这次病痛还是如 20 世纪 90 年代发生的那次一样吗？银行的痛到底是在腠理，还是在肌肤呢？

思绪不知不觉穿越到了春秋战国时期，扁鹊觐见蔡桓公时，看了一眼老蔡，停顿了一会儿便说："您有小病在皮肤的纹理间，恐怕需要医治。"桓公用轻蔑的眼光瞟了一眼小扁，不以为然地说："哼，我才没病呢。"看来那个年代的医患关系也不咋地啊。过了 10 天，小扁拜见老蔡，说："您的病已经到了肌肤，要是不治，就会更加厉害。"老蔡听后不理睬他。又过了 10 天，小扁说："您的病已经进入肠胃，要是不治，就更加严重了。"老蔡很不高兴，仍不理他，最后一次觐见，小扁发现病在骨髓后，逃之夭夭，老蔡再怎么求，他也无力回天啊。结局可想而知，老蔡一命呜呼了。

互联网金融的来袭，让银行病得不轻，似乎不仅仅只是皮外伤。他不仅蚕食了银行的饭碗，还对银行的心灵造成了打击。

明明都已经进医院了，但许多银行还一直坚持自己"病"得不严重，熬过一段时间就会好，或者敷衍地喊个网上银行的口号来治疗疼痛。然而真如银行自我感觉那样，仅仅是病在纹理，只需要"汤熨"就能救治吗？

看来，互联网金融已经达到目的了，让银行成为春秋战国时期的蔡桓公。

正如互联网金融期待的那样，银行病情加重，已经病在肌肤了，如果任由病情继续放肆下去，结局也将会是病在骨髓，像蔡桓公一样死去。并且到死的时候才会明白自己的病究竟有多严重。

医生不可能见死不救，不管银行是否接受这个现实，记录病历还是医生的职责。

银行惴惴不安地打开病历本。

上面赫然写着：缺乏互联网思维。

三

银行业的病当然得治，拖着一个病恹恹的身体上战场，估计不需要敌人开火，自己就要倒下了。

身体是革命的本钱，这句话还真没错。

其实，银行业只要备齐"五大救兵+一颗定心丸"，就能对抗互联网金融了。这五大救兵，银行早已具备，就差一颗定心丸了。

说到救兵，就会想到刀光剑影的厮杀，金戈铁马的狼烟。有时候救兵说不定还真能扭转乾坤。

有一个地方叫昆阳，公元 23 年的夏天，刘秀第一次在那里发挥了超乎常人的军事才华，帅哥也是当元帅的料，刘秀不仅是偶像派还是实力派。这场战役是昆阳之战，似乎很少有人听说，大家熟知的基本上是巨鹿、官渡、赤壁之战。但是这场战役不会比任何一场逊色。

一边是 42 万人，另一边只有不到 1 万人。平均下来，42 个人打 1 个人，就算是鲁智深，也会被打成镇关西吧。

但是，昆阳之战却是一场以弱胜强的战役。在情况最紧急、复杂的时刻，这位偶像兼实力派果断决定派出一支人马去搬救兵，而这些救兵，对这场战役起了最关键的作用。

银行现在的处境也类似于昆阳之战刘秀帅将的处境，也该搬出他的五大救兵了。

救兵一叫"不差钱"。银行业穷得只剩下钱了，因此凡是涉及钱的事，银行那是相当阔绰，2013 年银行在电子渠道、IT 设备和科技项目的投入达到了 82.3 亿元。

救兵二叫"优质客户资源"。银行在暗喜，因为他掌握的客户资源庞大也优质，要量有量，要质有质。尤其是国家行政事业机构资源，甩掉互联网金融一大截。看来银行还是有料的。

救兵三叫"政策支持"。这个救兵还是比较有杀伤力的，近水楼台先得月的银行，说不定哪天就会向国家相关部门申请政策支持，把互联网金融堵死在金融准入的门槛，还真是快哉。

还有另外两个就是客户征信信息和银行业的人才了。相对来说，这虽然没有太大杀伤力，但是和其他联合起来的威力可想而知。1 加 1 大于 2，那 5 个 1 相加，结果又是怎样呢？

银行的后备力量还是比较勇猛的。

细数了银行现在已有的救兵，遗憾的是，还需要研制对他来说最最重要的定心丸——互联网思维。

只有这颗定心丸才能消除银行业的疼痛。

对症下药，时不我待。

改变思维方式，承接互联网基因，重现生机将指日可待。

第二节 / **银行痛彻心扉**

四面楚歌

银行练就了一身的"牛气"，可没想到遇到了一位更牛的对手——互联网金融。

互联网金融重重围住银行，时隔 2000 多年，历史上的垓下之战再一次上演。

公元前 202 年 12 月，决定楚国命运的大战在垓下展开。

项大侠一开始还处于上风，一贯勇猛的他凭借着突击打败了韩信的先头部队。这是一个好的开端，最好趁热打铁，一举歼灭。于是项大侠继续追杀，糟糕，部队在追击过程中乱了阵型。说时迟，那时快，项大侠还来不及反应，彭越、刘邦及其他部队开始包围项羽。当然，这点小伎俩并没有让项大侠妥协，无计可施，就这么僵持着吧。

这么僵持着也不是办法，得想出一招打压楚军的士气。于是，韩信让士兵们唱楚地歌谣来瓦解楚军士气，还真是以情动人，杀人于无形之中。项羽手下的士兵听到楚地民歌，思乡心切，家里还有老婆孩子正等着他们呢，反正在这儿也是等死，还不如逃跑。于是开始了大量逃亡。这一招，还真是绝。

如果你是项羽，看到这样的场景，你会怎么做？

两种答案：一是苟且偷生，二是自我了断。

苟且偷生还有一丝翻盘的希望，自我了断也是一种气魄。

项羽英雄末路，他选择了第二个答案，自刎于江边。刘邦独揽天下。

西楚霸王输给了一介布衣，历史就是这样。

公元 2013 年，时隔 2000 多年，这一幕似乎又重演。被历史选中，是银行倒霉，只能认栽。一介布衣阿里、腾讯、苏宁、京东等将"霸王"银行团团围住，开始了"篡权谋位"。

"霸王"银行最终迎来了四面楚歌，刚开始一路杀入的余额宝也只是打头阵而已，各路好汉以飞一般的速度赶来，P2P 理财、阿里小贷、众筹声势浩大，蓄势待发。银行围困其间，孤立无援。

"霸王"银行是否会重演历史，输给一介布衣互联网金融呢？

答案未知，但是，"霸王"银行请好自为之！

———

一号围攻者：一路狂奔之余额宝。

余额宝向银行发起了进攻，一场抢钱大战在银行与余额宝之间残酷而激烈地展开。恐怖的来袭速度让银行业的掌门人一夜三惊，夜不能寐。

余额宝不是孤军奋战，他的拥戴者不断增加，也一起加入了这场战争。这场战争时间不长却硝烟弥漫，余额宝迅速占领了银行一块块的领地和城池，创造了一个个奇迹。

为什么余额宝如此受拥戴？

有个故事不得不讲。日前，工商银行前行长杨先生用余额宝一事闹得沸沸扬扬，可是杨先生站出来否认了，说自己和夫人使用的并不是余额宝，而是支付宝。

此话一出，我和我的小伙伴们都惊呆了，大家都懂的。亲爱的杨先生，您都使用马云的支付宝了，那余额宝离您还远吗？

嗯，实力证明一切，看来余额宝确实有着巨大的魅力，才会让这个前行长也将近拜服。

战略一：用收益抓住人心。

银行当前的活期存款年利率是 0.35%，余额宝的七日年化收益率一般保持在 4.5%~5%，比活期存款至少高 12 倍以上。2013 年最高收益率甚至达到了 7% 以上，优势不言而喻。

草根们看上这款，还真是多收了三五斗，这多出来的千八百元利息不找余额宝找谁挣去？不挣白不挣，反正我的心是被这个宝抓住了。

战略二：用便捷笼络人心。

人们再也不需要为了存钱去银行办理繁杂的手续了。依托支付宝平台和实名认证，可以在支付宝上直接对余额宝进行支付认购，无须单独开户；可以用手机在支付宝钱包上实现余额宝转入转出。不仅如此，在淘宝天猫购物时，可以直接消费余额宝里面的资金，方便快捷支付。

便捷程度真是让群众大呼畅快呀，至少我们在办理业务时心情舒畅了，不用担心憋晕甚至猝死的惨剧发生在自己身上，我办理我开心。

战略三：用公平维系人心。

余额宝的口号很响亮：门槛低、风险低、收益稳定。被称为"草根理财神器"的余额宝对用户的最低购买金额没有限制，一元钱就能起买。余额宝彻底颠覆了银行的嫌贫爱富，让"月光族"的年轻人看到了不少希望。这样的公平待见，想失去人心估计很难吧？

我只想说：银行你有本事，让工作人员保持微笑给我办一元钱的业务。估计此话一出，不是被保安轰出大堂，就是当我神经失常吧。所以，向银行索取公平，那是小概率事件。

战略四：用安全稳定人心。

有人会认为银行存款为零风险，但是市场的通货膨胀是我们无法控制的，银行的微薄利息如果抵挡不了通货膨胀，那么恭喜你，你的钱越来越不值钱。

民国后期的通货膨胀，还真是一发不可收拾。金圆券仅仅在半年的时间里，贬值 6 亿倍。战前寄一封信只需要 5 分钱，到 1948 年 4 月，要16500 元。一口上好的棺材，战前不过 400 元，战后增长到 200 万元，死都死不起。

如此之高的通货膨胀，甚至让有些人希望干脆来个原子弹，一起玩完。

民国后期的恶性通货膨胀当然不会出现。但是，温和的通货膨胀是不可避免的。余额宝属于货币型基金，风险很小。并且支付宝母公司浙江阿里巴巴电子商务有限公司已经出资 11.8 亿元认购天弘基金，以 51% 的持股比例成为其一大股东。牢牢掌控自己的金融产品的安全性。这样，不仅可以抵抗通货膨胀，还保收益，何乐而不为？

截至 2014 年 2 月 26 日，余额宝的拥戴者已经超过 8100 万户，而在 1月 15 日，这一数字仅为 4900 万户。这是一场精彩的战役，短短 8 个月，资金规模一次次扩大，1000 亿元、1800 亿元、2500 亿元，直到最近的4000 亿元，余额宝不断书写着辉煌。看到这样的数字，银行的小心脏是否能受得了？

世界上没有一个产品的生命周期是永久的，但是有些产品却能在有限的周期中发挥推动历史的作用。

所以，死了也光荣。

互联网金融每出一招，都让银行汗毛竖起、心惊胆战。他们还在乐此不疲地变换着招数，看来是打算把银行往绝路逼。力度和决心之大还真不是危言耸听。银行的出路就两条，一是等死，二是反抗。

二

二号围攻者：进攻勇士之 P2P。

让我们看看另外一位主动发起进攻的勇士——P2P 网络借贷平台。

P2P 即伙伴对伙伴，就是通过互联网直接把小伙伴们联系起来，帮助借贷双方确定借贷关系并且完成相关交易。小伙伴儿缺钱了，就可以在网上自行发布借款信息，有闲钱的小伙伴儿看到信息了，就会决定是否把钱借给你。

这下可给银行来了个下马威，小伙伴儿不再低声下气地去求银行了，银行也别想从小伙伴儿口袋中掏出一分钱。

谈 P2P 必谈宜信，国内 P2P 平台的老大。八年前宜信就开始涉猎市场，如今已有 2 万多名员工，超百亿元的交易规模，是第二大 P2P 平台 Lending Club 的 2~3 倍。宜信掌舵人早已虎视眈眈，门徒日益增多，如宜人贷、宜农贷、宜车贷、宜学贷等。人多力量大，这么多门徒还怕对传统金融机构造成不了威胁？

把宜信看作勇士中的勇士，一点儿都不过分。

除此之外，陆金所、开鑫贷等平台在这场战役中的表现也是杠杠的。

平均每天都会增加 1~2 家的 P2P 网络贷款平台向银行业发起进攻，就好像元末四处揭竿而起的农民起义，为了自由与安乐一路厮杀，向那座象征着无上权力和无限财富的王朝核心步步逼近。

2012 年，一群爱好投资的群众在尝试了股票、期货等各种投资方式后，偶然的机会让他们接触到了 P2P 网贷，并在一年半的时间里，通过网上借贷，获得了 18% 的实际收益。说来奇怪，很多商机是偶然，很多成功是偶然，现在连赚钱的机会也来的这么偶然。看来学者们是不是该研究一个课题叫：论偶然的力量。

P2P 投资门槛低至 50 元，投资收益大约在 20%，投资期限可以由自己进行规划。

我想怎么投资就怎么投资，我爱怎样就怎样！

如果你有 1000 元闲钱，你可以把它分成 10 份，投资到不同的 10 个项目中，成为这 10 个人的债主。

然后，你的任务就是等着数钱。

短短几年间，P2P网络贷款平台的队伍越来越壮大，全年行业总成交量1058亿元，较2012年200亿元左右的规模呈现爆发式增长。2013年，P2P网站在我国约800家，总成交量为1058亿元，贷款存量268亿元，出借超过20万人。并且在广东、浙江等经济发达大省发展得更加势不可当，炙手可热。

P2P的脚步太快，迈出的步子大到让其他融资模式望尘莫及。截至2014年2月，对银行带来最大伤害的是中国互联网业最大一笔A轮融资——2014年开年，人人贷宣布已于2013年底完成A轮融资，领投方为挚信资本，投资总额为1.3亿美元。

这一行动，再次鼓舞了士气。勇士们疯狂地向无限财富的垄断者——银行步步紧逼。

人们开始放下了存折，拿起了"借条"。

除此之外，互联网金融还能怎么玩儿？

三

三号围攻者：十年磨一剑之阿里小贷。

阿里小贷有一个比较厉害的"尚方宝剑"——大数据金融。

锋利，相当锋利。

而银行在武器上就已经输给了阿里小贷。

十年磨一剑，阿里巴巴和银行之间有太多恩恩怨怨。

阿里巴巴曾经牵手建设银行、工商银行进行合作房贷，接触太多，总会有看不惯彼此的地方。就连恋人之间，太久了也会产生矛盾。何况阿里巴巴和银行是同性，自然界有一个真理：同性相斥，异性相吸。从普通朋友变成敌人。呃，原来如此。

翻脸翻得似乎快了点儿，2010年阿里巴巴开始筹建小额贷款公司，2011年正式放手建行和工行，开始了一个人奋战。

摆过地摊卖过烧烤，开过网店当过家教，不安分的人才会像这样在风里来雨里去。

不安分的阿里巴巴就这样开始，但并不孤单，开始有风雨相依，结束有掌声相伴。

一个人比一群人在一起合作轻松很多，阿里巴巴就像脱缰的马，一发不可收拾。他完全可以因为拥有两件东西尽情嘚瑟：中小企业数据库和信用记录。在这个方面，阿里巴巴简直太富有了，完全可以排在富豪榜第一。就是这两样东西，阿里巴巴把所有借贷活动玩弄于股掌之中。

阿里小贷有三个主战场：针对 B2B（企业对企业）会员的阿里贷款，针对 B2C（企业对个人）、C2C（个人对个人）的淘宝贷款，以及针对航旅商家的保理业务。淘宝贷款主要是包括淘宝订单贷款、淘宝信用贷款、天猫创业扶持贷款等。不管是哪个战场，每一次的战役都打得很漂亮。

银行不得不佩服。当阿里巴巴开始玩弄大数据以及由数十位建模队员利用庞大的云计算建立的多种模型时，银行还在和资产负债表、利润表、现金流量表搞暧昧，并且严重依赖着传统的抵押贷款模式。

为阿里小贷灵活自如地穿梭在金融市场保驾护航的，除了这把"尚方宝剑"外，还有另一把神器——资产证券化。阿里小贷用自己的小额贷款做抵押，委托券商发行证券让投资者来购买，从而回笼资金。

显然，阿里小贷不管是存款还是贷款，都做得很成功。

阿里小贷的气势完全不输于余额宝，至今累计房贷 65 万户，户均贷款余额低于 4 万元，累计投放贷款 1700 亿元，年利息就有数亿元。

阿里小贷完全做了银行该做的事。

更让人惊叹的是阿里小贷的效率。阿里小贷的信贷成本 2.3 元，客户 3 分钟就可获得贷款，不良贷款率甚至低于 1%，速战速决大概就是这样。

而银行呢，单笔信贷成本就要 2000 元左右。

差距，1997.7 元的差距。当然远远不止。

落后就要挨打。

望尘莫及的银行是不是该闭门好好反省？

揉揉惺忪的眼睛，不要再一脸疑惑地看着大数据金融，偷偷学一下阿里巴巴是如何使好这把"尚方宝剑"的。

这样，才不会输得更惨。

四

四号围攻者：蓄势待发之众筹。

众筹。

互联网众筹到底是何方神圣？他又能帮我们解决什么？

众筹，顾名思义大众筹资，是指用"团购＋预购"的形式，向网友募集项目资金的模式。假如你想翻拍《来自星星的你》，就可以拜托众筹网站，将你的创意放在网上，若你在规定的时间内筹集到自己需要的资金，就可以大胆开拍了。虽然很简单，意义却重大，因为他为年轻人创业助了一臂之力。

众筹的实现，当然需要有支持平台——众筹网站。

众筹网站的老大非专注于智能客家产品的"点名时间"莫属，紧随其后专注设计的"jue.so"、专注电影的"淘梦网"、专注音乐行业的乐童音乐则分居第二位、第三位、第四位。正是这些众筹网站的跃跃欲试，点亮了许多小项目生存的希望，为创业者提供了更多的可能。

这就是存在的意义。

毫不夸张。

如今，互联网众筹狼烟四起。

2013 年初，众筹网就培养了超过 500 万众筹项目，这种趋势迅速席卷了整个众筹市场。2014 年，更加迅猛和火热。

2014 年，互联网金融元年，也是众筹元年。

"你出 1 元钱，我出 9 元钱，种一棵山茶树，为环保加油，为绿化出力。"这个点子听上去还不错，积极向上。该企业承诺，网友出 1 元，他们就出 9 元，并将最终筹到的全部资金捐到绿化基金会"绿化 1+1"项目中，用来种植山茶树。这不是给我机会让我为环保出力吗？当然要抓住啦。

众筹的正能量就是这样炼成的。

2014 年 3 月，在众筹网上发起了"郑粤宠爱张国荣 11 周年音乐会郑州站"的众筹项目。该项目是要在 3 月 30 日前完成 10000 元的筹资目标，用户最低只需要支持 4.1 元。哥哥，才华横溢，全民偶像，大众情人。这次一起共同回忆哥哥经典曲目的机会，让荣迷近乎疯狂。用脚趾头想想，就知道这个项目有多受青睐。

还有，"罗胖子"的众筹，想必大家都比较熟悉吧。

凭借《罗辑思维》而迎来春天的罗胖子，在网上发起了会员募集活动：5000 个 200 元标价的发起会员，500 个 1200 元标价的铁杆会员。大家猜用了多少小时售罄？

6 小时，短短的 6 小时，"罗胖子"筹集到了 160 万元。

这个男人就这样成功了，关键还是个"胖子"。

"胖子"能成功,千千万万"瘦子"照样可以成功。

众筹一视同仁,只要你的项目有创意、有创造力,不论你的身份、地位、职业、性别、年龄,它可以助你一臂之力,不要小瞧它的实力,看看"罗胖子"就知道了。

理想很丰满,现实很骨感。在众筹眼中,理想很丰满,现实照样可以丰满。

众筹,拉近了梦想的距离。

这场肉搏战很精彩。余额宝、P2P 网络借贷平台、阿里小贷、众筹模式……银行四面楚歌,注定会受伤、会疼痛得不停呻吟,但结局是否会像项羽一样自刎乌江?命运如何将完全掌握在银行自己手中。

而未来,互联网金融的极限可能不只是天空。

互联网金融,一切皆有可能。

盛极必衰

一

繁荣的本身已经埋下了衰败的种子。

银行贪婪的本性是不是应该收敛一下,在我们看来,这就是一种劣根性。

推高房价、较大利差、高额利润、嫌贫爱富、不懂人情味……太多标签可以贴到银行身上。

用一个字概括:牛!

银行业如今的繁荣让我们无可厚非,当一群群搞互联网金融的"野蛮人"进来搅局时,如果银行继续按照自己的思维行动,那么总有一天会惨死在互联网金融手中。

纵观历史,有一个很有趣的现象,越是大有作为的君王,越逃不了由盛转衰的命运。秦始皇、隋炀帝、宋太祖等,这些雄主明君哪个不是虎狼之辈?都是!巧合的是,结局也是一样的悲惨。

《三国演义》开篇就说:"话说天下大势,分久必合,合久必分。"这仿佛是一条无人可以逾越的规律。单看中国历史,或几百年一变,或几十年一变。

分久必合，合久必分，果然如此。

统一六国，称霸天下的大秦帝国曾在中国五千年文明史上书写下了浓墨重彩的一章，然而好景不长，最终也只是背负着"暴掠苛政"的恶名湮没在历史的沉沉烟雾中。

秦国，是担负得起"帝国"二字的。春秋战国时期，各国混战不休，诸侯争霸，最初只是西陲小国的秦国在铁血竞争的群雄列强之林杀出血路，奋六世之余烈，振长策而御宇内，吞二周而亡诸侯，结束了春秋以来500多年分裂割据的局面，一统天下，建立了中国史上第一个统一的多民族中央集权国家——秦王朝。它从青铜文明进入铁器文明，由隶农贵族经济向自由农地主经济转变，摒弃联邦制国体转而向中央统一制国体靠近，形成书同文、度同制、车同轨、形同伦的体系。并为我们留下了引以为傲的万里长城、兵马俑、郡县制、度量衡以至我们每日使用的方块字等宝贵的财富。

然而，就是这样一个大帝国，仍然是不堪一击的。履至尊而制六合的秦王朝却执敲扑而鞭笞天下，它的独裁专制、横征暴敛，为它生命的终结埋下了祸根。它曾经征发了70多万人修建阿房宫。70多万人，这可不是个小数目。除此之外，还不罢休，执意修建骊山陵，不顾百姓感受，把他们当牲畜一样使唤。过于频繁的战争、庞大的官僚机构、连年的大兴土木，让民众不堪重负，甚至出现"孟姜女哭长城"一幕，最终导致百姓斩木为兵、揭竿为旗、云集响应，遂并起而亡秦。

仅存15年，一度威震四海的秦王朝像流星一样，轰鸣而逝。

史上关于盛极而衰的例子不胜枚举，山西票号亦是如此。民国元年的1914年冬天，山西票号的开山祖师——日升昌倒闭了。它并不是第一家倒闭的山西票号，也绝不是最后一家。它的倒闭意味着山西商人左右中国金融界近一个世纪的历史结束了。当时中国最富有、最显赫的商帮盛极而衰。

大秦帝国、山西票号，哪一个没有风风光光地存在过？然而，不同的历史存在却落下了同样的结局。这当然不是历史的巧合，而是因为他们之间有太多相似之处。以史为鉴，如今的银行应该感谢这些过去，为自己敲响了警钟。

二

"现在一点招儿都想不出，银行的好日子也许真的结束了"。在某上市银行深圳分行负责零售业务的刘欣无奈地说，2014 年下达了存款业务增长 30% 的指标，近几年拉存款的活儿越来越难，而如今想要完成这个目标难上加难。刘欣甚至做好了走人的准备。

伊俐体和文章体的一夜红遍大江南北之势直逼当年的还珠格格，网上众多版本中，有人这么调侃银行道：

"时至今日，都是我咎由自取，拉不到存款就是拉不到存款，与任何人无关。一日三餐的平顺，造就了今日的懒惰。我安于现状的行为不配得到原谅，我拖了后腿已难以挽回，但我想挽回，必须去挽回，这是我今日之后的生活。至于我自己，已咎由自取，愿日后存款过亿。"

"入职虽易，争存不易，且拉且珍惜。"

难混，真的太难了。

连银行家们都面容失色，惊心动魄。

一个乌云密布的天气，几大银行家聚首，眉头紧锁，心事重重，开心不起来。

这个高峰会的基调注定很沉重，民生银行行长洪崎咳嗽了一声，用低沉的声音说："很明显，阿里金融对银行业已经形成挑战。"

就这一句话，不多不少，时间又过了一会儿。

"以脸谱为代表的互联网金融形态，将影响到将来银行的生存。"对，这句话正是出自银行业创新先驱的招商银行行长马蔚华之口，他坐在最显眼的位置，语气中透出浓浓的担忧，看来眼下严峻的形势似乎是比预想中的挑战更严重。

此话一出，空气有点儿凝固。

突然角落里一个身影站了起来，他用严肃的表情环视一圈，迟疑了一下，凝重地说："我有一种不好的预感，互联网金融的发展可能会彻底颠覆传统商业银行的经营模式、盈利模式和生存模式。"他就是交通银行董事长牛锡明。

寂静，死一般的寂静。

许久，工商银行行长姜建清叹了口气，说："如果不变革，等待银行的将是淘汰。"

之后，大家陷入了思考。我们无法猜出他们到底在思考什么，但从他们凝重的表情可以猜测到，他们忧心忡忡，殚精竭虑。

银行家们如此寝食难安，互联网金融应该在一旁窃喜，因为他们做到了。

此时的马云，应该心情不错吧。

中国银联总裁时文朝曾说："第三方支付机构千方百计地绕过银联进行转接清算，银联的交易量分流得非常明显。中国支付市场可能是全球最浮躁、最喧闹的场所。"

市场被"野蛮人"搅局，立刻就变成了最浮躁、最喧闹的场所。就像交管抓拼车，一个黑车幌子就把你一棍子打倒。

"衰"的态势已经让银行家和员工们都坐立不安了。银行盈利的下滑使得员工福利滑坡、营销费用压缩，银行似乎也开始"抠门"了。银行的揽储手段日益受限，许多做法不是失效就是被叫停，大量活期存款不翼而飞。

有消息称，余额宝 2014 年的考核目标暂定是 5000 亿元。

5000 亿元！接近目前银行十分之一的活期存款！余额宝的口气、胆量和野心让银行不寒而栗。

当然，我们并没有特异功能来预测银行的生命还有多长，但我们可以肯定的是，"盛极必衰"这条已在历史上不断重演的定律仍会继续下去。

是时候该清醒了，银行！

历史可鉴，切勿重蹈覆辙。

三

"钱荒"，2013 年妇孺皆知的高频词。像这种词，应该是要被银行雪藏的。但是一年中，其抛头露面两次，确实让银行惶恐。

什么是钱荒？

这可是相当于金融界里的地震，通俗来讲，就是银行钱紧，银行吃不饱了。造成这种结果的因素很多，但有一点是不容忽视的，那就是互联网金融的搅局，抢了银行的饭碗。

只要你有钱，就可以被称作高富帅，管他矮还是矬。但是，当突然发现手头紧张，吃不饱饭的时候，这种瞬间沦为平民的心理落差谁都承受不了。何况银行呢？

接连两次高烧，已经让银行和交易员 hold 不住了。钱荒在 2013 年 6 月 20 日深夜偷偷来袭，晚上出没，大多不会干什么好事，不过圣诞老人除外。果然，钱荒让交易员刺激了一把，当晚，银行间隔夜质押式回购最高成交利率为 30%，7 天质押式回购利率最高成交于 28%。似乎有了这种经历的交易员人生才会圆满。

6 月后，钱荒并没有消停下来。12 月 20 日继续光临银行，而偏偏在这两个节骨眼儿上，央行并没有及时送去退烧药。

发烧虽然有药可治，但这个过程却足以让银行创巨痛深。

这还只是一个开始，好戏还在后头。

普通人不懂得货币基金是啥东东，但却知道相对于活期存款，余额宝收益多当然就是厚道，而银行人品就很差了。

如果是放在历史中，那么现在的情况是这样的。

余额宝和银行都是皇帝的嫔妃，只是余额宝入宫时间比银行要晚，按理余额宝应尊称银行为姐姐。后宫的争斗不断，同为皇帝嫔妃的银行和余额宝，表面上一片祥和、和睦相处，入宫时间较晚的余额宝也尊称银行为姐姐，但她并不满足自己的地位，在风云诡谲的后宫里明争暗斗、费尽心机，终于后来者居上，成为了皇帝的宠妃。历经钩心斗角的余额宝栉风沐雨地走过了这段争宠之路。而皇帝，正是现在的老百姓，谁更招人喜欢，老百姓自然会把钞票放在谁那里。

2014 年 1 月，银行存款消失了约 9400 亿元。银行可不能眼睁睁地看着自己的金库日益减少，必须要想想办法。不得不说，银行采取了最直接的方法，这种气魄还是可歌可泣的。银行将支付的吸收存款成本从 0.35% 上升到了 5%，哎，就少赚点吧。

银行掌门人无路可走，钝刀子割自己肉的痛也只能咬牙忍忍。

苦肉计，真心痛。

话说康熙初年，恰逢乱世，少年玄烨左手擒鳌拜，右手平三藩，满脑子还想着平定葛尔丹，收复台湾。即使是开创了"康乾盛世"的康熙大帝也有一段把青梅竹马的冰月格格拱手让给耿聚忠的忍痛割爱的故事，虽不知是真是假，但似乎就连皇上也难免会有忍痛割爱的无奈。

一夜三惊，银行受的折磨还远远不止这些。可能是银行的好日子过得太多，连上天都嫉妒了。

国内银行这几年的日子之所以过得比国际上同行好，是因为他沾了别人的光。在别人的庇护下过日子，经济高速发展使企业离不开银行，贷款需求增加，还贷质量不差。银行为何安安稳稳吃利差？还不是沾的金融业未向民营经济开放的光。

风水轮流转，是该尝尝苦头了。

春江水暖鸭先知，资本市场的反应无疑是给银行伤口上撒盐。如今股市中的银行股、地产股业绩优异股价不涨，不温不火，对，现实版的温水煮青蛙。不过银行还算好，毕竟知道痛。

2014年，招商银行各分支行收到了一份"黑名单"。

有点儿毛骨悚然的感觉，不由得想起了热播电视剧《黑名单》，讲的是抓捕恐怖分子的破案故事，整个气氛都是悬疑、紧张和神秘。谁在黑名单上？哪种罪犯会落在黑名单上？想知道这个答案，还是自己亲自去看看吧。

有点儿扯远了，言归正传。宁可不放一笔贷款，也不能出一单不良。招商银行各分支行收到的这份黑名单让他们的手颤抖了一下，银行的日子将会非常难过。银行收到的这份黑名单上有谁？这才是我们真正应该关心的。

估计大家能猜中一半，小企业、小微企业悉数入列，钢铁、铝型材等资金密集型行业、价格持续走低的大宗商品以及出现过风险事件的行业也不幸被选中。更狠的是，"黑名单"还要求必须选出20%坚决退出，不能退出的还要写明理由。搞得跟读小学时迟到早退都要说明情况一样。

这些小伎俩就算了，竟然还有更绝的一招。

一旦某一信贷产品出现不良，该产品的归宿就是寿终正寝。这简直是断了银行的发财路。

2014年以来，信贷额度持续紧张。没额度，才是最要命的。

第一季度，四大国有银行和民生、兴业、招商等大型股份制银行就上演了一场抢钱大战。为了弥补负债端普通存款的缺口，银行煞费苦心地通过保险公司或企业，将同业存款变成了一般性存款，从而缓解存贷比压力。

2013年以来，银行业的神话已经破灭，净利润增速不断下滑。平安银行2013年净利润增幅为12.72%，较2012年30.39%的增速下滑了一半，浦发银行和中信银行的情况也不容乐观，整个银行业净利润增速下滑已成普遍现象。

银行的痛远远不止这些。2013 年，6 家银行的不良贷款都有不同程度的增长，逾期贷款增长得更为凶猛。银行业出现了这样奇怪的现象：该增加的不增加，不该增加的却噌噌噌地往上爬。这足以让银行捏把汗了。

与互联网金融的 PK，银行已经快扛不住了。

所以，银行无须再掩盖，我们已经知道你久病缠身，赶快去治治吧。

第三节 / **奋力逃离"恐龙"宿命**

银行的神经紧紧地绷着。

面对这么复杂的局势，银行痛苦、迷茫、纠结，举棋不定。

又是一个阴霾的天气，他们聚到一起，商讨着该如何回击。

A 银行说："我就不信他有多大本事，能扳倒我们，我们的强大谁不知道。我们只需要观望，不需要动用一个小指头。"说罢，狠狠地拍了一下桌子。

B 银行有点儿坐不住了，A 银行的话音刚落，就接着说："某些银行太盲目自大了吧，互联网金融确实有他的过人之处，如果我们毫不反击，只有死路一条……"

话还未讲完，铿锵有力的声音出现了。"是的，这对我们来说是挑战，但更是机遇，我们和互联网金融未必要争个你死我活，积极主动与他们携手合作也不失为一个好的选择。"

"错了，你们都错了！"D 银行开始一小段抑扬顿挫的演说。

"几十年来，我们习惯了封闭、独享的市场，但群众早就对居高临下、唯我独尊的我们不满了，之所以没有反抗，是因为我们没有遇到强劲的对手。可是，提倡平等、开放、协作和分享的互联网金融出现了，对我们构成了致命打击。"

"我们应该清醒了，不能自己革去旧疾，就只能等别人来革我们的命。"D 银行最终补充道。

会议现场像炸开了的热锅，有支持的，有反对的，有中立的。银行之间争得面红耳赤。

一阵凉风吹来，夜幕降临，月牙儿也出来活动了。

会议结束了，银行还算有觉悟，得出来一个结论，就是不管怎样，银行必须要行动起来了。

不愿坐以待毙，就要革故鼎新。

在这个循序渐进的过程中，银行注定要经历守旧、改良和开放这三个阶段，也难免会在这三个阶段间徘徊。

先让我们看看大清王朝的混乱局势吧，从顽固派到维新派，谱写了一曲大清王朝的悲歌，还如此"生动"。

鸦片战争后，面对中国历史进程中如此重大的转折，晚清的顽固派、洋务派和维新派在历史的舞台上明争暗斗。从道光帝到咸丰帝以及其诸多臣子，在他们眼中，祖宗之法就是一切，要论排位，甚至还在圣旨之上。当看到外来的一些新鲜玩意儿时，简直是侮辱了他们的眼睛。心想，这些奇技淫巧有什么本事？能让大清国泰民安？凭什么向蛮夷俯首帖耳？

是的，除了排斥，就是抵制。不过好就好在，至少还知道抵制。

堂堂高贵的银行怎么会向互联网金融低头？既然你对我不仁，那我就只好对你不义了。

狗急也会跳墙。逼急了，只有打压！

不得不承认，这时的银行有那么一点点小脾气，是执拗的。

互联网金融的来势汹汹，让银行冒了冷汗。措手不及的他们，早就明白了光靠打压是不行的，还要从自身改良，这样才会形成合力，给互联网金融来个彻底的翻盘。

以史为鉴，银行开始尝试着改良。

改良的结果怎样？当然不好。银行怎会服输？别忘了，曾经的他们有多么厉害，百姓是多么离不开他们。

换做谁，都拉不下这个面子。

历史上的洋务运动以失败告终，但庆幸的是，仍有康有为、梁启超等后继之人，他们的思想更加开放，并下决心通过政治上的改革放手一搏，虽然最终还是逃不过被绞杀的命运，但是培养的人才都亲手为清王朝掘墓，大快人心。

银行，日思夜想的就是如何为互联网金融掘墓。

对了，必须开放，并且是从本质出发，在理念上开放，基因上维新，才有掘墓的机会！

银行是矛盾的，守旧、改良和开放，他都尝试了一番。

不同的角色体验，滋味如何？

设障压制

一

银行能想到的最直接的办法就是设障压制以阻止互联网金融快速前进的脚步。

有些做法实在是让人捏了把汗。

面对互联网金融，不可否认，银行确实心虚了。但是……

银行似乎没有从本质上认识到问题的严重性，打压一时，但不能打压一世。

别忘了，老马哥可是"九阳神功附体"，倒下没那么容易。正如2000多年前的秦帝国。

"百家罢，帝王一家独大"，"大一统"文化形成。中华文化急转而下，百家争鸣的格局被"大一统"的枷锁禁锢，中华文化进入黑暗时期。

秦帝国错就错在有一颗保守的心，并且，采取一些手段来让所有子民都变得保守。

他们发现，只有把国民紧紧圈在国内，不允许外出才是最好的办法。于是，中国的帝王们从陆地上筑起万里长城，并下令"片板不许下海"，隔离了百姓和外面的世界，从而打造出一个超稳定的内封闭社会。久而久之，习惯了这种"内封闭"社会生活的整个民族变得极端守旧。

貌似，银行的某些行为确实是在走这条老路子。

面对互联网金融的进攻，银行不是积极主动开发具有竞争力的产品，而仅仅只是被动做出最基本的防守，不得不说，银行骨子里还是顽固的。

2012年6月，央行双向调整了存贷款利率的浮动空间，并将基准利率的1.1倍作为存款利率浮动区间的上限。此消息一经放出，多家中小型商业银行开始小试牛刀：1年期存款利率从3.25%的基准利率上浮到3.5%、再到3.575%的上限，而针对特定客户的1年以上定期存款利率上浮的幅度不尽相同，并且他们纷纷将此前尚未浮动至1.1倍的中长期存款利率"一浮到顶"。

五大行也不得不咬着牙，突破这条底线了。

当然，银行的理想是美好的，那就是希望借着存贷款利率的调整来赢得这场揽储大战。

刻板！守旧！

面对互联网金融的汹涌来袭，咋一开始，银行的眼力就这样，不咋地。还真是低估了互联网金融的实力。

银行在本能反应的同时，依旧保持着他高傲的姿态，心里想着：我这么强大，任何人都不是我的对手，我就等着看场好戏吧！执拗的银行宁愿墨守成规，也不愿低下他的头颅，因为他始终坚信，自己是高贵的象征，自己的实力足够强大。

鲁迅也曾伤感地说："中国人最不愿意学习外国的东西，生怕学了外国的东西，自己也变成了外国人。这就有点儿像有人不敢吃牛肉，生怕吃了牛肉自己也变成了牛一样。"

在新事物面前，一些银行也像先秦时期一样，顾虑重重、瞻前顾后，生怕吃了牛肉之后自己变成了牛。

让我们把镜头拉向楚国吧。楚国有个人在渡江时不慎将剑掉入了江中，他却淡定得很，没有立马下水去找，而是用刀在掉下剑的船舷上做了记号。待船到达目的后，这个楚国人便从他刻记号的地方跳到水里寻找剑，却再也找不到了。小孩子都懂的道理，可有些人却硬要犯糊涂，拽都拽不回来。

银行仍在保持观望，因循守旧，等着有比较成熟的模式出来了再照葫芦画瓢，加速跟进。

这和楚国渡江的人有本质区别吗？

这样的银行早已博得了大家的同情，不，是怜悯。银行已经老态龙钟了。

要想返老还童，必须丢掉守旧之气。

二

不知是否是到了马年的缘故，年后马云还真是诸事不顺，各种事情相继扑来，简直是闹心，估计马云自从过完年就没睡过好觉。

先是微信支付来了个下马威，接着又是京东上市，腾讯入股京东等，简直是咄咄逼人，好像还真的是和马云杠上了。这些也就算了，毕竟都是互联网同门师兄师弟，一家人，再大的错误都是可以原谅的。况且这些都是小打小闹，最多让马哥失眠，不至于给他带来伤口。

可是，让马哥万万没有想到的是，当他还在忙于应付互联网同门师兄弟的进攻时，银行却悄悄地把箭对准马哥，向马哥射去，接连三次。

马哥中箭，伤势不浅。确实有点儿疼，但愤怒大于疼痛。

还好没有射中要害，拔出箭，才知道这三支箭的厉害。

第一支箭是暂停二维码支付，第二支箭是停止发行虚拟信用卡，第三支箭是限制网络支付消费限额。

像这种背后使阴招的事，还真不少。这里不得不说红极一时的《甄嬛传》了，后宫嫔妃的钩心斗角，明争暗斗。不管是谁，除掉一个算一个，即使是关系最好的姐妹，也避免不了互相陷害。

如果把银行和老马放在那个年代，那么他们之间的尔虞我诈就不会是三支箭这么简单了。

老马哥看后还真想喷血，不过主要是银行的这第三支箭，下手太狠。

火急攻心，老马哥，请保持淡定。

先讲讲第一支箭和第二支箭吧，央行打着防范风险，维持金融市场稳定的幌子，射出了这两支箭，别说，射箭技术还真心不错。

再说说这第三支箭，就因这，老马还真是豁出去了，不顾自己的伤势，还挺身为支付宝加油打气，甚至高呼到：支付宝，请扛住！

不愧是身经百战的老马哥，决心有，气势更有。输也不能输在气势上。

话说工、农、中、建"四大天王"已经纷纷下调了快捷支付限额。建设银行在 2014 年 3 月 22 日下调了储蓄卡快捷支付限额，调整后的额度为单笔 5000 元、每月 5 万元；工商银行的额度由原先的单笔 5 万元下调为 5000 元，每月限额则从 20 万元降到 5 万元；中国银行、农业银行则将额度从原先的单笔 5 万元降到 1 万元。

"四大天王"对付老马哥的速度还真快。不仅如此，央行也发布了《支付机构网络支付业务管理办法》和《手机支付业务发展指导意见》征询意见稿，大意是：个人支付转账单笔不能超过 1000 元，年累计不超过 1 万元；个人单笔消费不得超过 5000 元，月累计不能超过 1 万元。

与央行相比，"四大天王"还算仁慈的，下手还不算狠。老马哥是不是还应该对他们心存感激呢？

在此之前，民生、兴业和浦发等多家银行已对微信理财通出手，纷纷下调理财通存入额度，并且比自动柜员机和柜台提现的要求还要严格。这种做法，有可能三败俱伤：于客户，将使他们错失理财时机而造成经济损失；于微信理财通，将会直接影响其收益；于银行，可能会导致更多客户流失。

但不可否认的是，这三支箭确实射中了老马哥，也彻底激怒了老马哥。

看来，好戏还在后头。

纷纷触网

一

触网，很时髦的一个词儿。

银行比较喜欢走改良道路，喜欢运用信息技术和互联网对自身进行改良。毕竟，自己几十年经营的理念和文化，换作任何人，都不舍得抛弃。

既然互联网金融是通过互联网玩金融，那我们就依样画葫芦。于是，银行开始运用互联网为客户提供账户查询、转账汇款、投资理财、在线支付等金融服务。

然而，他们仅仅是把金融产品放到网上销售，把互联网当作渠道。

他们热衷于把线下产品往线上搬，并且搞得热火朝天。

请看这样一组数据：2013 年，全国网上银行交易总额 1066.97 万亿元，网上银行个人客户同比增加 28.09%，企业客户同比增加 29.92%。手机银行个人客户 4.58 亿户，同比增加 35.81%；企业客户 11.43 万户，增幅为 23.04%；交易规模达 12.74 万亿元，同比增长 248.09%。

这么多的数据着实让人看得眼花缭乱，但是你只需要明白四个字。

如火如荼。

工商银行在触网方面，无疑是所有银行中的老大。

他拥有 17000 余家营业机构，网上银行、电话银行、手机银行、自助银行等渠道处理的业务量已经包揽了其全部业务量的 78%，相当于替代了 30000 多个物理网点。

老大必定有他的过人之处。用四个字概括：运智铺谋。

工商银行的电子银行产品，集中体现了这场战役中的军事思想。

六韬——文、武、龙、虎、豹、犬。

2012 年，工商银行自主研发的第四代核心应用系统建设完成并全面投入使用，这套系统不仅提升了原有金融产品的服务能力，为相关业务领域产品的创新提供了更大的平台，还足以保证海内外庞大经营网络的平稳运行。功夫不负有心人，新系统带来的回报也相当可观：日均业务量 2 亿笔，每秒处理业务的峰值达到 6500 笔。记住，是日均，是每秒！

工欲善其事，必先利其器。这就是文韬武略。

早在 2009 年，工商银行就热衷于电子银行产品的升级，在国内银行业中率先推出包括向境外 VISA 卡汇款、金融超市、集团境外资金调拨等在内的多款创新产品。

运筹帷幄，幡然改进，这是工行的龙韬。

2014 年，工行开发了安全快捷的电子银行支付产品，取名为"工银 e 支付"。它的诞生让客户体验到了无须 U 盘、密码器等，就能完成 3000 元以内的网上购物、缴费、转账等业务。想拥有它很简单，客户只需要几秒钟就可以自助完成注册。

没错，这是虎韬。

2013 年底，工行率先创新推出的网银 B2C 多银行支付成功上任，没错，这是工行与中国银联的战略。客户可以通过 B2C 支付页面使用其他银行的网银和账户完成在线支付，实现银联成员机构间银行卡的跨行网银支付。注意，是率先，又是率先推出！

这就是豹韬。

你是不是每次给银行客服打电话时都觉得按键很麻烦？不管你有没有觉得，反正我觉得很麻烦。

现在，工行连这样的麻烦都给我们解决了。

你只需要说出"查余额"、"转账业务"等，工行就可以快速帮你定位到你需要办理的相应业务。这就是工行的智能语音识别电话银行服务。工行可谓是斥巨资，采用了业界领先的电话语音识别技术对语音进行自动识别和智能判断。

当然，这就是犬韬。

业务发展的速度简直让人害怕。2013 年，工行的电子银行交易额超过了 380 万亿元，比 2012 年增长近 15%；累计办理业务数量超过 470 亿笔；个人网上银行客户数已达 1.6 亿人，移动银行客户数超过 1.3 亿人。

这就是"文韬武略"上交的看似非常完美的成绩单。

看似漂亮，相当的漂亮！

二

招商银行的发展也很迅猛，丝毫不逊色于工商银行。

截至 2013 年 6 月末，招商银行的电子银行非现金业务替代率为91.85%，其中，网上银行/手机银行替代率为88.23%，相当于节省817个网点和6058个柜员，节省了大量运营成本；手机银行累计交易金额达到4208亿元。招商银行的替代率在16家上市银行的电子银行业务都大幅增加的情况下勇夺第一。

确实精彩。

招商银行，这个电子银行方面的佼佼者，当然还需要费尽心思做出更多成绩来，这样才对得住这个荣誉，更对得住自己骄傲的心。

招行绞尽脑汁地研发出小企业的专属网上银行——U-BANK8，名字听上去就已经很洋气了。

这个"洋妞"是专门为小企业客户群提供金融服务的，她想方设法变出各种花招，比如公司账户一卡通、记账宝、收款通、跨行资金快车等，在商务交易、供应链金融、便捷融资和现金增值领域如鱼得水。

"洋妞"的服务还算周到。

有了她的服务，再也不需要为跨行资金的收付犯愁了。她提供的三包服务：公司账户与个人账户间的资金自动划拨、直接实时收取其他公司或个人账户资金、实现小额资金跨行划拨实时到账及对跨行账户余额的实施查询。请记住三包服务的简易名称：公司账户一网通、小企业收款通和网银互联。有任何一方面的需求，包在"洋妞"身上啦。

有了她的服务，实现现金流清晰核算不再是问题。"洋妞"有一个法宝——记账宝，通过记账宝可以设置多个虚拟子账户形式，从而让小企业内部不同部门、不同产品，乃至各个合同编号下的销售回款的划分变得 so easy。有了她的服务，"妈妈"再也不用担心小企业融资难的问题啦。"洋妞"特意为小企业客户打造了"小企业 e 家"在线金融服务平台及网贷易产品，为小企业提供了 VIP 高级待遇。通过在线资信评级及融资申请、审批和放款流程的全透明，小企业彻头彻尾地过了一把瘾。

想必，这也得到了小企业客户群的满意。

除了"大家长"网上银行之外，招商银行还推出了手机银行、Pad 银行、微信银行。

招商银行为我国网上银行发展所做的贡献是不可否认的。但是，这还远远不够。他们还是没有足够的勇气直面互联网金融的挑战。就如进行了一场改革，但是仍没有达到目的，仍不足以抵抗强大的对手。

类似这样改革不彻底的场景，俄罗斯在 1861 年也出现过。

那个时代，农民的人格和自尊心被无情地摧残，他们每天都要无偿地为地主劳动，甚至可以作为物品来抵押债务。农民生活极度困难，不满情绪也日益高涨，农民运动风起云涌。

1861 年俄国沙皇亚历山大二世推行了改革，这次改革废除了农奴制，让农奴成为了自由人，然而，败就败在改革的不彻底，保留了农奴制残余和沙皇的专制统治，使俄国的近现代化步伐沉重而缓慢。

虽然改革不彻底，但至少还是缓解了社会矛盾，促进了社会的进步。

这，是一个进步的象征。

如果给银行足够的时间，他们迟早会找到自己的病根。

然后，绝地反击。

绝地反击

一

互联网金融来得太快，也来得太猛。

传统银行唯有放手一搏。凤凰涅槃。

传说中，作为人世间幸福使者的凤凰每五百年就要背负着人世间积累的深仇宿怨自焚于熊熊烈火中，用生命的终结换取人世的祥和安宁。但在肉体经受了巨大的痛苦后，它会拥有更美好的躯体，轮回重生，循环往复，得以永生。

如今，压力和阻碍俨然成为银行的拦路虎。看来银行只有低下高傲的头颅，置之死地才能获得重生，就像凤凰历经劫难的梦想与目标才会更加美丽。

那么，银行的互联网故事有多精彩？

让我们先听听一首歌吧，"1979 年，那是一个春天，有一位老人在中国的南海边画了一个圈，神话般地崛起座座城，奇迹般地聚起座座金山。1992 年，又是一个春天，有一位老人在中国的南海边写下诗篇，天地间荡起滚滚春潮，征途上扬起浩浩风帆"。这首几乎所有中华儿女都会唱的《春天的故事》，有着史诗般的气势。歌声中一幅改革开放的画卷徐徐展开，一个划时代的事件和一位伟人重现眼前。

改革开放，是实现中华民族伟大复兴的必经之路，是我国的强国之路。是改革开放，翻开了中国历史的新篇章，让中国的发展如沐春风。一个国家都有改革开放的气魄，何况是我国的银行呢？

战战兢兢、如履薄冰，银行只有具有强烈的忧患意识时，才会放手去开放，才会翻开中国银行业的新篇章。

中国文化受外来文化影响最集中、最剧烈的时候莫过于"五四"前后，新文化的倡导者对中国的旧文化进行了彻底的怀疑，然而，一味地全盘西化是行不通的，离开人家几千年的根基，这种模仿注定只是呀呀学语。就在这个时代，鲁迅的"拿来主义"出现了。

他的拿是有选择的拿，为我所用的拿，不亢不卑的拿。

他山之石可以攻玉，"拿来主义"也未尝不可。在已有的精华上进行升华，这才能真正体现银行的智慧。

认清事物的本质，完全摒弃自身劣根性。

为之振奋的醒悟，为银行点赞！

二

耍杂技，是的。

时间是最好的证明，银行也渐渐看清态势，开始像耍杂技一样玩着一个又一个花样，他们"运用脑髓、放出眼光、自己来拿"。在这个硝烟四起的战场，银行积极与电商牵手、"宝宝"们争相出动、直销银行开始逆袭……

这，就是智者。

在电商鏖战正酣之际，谁也没有料到会半路杀出程咬金，可怕的是还不止一个，建行的"善融商务"、工行的"融e购"、交行的"交博汇"、中行的"云购物"、农行的"E商管家"……

如果你想买一个相对比较昂贵的电子产品，但是又为手头钱不够而犯愁，这时，"救世主"出现了，那就是建行的"善融商务"。在这个全新的电商平台上，你不仅可以买到心仪的电子产品，还可以申请个人小额贷款。

是的，"善融商务"是首家吃螃蟹的银行电商。

当这么一个具有强大功能的平台出现在你面前时，激动地不知道该怎么表达自己的惊喜。

这种感觉叫：相见恨晚。

"善融商务"在正式进军金融市场前也经历过一段低潮期，他整天把自己关闭在房间里，有些迷茫，有些困惑。他不知道该怎么打败天猫、京东等平台。

就这样，在闭关了很久之后，突然有一天，他打开门，嘴里嘀咕了一句：击其要害，各个突破。

是的，"善融商务"终于想明白了，认清了自己。他对自己有了非常明晰的定位，这对于任何人来说，都已成功了一半。

"善融商务"，做的就是服务。他的上帝就是企业供应商、企业采购商和个人消费者。

突破一：他在成本上进行了突破，不收取交易佣金，更不收取入驻保证金和年费。

突破二：他支持分期支付、信用卡付款、个人贷款支付等多种手段，且账户提现实时到账。

突破三：他为入驻商户同时提供线上贷款产品和线下贷款产品。

亦商亦融，买卖轻松。

截至 2013 年 6 月末，"善融商务"注册会员数突破 150 万人，交易额近百亿元，融资规模达到数十亿元。

"善融商务"，为自己代言。

这样的突破与服务，小伙伴们，是不是应该双手点赞呢？

有人会质疑，银行你凭什么进入电商领域，斗得过天猫、京东吗？银行当然是胸有成竹了才会进军的，除非脑袋有问题，要不谁会那么傻乎乎地跑去送死啊。虽然起步晚了点儿，但银行还是有优势的。比如，银行完全不用为货源和买家资源发愁，毕竟他的对公客户一大部分都是制造企业，并且还拥有大量的个人客户。电商是个烧钱的行业，很多电商都存在着资金链断裂的风险，对于财大气粗的银行，这根本就不是问题。

"交博汇"，名字听上去就比较高大上。"交"当然是指他爹交通银行，"博"则代表着多、广、大，"汇"不难理解，是汇聚、交汇的意思。

光看名字，就可以知道交行的野心有多大了。该平台的服务对象主要是中小企业，并且分为四馆：企业馆、商品馆、生活馆以及金融馆。"交博汇"胸怀够大，产品一应俱全。

时代在进步，银行的电商平台也在不断优化升级。

不作死就不会死。那么，做对便活。

交行的大勇气与大智慧，让这场仗打得很漂亮。

除此之外，民生、兴业、浦发、招行等也拥有了自己的电商平台，我们为这样的发展速度也点个赞吧。

<h2 style="text-align:center">三</h2>

互联网金融给了银行一次痛定思痛的机会，磨难总是让人成长、让事物进步的最好契机。银行在忍受存款搬家之痛时，也按捺不住自己激动的心情，这不正是实现鲁迅"拿来主义"的大好时机吗？

这是一个金融适者生存的时代。

于是，银行纷纷推出了"这个宝、那个宝"。这是一次生动的演讲比赛，"宝宝"们都把这个当成推广自己的大好时机。

"宝宝"一：中国银行的"活期宝"。

就让"活期宝"来个自我介绍吧。

"大家好，我叫活期宝，是中国银行旗下中银基金的孩子，我的出生是身负使命的。我有如下一些优势：购买我的收益远超活期，2013 年 62 只货币基金 A 类平均年收益率为 3.87%，最高达到 6.2%；不仅如此，购买我之后还可以每日进行分红，且收益转为基金份额，滚动投资，利上添利；我对待"高富帅"和屌丝都是一视同仁的，1 元钱你就可以买哦，并且不需要手续费、可以随时取现、安全有保障……哈哈，是不是很精彩啊！"

此时，掌声响起。人们觉得这个"宝宝"很不错，纷纷点头。

"宝宝"二：民生银行的"如意宝"。

"如意宝"很大方地走上了演讲台，清了一下嗓子，说道："大家好，我是如意宝，是民生银行与民生加银、汇添富两家基金公司的结晶，最新的 7 日年化收益率达到 6.6%。"此刻，他用骄傲的眼神看了看活期宝。"并且 1 分钱就可以购买，而不是 1 元钱；支持自动申购及 7×24 小时实时现取，跨行转入转出也是免费的；可以通过直销银行的网站或手机银行客户端购买哦。欢迎大家积极体验。"

"有些条件好像比活期宝还好呢！"观众纷纷议论着。

"宝宝"三：工商银行的"薪金宝"和"现金宝"。

由于都是工商银行的，"薪金宝"和"现金宝"一同走向演讲台。

"我是工行现金宝，为工行客户提供了特别的便利，工行用户通过工银现金宝手机 App 软件，可以直接在手机上开户，并随时通过 App 软件充值和取现，无须通过网银，收益率在 6%左右。而工银薪金宝的 7 日年化收益率在最近高达 6.559%。"

台下的工商银行客户听过之后变得跃跃欲试。

除此之外，广发银行的"智能金账户"、交通银行的"快溢通"、平安银行的"平安盈"、浦发银行的"天添盈"……都参加了此次演讲。

一场银行业与互联网金融的"宝宝"大战激战正酣，银行奋力挽救已丢的城池。虽然实力稍弱，但"宝"的诞生总是能给人新生的希望，并且也的的确确击中了互联网金融的软肋，在士气上给予了他沉重的打击。

也许，这都是银行的无奈之举，但毋庸置疑的是，互联网金融的到来，让银行"躺着挣钱"的日子已走到了尽头。

但是这场大战究竟谁主沉浮？让我们拭目以待吧。

四

在"宝宝"们正打得火热的时候，民生银行的直销银行也开始摩拳擦掌地"杠上"互联网金融。

这是民生银行第一次牵手阿里巴巴。恋爱的力量是巨大的。

请不要小瞧这"简单的银行"，他可潜藏着巨大的能量，随时都有可能爆发他的小宇宙。

虽说在 20 世纪 90 年代末，这玩意儿已经在北美及欧洲等国家出现。但是在中国，他却长着一张与众不同的面孔。

直销银行经过了多月的酝酿才在我们面前亮相，这场逆袭注定来得比以往慢一些。

所谓的好事多磨，只要对银行的发展有好处，"磨"得再辛苦，也值！

这不得不让我想起我国的四大名著之一——《西游记》。《西游记》中，唐僧师徒四人赴西天取经，取经路上或遇妖魔，或逢灾难，但是这个"团队"却战胜了九九八十一难，最终从西天取得真经返回中土。虽然取经的路途很遥远，被"磨"了无数次，似乎越磨脸皮越厚。但也正是因为厚脸皮，才无所畏惧。

民生银行的直销银行消息早在 2013 年 9 月初就已经走漏了风声并持续升温,在市场翘首以盼 7 个多月后,民生银行终于取到了他的"真经"——直销银行从概念变成了现实。

直销银行为百姓骄傲地介绍了他的三个"新生儿":"如意宝"、"随心存"和"轻松汇"。他们不仅为消费者提供了更加方便快捷的服务渠道,还带来了更加贴心、个性化的服务体验。

这些"新生儿"有着得天独厚的优势和特异功能,他们的职责就是服务于"忙、潮、精"的客户。他们也有着自己在乎的群体,他们在乎收入高、生活节奏快的"忙"客户;在乎习惯使用网络银行手机银行的"潮"客户;在乎容易被优惠和免费活动吸引、喜欢货比三家的"精"客户。

他们的特异功能就是让忙碌的人们看着自己资产"滚雪球"式增长后,咧开嘴哈哈大笑。

还有一个让人备感兴奋的就是,民生银行拥有 Android 和 IOS 手机客户端,以及微信公众账号。有了这个,投资者就再也不用抱着笔记本电脑了,吃饭的时候、走路的时候、睡觉之前,都可以看看自己的土豪梦是否实现了。

直销银行现在的局面不会差于《西游记》的结局,他已经成为了银行业逆袭的筹码,已经够资格与互联网金融形成鼎立之势了。

春天,是个恋爱的季节。

2014 年 2 月 19 日,北京银行与小米公司公开承认"恋情"。这件事炒得沸沸扬扬,最终还召开了新闻发布会。此次发布会上,北京银行还宣布与小米公司签署移动互联网金融全面合作协议,正式进军互联网金融领域。

此次牵手正所谓真正的十指相扣,扣住了移动支付、便捷信贷、产品定制、渠道拓展等多个方面。

北京银行将与小米公司携手探索基于小米公司互联网平台的综合金融服务,他们将一起申请基于近距离无线通信技术功能的移动支付结算业务、理财和保险等标准化产品的销售、货币基金的销售平台以及标准化个贷产品在手机/互联网的终端。

毫无疑问,北京银行的粉丝群在小米的号召下会不断扩大。小米给北京银行带来的还远远不止这些……

对于这对"新恋人",除了祝福还是祝福。

五

不得不感叹，银行的互联网故事很精彩。

并且，未来一定会更加精彩。

套用最近流行的一句话吧，生存虽易，发展不易，且行且珍惜。

互联网金融的玩法太多了，银行要想与之抗衡甚至打败他，除了改变，就是改变。

突然想和大家分享一个故事。有一群人一起去海边的森林中采灵芝，原始森林里总有一种阴森的感觉。并且越往深处，光线越暗，越来越模糊。在这种情况下，大家并没有害怕，也没有放弃的念头，而是专心于复杂的路况，踩着脚下厚厚树叶堆积成的路，继续向前进。忽然前面发现了灵芝，大的竟有两尺多长一尺余宽，走在前面的人大声说道："越往深处走人越少，还会有更多更大的呢！"

于是，大家继续前行，因为都期待着更多的惊喜。

越往深处走人越少，就会有更多更大的呢。银行何不尝试着大胆往深处走去，革新理念，转变思维，你的收获将是别人永远无法企及的。

一边是横空出世、规模猛增的"后起新秀"互联网金融，另一边是资格最老、地位尊贵的"金融大佬"银行，两股力量的交锋吸引着诸多眼球。不管怎样，互联网开启了金融业一个崭新的时代。

世界潮流，浩浩荡荡，顺之者昌，逆之者亡。传统银行业，面临着新抉择。终究该如何对抗命运呢？

如何在这个潮流中生存下来，想必在传统银行的心中早已有了答案。

因为，优胜劣汰，这是一个永恒的真理。

第三章

"诸神"之战

　　一年之前银行还风光无限，一年之后却是狼狈不堪，互联网的大神们是如何做到的？

　　马云用事实告诉了银行两个再简单不过的道理。

　　（1）草根也有春天。积少成多，集腋成裘，小贷也能做成大生意。

　　（2）中小微完全可以做好。非银行不能，是银行不为也。

　　支付领域，兵家必争！

　　支付是一个超霸道的通道，在这个通道里钱从消费者那里出，到商家那里去。这钱一进一出就是巨大的需求，构建了巨大的市场。

　　支付——通往金融新时代的王者大道！

　　存款！最终的战场。

　　得民心者，得天下！

　　让利于民，天下太平！余额宝一战封神，正是此理。

第一节 / 小贷冲天第一炮

"大神"华丽登场

一

金融，金钱的融通之处，资本的聚集之地。

如果说国家是一个庞大的身体，那么金融就是连接所有细胞的血管。在它的作用下，国家、企业和个人连成了一个紧密的整体。它将闲置的资本流向最能创造价值的组织，从而为整个国家提供了无比强大的动力，为个人创造了更多的资本增值。

谁拥有最强大的金融系统，谁就拥有了最强大的经济实力，那么它就是世界上最强大的国家。曾经的世界霸主英国如此，现在的世界第一美国也是如此。

可以说成也金融，败也金融。每一次的社会动乱都伴随着金融危机的身影，特别是20世纪初的经济大萧条差点儿毁掉了当时的美国，1300多万人为之失业，举国上下一片哀鸣，经济发展急转直下。萧条之势，蔓延寰宇。英国每况愈下，德国全域破败不堪，急需一位强硬的统治者带其走出低迷，希特勒因此顺应上位，20世纪初的全球经济大萧条为第二次世界大战埋下了重重的伏笔。

银行，金融的最佳代言人，绝对的"高富帅"。

高是年事已高，历史悠久。中国的金融机构最早出现于唐朝，闻名于明末清初，称作票号，年方1200多岁。高还是位高权重，中国的银行垄断了90%的融资渠道，百姓存钱借钱皆在银行。如此高的地位，足以让其趾高气扬。

富是富可敌国，银行的金融资产2倍之于GDP。四大行日赚近23亿元，利润多到无法想象，让石油业、烟草业黯然失色。中国拥有世界上最高的储蓄率，可以说整个国家的财富都在银行里。但这里的富并不均衡，因为四大行拥有70%的市场占有率，使得财富主要集中在四大行手里。

帅是帅气逼人，每个员工西装笔挺、高端大气，无数帅哥靓妹争相进银行。不仅人帅，银行的地盘也帅。全国最多的门店不是肯德基和麦当劳，而是银行，门店处处皆是，装修得体、帅气。

如此看来，银行历史悠久、位高权重、富可敌国还帅气逼人，宛如一尊大神般存在，他的重要无可替代，他的身躯大而不倒，他的力量无孔不入，他的势力广而强大。

银行强大得不可一世，难免引起众多的非议。

中小微首当其冲，对银行最为不满，因为找银行借钱比登天还难。

老百姓对银行也不满，办业务烦琐，手续费颇多；钱存在银行利息微薄，老百姓的利差被银行全数吃掉，存款保值完全抵不过通货膨胀；借款搞房地产投资，最后成了房奴，百转千回，反正银行赚得最多。

政府也对银行不满，银行机构越来越臃肿、成本越来越高、产品同质化日趋严重。在外部需求不足、内部需求乏力的情况下，银行并没有为中国经济做出应有的贡献。经济成果的蛋糕只有那么大，银行越分越多，大量资本并没有经银行流入实体经济之中，资本空转现象日益明显，利率市场化改革受到银行百般阻挠。中国经济依靠于银行，又受制于银行，政府对其又爱又恨。

虽然争议缠身，可这些全然没有影响到银行。银行宛如一尊高高在上的大神，不可撼动。

可是当移动互联网的影响力越来越大，互联网大神把战火燃烧到金融领域时，一切都发生了变化。

2013 年互联网金融元年，银行遭受到了史无前例的外部冲击，经历了一场"精心策划"的钱荒，贷款、支付、存款三面遇敌。阿里小贷做得风生水起，把银行最不待见的小贷领地，转变为取之不竭的金矿；支付宝、微支付强势登陆，让银联胆战心惊，支付大地狼烟四起；"宝宝"们横空出世，一战封神，存款之地闪电被侵，一夜之间行长们谈"宝"色变。

一年之前银行还风光无限，一年之后却是狼狈不堪。

互联网的大神们是如何做到的？故事先从大神们的登场说起。

二

要挑战银行，非大神不可。并且，对大神有三大基本要求：大数据、大资本、大用户。符合标准的只有三人：电商帝王——马云，社交明君——马化腾，搜索之王——李彦宏。

还有最后一大必需要求：大支付。然而李彦宏太晚拿到线上支付牌照，所以也被排除在外。他在互联网金融大战中更多是跟风者，姑且当他是一只沉睡的狮子，就不在此过多赘述（百度一下你也都知道了）。

另外两位尊神也不是乱封的，《时代》杂志评选的 2013 年全球百大最有影响力人物就有"二马"。入选的中国男人只有三个，还有一位是习总书记。

这就证明了：世界权威认证"二马"皆是大神！

首先登场的是马云，英文名 Jack Ma。

中国民营企业家的领袖人物，江浙商帮的代言人，电商帝国的君主，互联网金融的开创者。名号无数多，但长相着实一般。

长相：双眼溜圆，身小头大，头顶锅盖，不酷不帅，五短身材。但人不可貌相，海水不可斗量。其身材不高，看似威武不足，却着实厉害。

性格：胆大心细，在我们看来他既有北方人敢作敢为的豪爽，又有南方人事作于细的细腻。如果要用一个历史人物来形容，他与那个身材同样矮小的拿破仑像极了，敢怒敢言、敢作敢当。看准了必会行动，行动起来雷厉风行。首先提出要改变银行的正是此君。

学历：杭州师范学院英语专业本科生，说起来悲伤，可能马云情商太高，智商稍差。高考两次落榜，第三次才中的，最后机缘巧合该校本科没招满，马云偶然机会上了本科，比起北大毕业的李彦宏，学历简直看不得，符合其成功前的纯"草根"形象。

经历：颇为传奇。做过老师，办过翻译社，是中国互联网业的最早开垦者，黄页网就是他的处女作，在20世纪90年代就赚得500万元。其后给商务部做过国家级商务平台。

最后幡然领悟，下海投身互联网。创业初期，拿着项目跑遍杭州所有银行，受到银行冷眼嘲笑，没有一家银行愿意借钱给他，最后东拼西凑50万元，艰苦创立了阿里巴巴。

这种创业初期的痛苦经历，是无数民营企业家的共同体验。一般人体验也就算了，但此人是马云。牛人自是不同，从此他决定再也不向银行借一分钱，要改变银行傲慢的态度，后来的故事告诉我们，他做到了而且将自己的痛十倍加还于银行。

就这样，阿里巴巴在马云的耕耘之下，越做越好。可是天有不测风云，全球互联网寒潮来袭，但马大神以"东方智慧，西方运作，外加全球格局"数次引入国际资本，度过互联网寒潮。不久便创立淘宝，使用大招打败全球C2C老大Ebay。

其后再创支付宝，让阿里巴巴后来的接班人陆兆禧掌舵，留下日后让银行闻风丧胆、谈之色变的绝对杀招。至此，阿里巴巴、淘宝、支付宝三足鼎立，奠定了马云的电商帝国的根基。

正所谓"商场如战场"，行军打仗无外乎三力支撑：财力、武力、舆力，商场争斗亦如此。财力好说，武力就是吸引老百姓的核心战斗力，可以是满足用户需求的产品，也可以是连接老百姓的沟通渠道，舆力就是左右公众舆论导向的能力，其大小在于元帅的口才和公众影响力。

财力：阿里巴巴集团2013年收入近500亿元；2014年9月20日在美国纽约证券交易所挂牌上市时的开盘市值达2383亿美元，超越Facebook成为仅次于谷歌的第二大互联网公司。阿里巴巴地处杭州，周围是中国最富裕的江浙商帮，而马云又是江浙商帮的最优秀代表。毫不夸张地说，马云手上有无穷多的票子。

武力：

（1）淘宝——连接5亿用户的网购神器，彻底改变了传统零售模式，把方便、快捷、实惠带到了千家万户，让无数商人发家致富。凭一己之力，创造出了一个全新的消费节点"双十一"。消费节点的创造需要节日时点，更需要无穷多商家共同造势，全凭淘宝一己之力，把一个不太出名的光棍节变成了新的消费节点，绝对是空前的，淘宝战力可见一斑。

（2）阿里巴巴——注册用户超 5000 万人，作为 B2B 商务平台，累积了百万家中小企业，是中国制造联通世界的最大商务平台。在阿里巴巴的壮大过程中，积聚了百万家企业的真实交易数据，这些沉睡的数据在日后不鸣则已，一鸣惊人。

舆力：淘宝贴近网民，阿里巴巴贴近中小企业家，而马云本人出身草根，贴心为民众服务，再加上其口才很好，正能量超多，经历传奇。马云在众多草根、中小微企业家中口碑很高，被冠以"创业教父"、"中国企业家领袖人物"等称号。总而言之，马云很接地气，在草根中影响力巨大，可谓一呼百应。

光有这三力还不行，正所谓一招鲜吃遍天，大神必然是有大招的，大招不仅是手上的利器，还是屡屡获胜的作战策略。

大招：

（1）支付宝：注册用户超 8 亿人，日交易额 50 多亿元，雄霸线上支付半壁江山（如何夺得，后文会说）。2004 年互联网寒潮之际，也是阿里巴巴最困难的时期，支付宝的创立受到了阿里巴巴内部众人的反对，但在马云的一再坚持下得以创立。

有时候真理确实掌握在少数人手里，支付宝创立之后出乎意料地快速成长，完全融入了阿里巴巴和淘宝创造的线上交易体系，短时间内成为了线上支付的绝对霸主。在后来，也正是因为支付宝，才有阿里小贷的风生水起、余额宝的一战封神。毫无疑问，最困难时期创立的支付宝，是马云的最妙布局，也是未来的绝对杀招。

（2）让利于民：这是马云屡试不爽的一招，具体表现就是补贴于民，免费于民。淘宝创立之初面对比自己强大 80 倍的 Ebay，正是用的免费一招让 Ebay 囤积的商户瞬间倒戈。支付宝在线上支付的快速崛起，也得益于不收手续费的让利策略。马云使用这一招可谓屡尝甜头、屡试不爽，也正是这一大招让银行痛不欲生、咬牙切齿。

（3）雷霆先手：这是马云勇敢开拓精神的集中体现，只要看准了，他就会快速行动，马云相信第一个吃螃蟹永远是最香的。用一个字形容就是：猛。也正是如此，他超前地瞄准电商领域、线上支付领域，自己第一个进入，也第一个称霸。所以一马当先、出其不意是他的作战策略，猛是他的作战风格。

三

随后登场的"企鹅爸比"，腾讯的老板马化腾，英文名 Pony。

以产品取胜的马化腾称谓也是颇多：社交之王、企鹅帝王、马寨主、小马哥、广东商帮的代言人。马化腾外号虽不及马云霸气，长相却有几分俊气。

长相：面色红润，秀眉薄唇，发岔三七，儒雅俊气。平时寡言少语，但语出必中问题核心。为人温和谦虚，不似马云热情澎湃，可内心亦是激情四射。

性格：低调稳重，不擅长的坚决不做，不了解的绝对不搞，喜欢谋定而后动。善于利用自己社交领域的统治地位，携 8 亿用户群体，利用社交网络顺延而上，绕指互联网诸多领域。擅长后发制人，与马云的雷霆先手形成鲜明对比。特别善于山寨后超越，人送外号"马寨主"。腼腆害羞，公司内部搞活动，女主持热情求抱，小马哥腼腆回应，瞬时脸红。

学历：深圳大学计算机专业本科生，虽非名校毕业，却是技术达人，在学校便有"病毒克星"的称号。他对技术是真心喜爱，是腾讯的最大产品经理，提倡用户需求至上、用户体验第一的企业文化。

经历：他的经历不似马云多彩，一心专于计算机。大学毕业就当起了软件工程师，开始研发实用软件，在圈内小有名气。

但其第一桶金掘于股市，在 20 世纪 90 年代赚了 60 万元。其后利用这桶金，与好友创立了腾讯。"马寨主"开始发威，模仿当时最火的聊天软件 ICQ，搞了个 OICQ。

可能是第一次山寨，手法落后，被 ICQ 告上法庭，败诉后，不得不让出域名，更改名字为 QQ。

人改名能转运，产品改名看来也可以。QQ 在 ICQ 基础上不断创新，用户数量突飞猛进。但企鹅注定命运多舛，其后互联网寒潮来袭，马化腾穷得连工资都发不出，准备忍痛割肉把 QQ 卖给中华网和新浪。结果人家还不想要，100 万元的价格都没有谈妥（中华网现在都不知道到哪儿去了，新浪已和腾讯不是一个数量级别的）。最后小马哥勒紧裤子，找到风投，渡过难关。

从此腾讯一帆风顺，2004 年在我国香港顺利上市，2007 年市值突破千亿元，第二年注册用户突破 8 亿人。借着 QQ 的威力，腾讯几乎介入互联网所有领域：建立了以社交网络为核心，游戏、门户、IM（即时聊天软件）三足奠基，电商、财付通、视频为三角卫成的社交王国；其后更是创造了集所有大成于一身的绝世神器——微信，将社交帝国 PC 端的统治延续到移动端，拿到了移动互联网的第一张船票。

概述完经历，再说财力、武力、舆力。

财力：腾讯年收入 600 多亿元，市场估值 7000 多亿元。马化腾本身又是广东商帮的代言人，和马云一样，腾讯绝不缺钱。

武力：

（1）QQ：企鹅帝国的基石，携 8 亿民众。进可攻互联网其他领域，广大的用户群体，腾讯游戏的称霸，成就了第一门户的霸主地位。退可守其他互联网巨头攻击，无与伦比的用户体验，超强的用户黏度，全方面的用户覆盖，叫其他巨头望尘莫及。在后文中马云就试图打到企鹅老家，战果如何且往下看。

（2）财付通：线上支付第二巨头，市场占有率 20%，注册用户近 4 亿人。虽不及支付宝来势汹汹，但也可谓稳扎稳打，紧随其后。财付通的力量是充分吸取了腾讯自营电商的能量，日后倘若与其他电商合作，其威力必定再增；若与微信结合，自是移动端的支付神器。总而言之，腾讯有它就有了支付领域的后发优势。

舆力：小马哥不似马云雄辩，却也低调务实。没有企业家领袖称号，但有用户良好的口碑。最重要的是腾讯作为第一门户可为其喉舌，微信雄霸移动端可代其发言。一言以蔽之，舆论导向力巨大，但其个人不喜欢抢先发声，影响力不如马云直接。

大招：

（1）微信：注册用户 6 亿多人，且只用了 2 年时间。号称移动端的终结者，它的厉害不在这里赘述（详见第四章），一言概之，微信雄霸移动端未逢敌手。

（2）绝世山寨：只有别人做不好，没有腾讯学不来。只要是好的产品，腾讯无与伦比的技术团队，都能模仿学习，不仅如此还能自我创新，山寨出自己的味道，当年的 ICQ、联众游戏、DOTA、CS 莫不死于此招之下。

（3）制胜后手：与第二招相辅相成。小马哥从不做第一个吃螃蟹的人，总是让猛人先上，猛人有所收获后，表明这个领域可以做，其后自己再神速山寨适当创新，借助 8 亿用户群体，后发制胜。所以网上戏称小马哥最爱走别人的路让别人无路可走，QQ游戏、腾讯网的制胜就是用的此招。但此招也有失手的时候，当年新浪微博抢先登录微博市场，腾讯想后续发力，但新浪微博先手之力太强势，腾讯败下阵来。

借助社交帝国，后发制胜是小马哥的常用策略，稳是他的作战风格。

马云霸气外露

一

大神登场完毕，此番简单地介绍对手：银行。

前文已说，银行犹如一尊大神耸立于中国经济之上，他的势力几乎无可匹敌。资产规模大得不可想象，传统商业模式基本被他统御。

但再强的高手也有罩门，传说希腊战神阿喀琉斯天下无敌，但唯一命门就在脚跟之上，最后死于阿波罗一箭之下，后人传以阿喀琉斯之踵一说。

若要说银行的阿喀琉斯之踵，应有三处：

（1）忽视中小贷。银行长期以来的利润来自于大型企业，特别是国企，小贷在他们看来风险极高且收益颇少。然而中小企业资金需求是巨大的，如果能合理进行风险控制，这块荒地也能开垦出黄金。

（2）对新兴商业模式的轻视。银行在传统商业模式中地位太高，完全不差钱。初生的电商模式对其吸引力完全不足，而这块战场正是互联网的最大强项，也极有可能成为未来主导的商业模式。

（3）银行收益过于依赖利差。银行给予老百姓的利率基本没有什么吸引力，存款利率实在微薄，完全无法抵过通货膨胀。面对激活中国经济的利率市场化改革，银行又是消极对待，监管层政策推进受阻，心中也有不满。

这三大缺点也直接衍生出日后在小贷、支付、存款三大领域的相互厮杀。

小贷是银行防守最薄弱的地方，第一战就攻向这里。问题是互联网大神应该如何出手？大力出击直击软肋？

如果准备不足贸然出击，显然是不明智的。我们不妨看看国与国的争斗，也许会有灵感。

在国与国的领域，一个国家在赶超世界霸主时，通常有三种策略（和互联网金融挑战金融相似）：一是韬光/孤立策略；二是合作/学习策略；三是竞争/对抗策略。

经济大萧条后，面对日益衰落的世界霸主英国，德、意、日选择的是竞争/对抗策略，试图以武力战胜英国等其他国家。其结果是，这些国家非但没有登上霸主之位，反而落得战败国的悲惨结局。

与此对照，在政治经济与军事实力上已经超过霸主英国多年之后的美国一方面仍然奉行孤立主义政策，尽量不参与、不干涉、不介入欧洲事务，坐山观虎斗；另一方面，即使有所作为，也是私底下帮助日益衰落的英国，直到"二战"后期才公开支持英国。

事实上美国实行的是"韬光/孤立＋合作/学习"策略。等到"二战"之后，昔日霸主英国虽然也是战胜国，但其在政治、经济、军事上都已远远落后于美国，并沦为美国的债务国。作为战胜国代表的美国，则以谈判方式与英国暗中较量，最终替代英国取得世界霸主地位。

互联网大神在前期就是选择的"合作/学习"策略，因为银行的事情不是想干就能干的，人家毕竟有几千年的积淀。大神们想尽办法学习银行的招数，摸清银行的套路。

牛人必有超乎常人的智慧。在原有"合作/学习"的基础上，马云却利用了一个极好的时点，来了一招借力发力。一边找到机会和银行合作，一边站在道德制高点不断攻击银行，为自己造势。银行迫于形势，面对攻击还依旧只能与他合作，马云到底是如何做到的？

二

机会出现在2008年次贷危机。在2008年"中国企业领袖年会"上，马云做主题演讲，首先说了一通关于对次贷危机的看法，也别无新意，就是告诉大家危中有机。

最后终于引出正题，他如是说道："我听过很多的银行讲，我们给中小型企业贷款，我听了5年了，但是有多少银行真正脚踏实地的在做呢？很少。"

"如果银行不改变，我们改变银行！我坚信一点，3年以后，这个国家、这个世界将会有更加完善的贷款体系给中小企业。"

此话一出，台下的掌声雷动，这句话切中了无数中小企业的心，他们很难借到银行的钱，忍了银行很久；这句话尽显了马云的领袖气质，一句"如果银行不改变，我们改变银行"堪称霸气外露；这句话犹如一道口号，在以后会发挥巨大的带头作用，在我们看来这句话未来的地位不亚于那句"王侯将相，宁有种乎？"

马云一边在各种场合多次抨击银行对小贷的忽略，另一边却又和工行、建行搞小贷合作，如此言行相悖，马云这次霸气外露到底意欲何为？

造势！这是他的真正目的。

把自己推向中小企业一边，告知企业家：自己不仅为他们提供商务平台，以后也给大家提供钱。让长期受压迫的中小微企业在次贷危机之际有了前进的动力，如果银行不帮你，我马云帮你，我出身于小微，与大家好基友，一辈子。以后做小贷生意，你们一定要来捧场。

这还能进一步树立自己创业领袖的地位，树立一面旗帜，想要改变银行的就跟着马云来干。也激励着想要干一番事业的人，如果我马云能改变银行，你们也可以的。如果我做得好，有兴趣的跟我一起来，人多力量大，不怕天塌下来。

捧场！表决心！这是另一目的。

捧国家政策的场，表明自己愿意搞小贷的决心。涉足银行不是要和大银行抢，改变银行是为了建立更加完善的贷款体系，弥补他们对小微企业支持的不足，是补不是抢，也不会造成金融混乱。马云很捧场、马云很听话，监管层可以考虑早发民营银行牌照给马云，后来第一批民营银行牌照中就有阿里巴巴。

这番霸气外露，可谓是中小企业、监管层两面讨好。

银行对此有何回应？

银行没有任何回应，可能在他们看来，"如果银行不改变，我们改变银行"这句话简直是搞笑至极，上百万亿元的资产，谁可撼动。

如果硬要算有回应，那也是隔空的嘲笑。3年后某位行长说道："企业利润那么低，银行利润那么高，我们都不好意思说了。"

这像是赤裸裸的嘲笑："马云你不是要改变我们吗？你那个梦做了3年，我们还是未曾改变，我们依旧赚得盆满钵满。"

这是后话，无论如何，马云此言一出，必然是让银行有所不满，那银行为什么还要继续和马云合作？

因为次贷危机这个极好的时点。

大数据一鸣惊人

一

2007年，次贷危机出现苗头，外贸交易增速变缓，中小企业越过越难受，隐约听到美国那边要出事的消息。

而此时民营企业向银行借钱是越来越难，各地企业家叫苦不迭。纷纷向监管层哭诉。"借不到钱，干不下去"的声音不绝于耳。

监管层收到消息就觉得很奇怪，为什么？

因为早在2005年中央发布支持民营企业发展的"非公36条"，监管层马上捧场，像模像样搞了个支持小贷的29条。银行看到文件也立刻拍手叫好，表忠心、立决心，说自己一定会做小贷业务，支持中小企业。如此情况下，中小企业怎么会缺钱？

蹊跷，此事必有蹊跷！

监管层就是这么觉得的，于是立刻下去调研，结果是让人吓了一跳。发布支持小贷29条后，银行给中小微的贷款却越来越少，银行一边假装响应，一边照样我行我素，这就让监管层愤怒了。

要是中小企业借不到钱，次贷危机一来，企业一垮，无业游民一多，岂不是企业玩完，社会动乱？

于是监管层再三发文，督促银行积极响应国家的小贷政策，与各方合作办好小贷业务，这次不光下文，还恶狠狠地盯着银行，一定要他们落实。

银行本是以"高富帅"著称，以前是完全不屑小贷。因为他们觉得风险高利润小，但这次监管层眼睛盯着呢，迫于无奈，银行只好勉强着手小贷一事（当然，有做样子的嫌疑）。

这个消息在商界流传开来，马云收到了这个消息，他知道自己绝好的时机终于到了。

马云尽雷霆之势，以最快的速度找到建行、工行，提出要与他们合作的想法，而且理由充分：第一，我是来帮你的，帮你捧国家政策的场；第二，我们这里中小企业超多，交易数据信用记录一应俱全，是天然的小贷洼地，欢迎前来挖掘。

银行一听，直中其心。

于是乎，阿里巴巴与工行、建行的合作，瞬间谈妥，并推出了专门服务于中小电商企业的贷款产品。

众人感觉一切都和谐美满，但是他们都上当了！

二

马云是别有用心，这次合作其实是瞒天过海，假合作之名偷师银行运作。

互联网不是想做银行就能做银行的，马云虽然用淘宝、阿里巴巴积蓄了大数据，但如何把大数据转化为有用的商业信息，是一门艺术，这门艺术是银行独有的，马云此次就是要学习这门艺术。

风控手段就如同中医里的炮制技术，炮制技术是中医的核心，它能让中药材减毒增效，风控技术亦能把不良贷款率减到最低。当年，日本、欧美药企假借合办工厂、学习讲座之名，想尽办法偷师炮制技术，但都以失败告终。

原因简单：中医时刻防范！

而此番马云却是马到功成，只因为银行大意，合作时机极佳！

风控是银行最帅的艺术，当然不会全然教你。但从中合作也能窥得一二，再加上各种技术大咖模仿能力超强。借与工行、建行合作的宝贵机会，阿里人拼了命地学啊学，什么建立信用评价体系、数据库如何利用才能转化为信用信息啊，还有其他一系列的风控机制啊，都被马云所得。

这次合作直接保证了马云日后小贷生意做得风生水起。而银行却是左右尴尬，马云表态要改变银行，银行不是很爽，并不想与阿里巴巴合作，但迫于小贷政策压力，而且还签了约，只能勉为其难。

此番马云借次贷危机之时，借政府小贷政策之力，假合作之名，偷银行之师，让银行欲罢合作，却又不能。可谓环环紧扣，妙计连连。

但这还不够，马云在等待一个时机，一个自己足够强大的时机，等待大数据的足够强大，他准备甩开银行，超越银行自己来干。

随着阿里巴巴的壮大，大数据的不断成熟，机会也慢慢降临。

2007 年 11 月，阿里巴巴 B2B 业务在我国香港成功上市，保守估值1400 多亿元。

阿里巴巴用户近 4000 万人，淘宝用户近亿，马云的群众基础越来越壮大。此时马云通过与银行合作，把银行的那套也学了个大概，自家的电商本领是越来越强，大数据累积越来越多，风控技术已经学到。

此时不发力更待何时？马云雷霆先手开动。

阿里巴巴立刻把金融提高到公司战略位置，阿里金融正式成立，阿里金融蓝图绘于其心。

一年之后浙江阿里小贷开门做生意，信贷业务正式开放，此刻阿里金融蓝图步步为营。

2011 年本领完全学完，马云立刻把脸一变，将建行、工行踢出，不再与其搞小贷合作。与此同时浙江小贷正式成立，阿里金融进入疯狂扩张时期。

阿里提供的不是一般的贷款，而是银行不敢做的无抵押信用贷款。这种贷款在市场上收到了强烈的反响，因为他减少了企业的融资成本。

而这种贷款银行是绝对不敢做的，特别是对中小企业。银行的无抵押信用贷款额度少之又少，即使有也只是特别的大客户。马云如何敢做了？

他不怕信用差、风险高的小微企业让他血本无归吗？

我不怕！是马云的答案。

大数据！是他中气的来源。

中小企业并非信用差，只是信息不够透明，了解其信用的成本高且贷款额度小、利差收益小，银行两相比较之下，觉得无利可图，不愿意做小贷。

但这个问题在马云手里，完全不是问题啊。基于阿里巴巴和淘宝的阿里小贷，把每笔交易看得清清楚楚。企业产品质量、用户评价、交易速度、现金流状况被大数据记载得清清楚楚。只要运用银行的风控分析手段，就能给企业家准确的信用评价，能借钱给谁马上一目了然。

而大数据的积累平台，正是他在最困难时刻建立的支付宝，此番下来沉睡已久的大数据，不鸣则已，一鸣惊人！

到了 2012 年，阿里金融每天净赚 100 多万元，借贷规模已经到达 20 亿元，只用了 3 年时间，其客户数量就远远超过了号称做中小微贷款业务最好的民生银行与招商银行。

马云的脚步还在前进，到了 2013 年底，阿里小贷服务了近 70 万家小微企业，累积放款金额超过 1700 亿元，仅这一年他就增加了近 1000 亿元的规模，且不良率只有 0.84%，低于银行平均水平。

马云用事实告诉了银行两个再简单不过的道理：

（1）"草根"也有春天。积少成多，集腋成裘，小贷也能做成大生意。

（2）中小微完全可以做好。非银行不能，是银行不为也。

马云的小贷就做得风生水起，而且日进百万元，还保持着比银行更低的不良率。

至此小贷之战，马云可谓大获全胜。阿里小贷成为了互联网金融的第一枪，马云通过与银行合作，化腐朽为神奇，让大数据一夜成名。

这一枪打得响亮，在马云成功的示范下，苏宁、京东、百度也加入了小贷的队伍，互联网金融的队伍不断壮大。

以人人贷、拍拍贷为代表的贷款平台也受到了鼓舞，做出了490亿元的好成绩。

这一枪打得舒服，很多中小企业摆脱了银行的压迫，跟银行 say bye。

这一枪后面还有更振奋人心的消息，2014年9月底，浙江网商银行正式获批筹建，而阿里巴巴正是其第一大股东。至此，马云能服务的就不只是70万中小企业家了，还有代表着广大老百姓的4亿淘宝用户。他能干的也不止小贷了，信用卡、存款、中间业务，银行能做的他都能做。

马云的金融蓝图即将要全部付诸实践，银行噩梦可能要真正开始了。

就在阿里小贷风生水起之际，我们不能忘了另一位大神，马化腾此刻正在磨刀霍霍，铸造自己的神器——微信，准备在支付领域掀起一场意想不到的血雨腥风。

第二节 / 支付血拼车轮战

线上线下战银联

一

支付领域，兵家必争！

因为线上支付，是一条绕开传统商业模式的新通道，这个通道里流通的是白花花的钞票，而传统商业模式已经被银行牢牢把控住了，一般人很难插足。

唯独新兴的电商和线上支付，被"二马"控制着，其中马云霸占了一半，而马化腾控制两成。

线上支付有着无比广阔的增长空间，电商每年正在以 30% 以上的速度扩张，将市场扩充到了 8 万多亿元，线上支付通道里的钞票也滚到了 3.6 万亿元。

在我们看来，电商通道和闻名世界的航海大发现像极了。

航海大发现开辟了全新的贸易通道，因为其区位优势，走这里的货物是越来越多，谁霸了这条路谁就是老大。正是因为如此，15 世纪航海大发现之后，拥有最强海上力量的西班牙就称霸了世界，虽然他的国力不是最强的。

再仔细想想，为什么新航道发现后，货物都要走这里了？原因很简单：更近、更快、更安全。

如此一来货物更便宜，更具竞争力。

其实电商相对于传统零售业不也是如此吗？更快、更方便、更便宜。

如此看来电商的发展潜质确实无穷，那么在此基础上的金融模式也会同样衍生出来。

用好这个渠道绝对是受益多多的。阿里小贷的迅猛发展正是基于阿里巴巴和淘宝在电商领域的统治地位。

支付是一个超霸道的通道，在这个通道里钱从消费者那里出，到商家那里去。这钱一进一出就是巨大的需求，构建了巨大的市场。

大神必有超前的战略眼光，马化腾和马云，都看到了这条路。只要满足大家的需求，就能在双赢中赚得盆满钵满。

比如搞个什么宝，鼓励人们把钱存过来，给老百姓较高的利息，再拿这些钱搞搞投资赚个小利差，老百姓赚得多又不用去银行排队，除了银行大家都舒服。这个宝真出现了，而且亮瞎了所有人的眼。

比如互联网大神自己也做个商家，根据老百姓衣食住行玩的需求，整个实惠的团购、打的软件、游戏什么的，把消费者的钱装到自己口袋。这就是后来打得热火朝天的 O2O 大战。

商家要做生意就会有资金融通的需求，如此一来贷款业务就出现了。

这么一想，貌似出现了一条完全脱离银行的金融体系。

如果有一天你发现钱可以存在互联网那里，将钱花到互联网展示给你的衣食住行玩里，你需要钱的时候，互联网还能借钱给你。那么请问此时银行对你来说还有啥用啊？你的钱完全不用走银行的传统商业通道。

支付——通往金融新时代的王者大道！

二

支付领域，银行的代言人是银联，一群银行是其股东。银联本是支付领域的绝对霸王，受到政策照顾，在支付领域有时还司职裁判，占据了90%以上的地盘。

支付大战的背景，就在霸主银联的不经意间快速形成，银联为什么会如此不小心？

因为越是霸主，越爱守旧！

当年诺基亚可谓不可一世，让全世界人民都用着诺基亚手机。在诺基亚看来，塞班系统、多按钮的直板机就是手机的终极形态。对智能机嗤之以鼻，不以为意。最后打败他的正是当时诺基亚看不起的智能机。

银联也爱守旧，对新兴事物很不敏感，当网购日趋发达的时候，他却不屑一顾，银联自己需要不断扩充 ATM 机业务，没有精力也没有兴趣去搞线上支付。

于是乎银联做出了这辈子最糊涂的决定：大力发展 ATM 业务，把线上支付让给第三方支付。

这个决定，拱手让出了线上支付的大好河山。

马云、马化腾闻讯出手，以迅雷不及掩耳之势，一方使出大招支付宝、另一方亮出武器财付通，立刻拿到首批第三方支付牌照。

线上支付抢夺大战，拉开序幕。雷霆先手，马云发招。

要知道支付宝是马云的绝对大招，结合着其电商界的绝对统治地位，把阿里巴巴和淘宝完美地捆绑到一起，把支付宝从解决交易信用的中介，打造成超级无敌的绝对大招。

支付宝在短短的时间内，学到了支付领域的所有招数。转账、买机票、交水电费，连交学费、罚款各种功夫都被他耍得有模有样。

支付宝不仅功夫好，而且还名声好。因为他结合了马云的另一大招，让利于民，让利于民+支付宝=免费。三大招使出，这还了得。

支付宝以雷霆万钧之势，攻城略地，豪取线上支付半壁江山。8 亿多个注册账号尽归其囊，其他支付工具只能望尘莫及。奠定了支付宝线上支付的霸主地位，也正是借线上支付之势，才有了后面的余额宝一战封神，这是后话了。

就在支付宝在大杀四方之时，腾讯的理财通也在一步一样，跟着学习。一招绝世山寨，把支付宝学得有模有样。但是社交毕竟不是电商，人们习惯了淘宝，自然会习惯用支付宝，习惯了支付宝自然会用支付宝的其他功能。

在电商的先天优势下，社交工具只能避其光芒，且战且夺，最终腾讯依仗着 6 亿的 QQ 用户群体，只夺取了线上支付 20%的江山。

当银联后知后觉，追悔莫及之时，马云、马化腾已攻下线上支付 70%的领土。可双雄的脚步不会停下，下一战双雄剑指线下支付。

这里是银联的大本营，守备森严。银联因为自己的大意丢掉了线上支付的领土，已经有所察觉，警备自会更加森严，并在虎视眈眈伺机反扑。

这一战，肯定困难重重！

三

先出手的又是马云，他想要正面冲击，抢占 POS 机线下市场。

阿里巴巴投下 5 亿元，借升级电商货到付款体系之名，绕开银联推进线下支付。但并不是每一次瞒天过海都能成功的，这一次被警觉的银联发现了。

银联立马祭出大棒，变身裁判员，大声吼喝道："银行卡是我培育出来的，第三方支付别想绕开我们，每笔支付都应该给我们品牌费。谁绕开银联，我们就罚谁。"

谁是银联背后强大的靠山？是银行。

因为线下支付走的是传统的支付模式，无论如何要走银行的账。走银行的账就要入银联的口，银联把阿里巴巴挡在这个口子外，哪个银行用马云的接口，就是和其他银行大部队不和，要惩罚要罚款。

这就是银联在线下支付的霸道，再加上被其完全垄断的 POS 机市场。在他的恩威并济下，商贩们还是只能选择银联。

马云这次雷霆先手受挫，5 亿元打了水漂。

银联暂时阻止了马云，也变得更加警觉，并筑起栅栏，伺机反攻。于是乎两招攻来，不断骚扰马云和马化腾。

第一招叫手续费，支付宝、财付通不是有免费优势吗？现在开始从线上支付往银行转账都要收费。这招切断了线上支付的一部分免费优势，增加了双雄的成本。

第二招叫限额，从银行转到线上支付的钱不能太多，最多只能转几万元。每天流入线上支付的通道就给压小了。

特别是限额这招不仅被银联所有，还被银行所用。在日后的存款大战中，银行假安全之名，行限额之实，打击"二马"。

限额、手续费外加 POS 机推广受阻，感觉一夜之间线上支付的大好形势到了线下就全然消失了，面对此种窘况，"二马"如何是好？

办法是人想的，战场是可以转移的。

当年法国人耗举国之力，用 11 年建造了马其诺防线。但真正打仗时，被希特勒直接无视了。他告诉法国人：比利时也可以去你们家的。

"二马"也告诉银联：手机也可以支付！

至于怎么支付，原理都在"二马"的秘密武器里。第一个武器是声音，名字"咻咻咻"，阿里巴巴独有。

武器发功流程：用户将有"声波支付"功能的 App 装入手机，使用时打开此功能，将手机的麦克风对准收款方的麦克风，待播放完一段"咻咻咻"的声音，用户在自己手机上输入密码完成交易，交易通道不走银联，全部在支付宝里完成。如此一来，什么手续费、限额、POS 机被瞬间化为乌有。

移动高科技就是牛！这也是银行最惧怕的。

第二个秘密武器是张纸，叫作二维码，阿里巴巴、腾讯都有。

发功过程也很简单，用手机扫一扫二维码，输个支付密码就搞定了，交易通道如上。二维码支付在日、韩很流行，但感觉上没有声波支付帅。

无论如何，这样的新技术开辟了一个全新的战场——移动支付。

这里没有银联，只有互联网巨头，但这里更加血雨腥风。

马云雷霆先手再次出招，让利于民推广声波支付。用声波支付一毛钱买商品的优惠活动搞得有声有色。

但这一次，马化腾的二维码支付的后手更加强大。为什么？

因为微信！

微信在移动设备中有着统治级地位，此时已经练出扫一扫和支付的新功夫，加上他无比强大的群众基础，微信的存在就像人人手中一台支付机器，微信只要培养好用户习惯，一切自然水到渠成。这是马云无比惧怕的，也是无比羡慕的。

这次腾讯后发而上，即将大杀四方！

四

这里插播一段，因为银联也搞了个秘密武器，还是要说一下的。

银联看到了移动支付的前景，也做了下尝试，搞了个 SIM 支付，就是手机卡支付，他联合移动运营商搞了个手机卡支付，想要延续其对线下支付的统治。

可是谁会用呢？移动运营商平时给人的印象就是费用收取不明确，要支付必定要在手机卡里多放钱，谁放心在手机卡里多放钱？老百姓对电子钱包的安全需求怎么满足？

位高者有时候真的不懂体恤民情，倾听用户需求！

回说"二马"，正当马化腾借微信之势，准备大杀四方之时，一份文件让一切都停止了。

文件来自监管层，虽然移动支付通道里可以没有银联，但却逃不开监管者的掌控。监管层发文：二维码支付有安全隐患，暂时叫停。

一份文件暂停了"二马"的攻击，却让网络炸开了花。银联借监管之手，打压"二马"的议论传遍整个网络。

到底银联有没有进谗言监管层我们不得而知，但我们可以确定的是监管层和银联的关系密切。

因为银联现任总裁曾任中国银行间市场交易商协会的副会长；银联以前的总裁曾是支付结算司的司长。

此战小结："二马"趁银联疏忽，雄霸线上支付。马云携 POS 机冲击线下受挫，马化腾携微信之势，准备侵占移动支付，被安全之名叫停。

此番战罢，银联依旧强霸线下，"二马"并立占得线上。线上线下之界为楚河汉界，被监管层所控。

当移动支付安全无可挑剔时，"二马"必携移动浪潮之势，以高科技之力，狂挽未来支付！

"二马"血拼 O2O

一

移动支付向线下发展受阻，"二马"的应对策略相同。

避其锋芒、专己之长！

互联网的长处就在于其传播信息的广度，如果把跟老百姓息息相关的衣食住行的信息拿出来，再结合之前霸占的线上支付通道，就可以开辟另一个战场，名叫 O2O。

O2O 到底是什么？就是所谓的线上营销、线上购买带动线下经营和线下消费。说白了就是互联网牵线、商家让利、老百姓得实惠，大家一起和气做生意。

当 O2O 和移动支付结合在一起，就形成了全新的商业模式，一个把银行排除在外的互联网生态系统。互联网提供老百姓衣食住行的一切有用消息，商家走互联网信息渠道，给予适当优惠。老百姓看到信息，在商家处消费还会得到一定实惠，通过移动支付完成交易。

更快、更方便、更实惠的全新商业方式就此诞生。

谁先建立全新的 O2O 生态系统，谁在新的商业模式中最有话语权，谁就是主导者。

这就如同 15 世纪航海大发现后的海上霸权之争。西班牙和葡萄牙你争我夺，最后是教皇出面，划定子午线才平息纷争。

而这一次 O2O 之争又是历史的重演，阿里巴巴和腾讯在这里将开始一场殊死的搏斗。谁先建立 O2O 生态系统，谁就可能是移动时代的王者！

这次战况更加复杂，以百度、京东、新浪为首的互联网大咖也加入了战斗，他们的决定也会影响到整个战局。

马云坐拥电商，马化腾背靠社交平台，双方针尖对麦芒。

围绕着老百姓的衣食住行在 O2O 展开了一场血雨腥风的持久战。

二

大战前总是异常的宁静，但有时这种宁静更让人窒息。

在窒息中，马云发招了。这一次不仅猛，而且让所有人大跌眼镜。

在前文的支付大战中,马云已经深知了微信的可怕。他知道阿里、腾讯必有一战。与其坐以待毙,不如杀向南极。去企鹅家打砸抢,让腾讯不得安宁。

于是乎,马云出乎意料地率先发招,并且直捣黄龙,正面打击腾讯的社交帝国。

包罗万象,马云下手:快!

一手拿起自己的电商平台,大力推向移动端。一手砸钱,拉入几员猛将不断冲击企鹅老家。

他依靠自身的优势——电商平台,极力地把5亿淘宝用户,8亿多的支付宝账号转化到移动端。

不仅有自己的货,还有舶来品。马云也来了一手绝世山寨,挖了马化腾的人搞了个叫"来往"的东西,还收了江湖口碑有点儿邪恶的陌陌。

来往本是腾讯旧将做的,自然和微信差不多,但其阅后即焚功能却能更好地保护用户隐私。

这些东西在马云看来还不够。最后马云召引了一位超级猛人,叫作新浪微博,花了近6亿美元的血本,把他拉入麾下。这位猛人牛在哪儿?他有着4亿多的注册用户,号称新媒体时代的翘楚,移动端的老二,各种明星大咖,网络大V皆用此物,微博堪称锋利无比。

一应俱全,马云动手:狠!

2013年11月27日,在"双十一"爽翻之后,趁着好势头,马云宣战。

在这一天,所有阿里系产品突然全部与微信断开联系,所有产品一律取消"分享到微信"功能。

手机淘宝还装成一副无辜的样子,表示断开连接是因为连着微信不安全。其实摆明了,阿里再也不和微信一起玩了,打算血战到底。

阿里虽狠,腾讯也不差。没过多久,腾讯表态:微信不会给淘宝造成安全问题,并将屏蔽阿里系产品。

与此同时,马云还在让阿里系产品学习各种新技能:把微博和淘宝绑在一起,微博也能shopping得很快乐;不断进化来往,搞出个"扎堆",根据兴趣爱好更好地分朋友;往死里提高支付宝钱包性能,PC支付宝能做的事都搞到移动端。

万事俱备,马云开战:猛!

2014年3月8日,马云放出大招让利于民。

在三八节那天请八大城市的美女帅哥吃喝玩乐，不管花多少票子，只求他们装一下手机淘宝和支付钱包。这一举号称雷霆霸气，少说也要花好几亿元。

马云轰出来往、陌陌、微博几颗重型炸弹，外加让利于民，刺激推广。

可谓：快、狠、猛！

马化腾如何守？只在一字：稳。

马化腾没管那么多，不断优化微信才是王道。此时微信加入更多游戏让一众年轻人打飞机、跑跑酷玩得飞起，用户黏度再次上升。

这一回合战果到底如何？举个小事例你就明白了：很多淘宝卖家都在加买家微信账号，为啥？微信和淘宝断了联系，推广起产品不方便。

战果明显：马云此番携亿万之众却无功而返，马化腾的微信太厉害，实在太稳。

企鹅的老家不是随便可以撼动的，这里我们明白了一个道理：

用户形成了习惯，是很难改变的！

腾讯与生俱来的社交基因，是阿里电商人羡慕不来的。电商难以攻向社交，社交可取向电商。因为带有经济利益和商业关系的双方很难进化为纯粹的社交好友，而社交好友是可以较为顺畅地发展为商友的。

基因差异和领域差异决定了这局的胜败。

胜败只在基因，不怪马云，他做了他能做的一切，展示了无与伦比的快、狠、猛，无奈马化腾太稳。

但马云还不死心，又花了 2 亿多美元把视频通话应用 Tango 拉入，意欲再次发动进攻。看来马云是不到南极不死心。

成败尚且不说，互联网金融所具有的大无畏的精神是绝对可敬的。只有勇往直前，才可能撼动无比强大的银行。

三

回到"二马"之争，马云雷霆先手未得好处，马化腾后发之手快速反击。

马化腾瞄准电商，一轮猛攻。

在这之前，马化腾也做了很多尝试。他曾试过拉入易迅，加上自己的QQ 网购和拍拍网，三体合一猛攻马云的电商。

但是这次攻击告诉我们：网购也是有习惯的。三体合一感觉来势汹汹，却效果甚微。只能背靠 QQ 用户群勉强带来战绩，与真正打击马云的目的还差得很远。

但是，一切都因一个人的加入，变得不同，猛人——刘强东出场！

此人正是京东的老板，电商 B2C 领域的老二。

此人没什么爱好，就喜欢和马云死磕。马云便宜，他就更便宜；马云说要改变银行，他就说要打破电商垄断；马云说要诚信生意，他就拆台打广告说淘宝卖假货……

总之他就是喜欢死磕马云，想做电商老大！

敌人的敌人就是朋友，马化腾和刘强东因共同的敌人马云，歃血为盟成为了无比亲密的战友。马化腾结交刘强东之后马上行动，买入京东 20% 股份，给朋友带了最需要的票子，2 亿多美元砸下京东，并把自家的 QQ 网购、拍拍、易购并入京东。四体合一，大有一副天下无敌、掐死马云之势。

京东和腾讯的强强联手，效果是出乎意料的好。京东市值翻了一倍。这让老马十分忌惮，在打 O2O 大战的时候要时刻盯着自家后院，有刘强东这个猛男，身带数亿美钞，他随时可能在电商后院放一把火，烧个片甲不留。

这两人互拆老家的结果是：小马欢喜老马忧。

原因简单：马化腾社交帝国，携微信之势无可匹敌，马云电商领土尚存一猛男刘强东。

此番战罢，马化腾占得上风。

四

随后，O2O 团购战场，厮杀又起。这次沉睡的狮子百度出现了，但雷霆先手的仍是马云。

马云携重金招安团购老大美团，这次马云出钱超多，志在必得。

不过人家美团不愿意了，好歹自己也是老大。凭什么马云两手一挥就乖乖投降？美团并不愿意全数纳入马云领地，要求保持运行的独立性，愿意和马云合作但不划归其下。这样马云又不愿意了，最后你来我往几番争夺下才谈拢，阿里巴巴出资 5000 万美元，美团、阿里两相联手。

这次出兵，并未全如马云初意，他暗暗憋了一口气，下次一定吞掉团购之地。

百度也在千呼万唤中现身，虽然支付通道差些，但好在也是大搜索，手里可是有着 500 亿元的票子，他一出场就是土豪的节奏。

抛出 1.6 亿美元，拿下糯米网的领地，也要来搅和一下团购大战。就在这时出乎意料的事情发生了，一贯谨慎的马化腾不出手则已，一出手惊人。

一计以逸待劳，让马云大跌眼镜。

马化腾到底做了什么事？他拿出 4 亿美元把大众点评之地收入囊中。而马云在马化腾之前就想入股大众点评，可能是之前在美团忍了一口气，马云太心急想一口吃掉大众点评，但人家却不肯。

马云有时太着急，马化腾看得清楚，养精蓄锐，快速出击。他以战略合作者的姿态与大众点评联系，就这样以 4 亿美元的代价把大众点评拉成伙伴，将其快速融入微信体系之中。

小马哥这招以逸待劳可把马云给气坏了，马云憋不下这口气。找来美团再次谈判，首先点明形势：能与你竞争的几大好手都已归顺巨头，手里有兵有钱，抢你地杀你人就在朝夕之间，你不速速与我合作，只怕败北就在一夕间啊。

这时行业老大美团听得心里直冒汗，因为马云句句真机。于是美团准备归顺阿里巴巴，虽然价格还没谈妥，但两强联手势在必行。

至此团购大战稍告段落，此战下来马化腾最猛，烧了 4 亿美元，百度亦可，砸下 1.6 亿美元，阿里巴巴先手投入 5000 万美元，其后还有一笔未知巨款投入美团。凌厉攻势下，三大团购的地盘 BAT 悉数纳入囊中。

此战腾讯略占上风，阿里巴巴、百度紧随其后。

团购战场战火稍息，地图战场又起硝烟。地图是百度的强项，这一次李彦宏当仁不让。百度自然想要延续百度地图 PC 端的霸主地位，做移动端的绝对老大。

于是枪口对准地图老二高德，并拿出重金，威逼利诱。

高德心里肯定甚是不爽，怎么能被百度一吓就马上认怂。于是乎漫天要价，想坑百度一笔。

这下百度凌乱了，大炮一下又轰不下老二高德，想要重金收买却又成本过高，几番犹豫，最后只能作罢。百度好歹也是搜索之王，搞不定高德把自己搞好就是，他日必有大炮轰下高德。

大炮轰下高德必在日后，可那时的高德就完全不同了。因为他有了无比强大的靠山。

此靠山名曰：马云。

原来这次马云玩儿了一招趁火打劫，高德与百度谈崩，马云立刻出招，恐吓高德，这次恐吓妙到极处，借力打力，有理有据：此番你和百度谈崩，他日必被百度猛攻。要知道移动互联网之势，百度可携搜索之力，打得你叫苦不迭。到此之时，后悔莫及。不如与我合作，背靠电商反攻百度。

高德一听确是此理，但又心有不甘。双方讨价还价，最终马云以 11 亿美元把高德拿下。

这次马化腾就显得寂寥多了，百度、高德地图两座大山摆在面前，暂时没有好的办法。只能绕敌之后，找找特色路线，于是花了重金弄了个全新街景体验，想借此完成逆袭。

但腾讯的 SOSO 地图和高德、百度并不是一个数量级的。

虽借微信之势能有所作为，但无奈差距太大。

此番作罢，百度大意失高德，马云趁火打劫坐收地图老二，腾讯落后苦苦追赶。

五

老马、小马在社交战场、电商、团购、地图可谓用尽其计，斗智斗勇。

一场打车 App 的正面血战在风起云涌中引爆全国！

暗涌就出现在"二马"的拉兵入账之时，2013 年 4 月和 5 月，阿里巴巴、腾讯分别花重金将快的打车和滴滴打车拉入账下。

拉入账下的两位战士实力不同，快的是占据了一半份额的打车老大，滴滴顶多是个小跟班。

暗涌过后大战爆发，2014 年元旦，雷霆先手，马云出招。

快的宣布，在北京首次使用快的打车的新用户将获得 30 元费用返还，并为此共预计投入超过 1 亿元。

一上来就是 1 亿元，马云果然快、猛！

当然还少不了狠，阿里巴巴雇用了大量临时工，在北京各个主要地铁站和街道路口发放现金兑换券，特意把代金券发到了腾讯的北京分部。

意图明显，做大快的，一巴掌拍死滴滴。

马化腾平时很稳，但水都泼在头上了还能忍？况且滴滴是后来者，此时不猛，只怕以后追赶更是要望尘莫及了。10 天之后，腾讯后手来得更猛，大招使出，将滴滴拉入微信系统，并对乘客司机发起 10 元补贴活动。

微信一出果然不同，滴滴打车用户一路暴增。

马云心里不快，隐忍 10 日立刻回击，快的跟进补贴乘客 10 元，司机 15 元。阿里巴巴告诉腾讯：最猛还是我。

这边斗得精彩，那边围观群众叫好。特别是得到补贴的司机更是 high 翻，听闻有些司机同时使用两个可以一次补 25 元，有的更绝自己冒充乘客，某位上海的哥自爆，靠这手段收入 4 万元，赶超上海平均房价。

过犹不及，这次双方都猛过了头，出现了各种纠结的问题。

用户体验较差，补贴机制漏洞百出，刺激效果不尽如人意。

于是双方中场休息，加紧完善打车应用本身，并规范了补贴机制。都把司机补贴降到了 5 元，但阿里巴巴还是猛些，乘客补贴依旧 10 元。

一番整顿后，腾讯再次猛攻。率先升级滴滴，优化了呼叫区域，增强了的士司机的用户体验。到 2014 年 2 月 17 日，其对乘客的 10 元补贴和阿里巴巴持平，并不断造势怒做公关，号称"怒砸 10 亿元，请全国人民打车"。

这番猛攻下，滴滴打车用户再次激增。

阿里巴巴闻讯慌了神，不去多想，奋力回击，"快的补贴就是比滴滴多 1 块钱。"当天下午，快的补贴乘客 11 元，并称永远比同行高 1 元，快的稍微止住颓势。

但阿里巴巴还没有喘息，腾讯又来猛击，第二天上午，滴滴将补贴调至 12~20 元不等，还送打飞机游戏里的模型。

快的不假思索，本能回击，提高补贴至 13 元，并赠送淘宝、天猫平台的退货保障卡。

血拼还不够，后方还要造势。双方继续激战到了 2 月 20 日左右，舆论战来了。在新浪微博（阿里系产品）上有人反映用滴滴打车总是支付不成功。

2 月 23 日，滴滴利用微信回应：支付不成功的，咱再补贴 12 元，10 亿元补贴还没用完，全国人民快点儿加油，把钱都用掉。

双方真是你来我往，没完没了。掐指一算，双方补贴应该不相上下，各砸 14 亿元左右。

那到底战果如何了？且不管谁赢谁输，老百姓肯定是得利的。

此番作罢，马化腾携微信大招，死扛马云正面补贴，以后来者居上之势，赢得领地。但马云寸土必争，奋力反击。最终两人平分秋色，同领打车App半壁江山。

此战双方正面血拼，都损失惨重，有点儿扛不住了。最后马云出来说话了："快的和滴滴像两个蛮汉在打架，没有一点儿技术含量，别人都在看笑话呢。不如咱都出来喝喝茶，谈一谈。"

这茶显然是喝了，双方都冷静很多，补贴都回到了5元，最后降到了3元。

双雄如此血拼到底是为了哪般？其实两个打车软件用起来差不多，最大的不同就在支付方式上，一个是微信支付一个是支付宝支付。

双方不惜血本争的还是前文所说的移动支付。马化腾已经后来者加速，但在这块领地上，支付宝太厉害。马云还是老大，马化腾是老二。

如何猛攻才能夺了移动支付的王者之位？马化腾想了很久，这次他不玩猛的，玩阴的。

怎么阴？微信偷袭"珍珠港"！

腾讯年夜大偷袭

一

攻其不备，出其不意——兵圣孙子之道也。用白话说就是玩阴的。

这一次，马化腾出手了！

2014年1月24日小年夜，阿里人正在兴高采烈地准备年前收尾工作，大家都开心得不得了，因为这一年既打了银行又打了腾讯，实在是太累了，大家需要好好地休息一下，都想赶紧完成工作回家过小年。

与此同时，腾讯×分队经过14天不分昼夜的加班，终于完成了这颗神秘炸弹，他们清楚地知道，随着这颗炸弹的投下，他们还会更加繁忙，不仅小年不能过，大年也可能没得过。2013年他们和阿里人一样繁忙，但这次加班他们心甘情愿，因为这是他们翻盘的最好机会。

是什么东西这么神秘？它叫作微信红包，这个小小的红包让马云和马化腾都没有过上一个安稳年。

本以为会在除夕引爆的炸弹，提前爆发了。

1月24日，小年。阿里人休息了，腾讯×分队继续干活。

队员们放出几个测试版小红包在微信群里，大家原以为小伙伴也会学着放出几百个红包，可是结果却完全出乎他们意料。短时间内，竟然出现了上万个红包，×分队惊呆了，微信红包的爆发力完全超乎想象。

他们看到了微信红包的威力，于是整个团队马不停蹄，忙着给微信红包系统扩容，他们向小马哥申请，调来了10倍于原设计数量的服务器，加足马力给炸弹做最后的扩充。

几天之内，正式版还在紧张加工，测试版却已经引爆网络，红包威力已经达到千万级。

4天之后，28日上午，一篇文章从微信疯传到网络，题目让人触目惊心：《微信绑定2亿张银行卡仅两天，八大银行、支付宝惊呆》。

内容意思大致就是，腾讯3天时间干掉了支付宝8年心血，成为了移动支付的绝对老大！几乎一夜之间所有人都以为微信支付超越了支付宝。

此时微信红包还没发布正式版，翌日下午微信红包正式登陆6亿人的手机。

29日消息传到了马云的耳里，如同五雷轰顶，他感觉自己8年的付出付诸流水，这让所有阿里人完全没有心思过年。

马云立刻叫人调查，了解清楚实情后赶紧发布消息，稳定军心。他如是说道："几乎一夜之间，各界都认为支付宝体系会被微信红包全面超越。体验和产品是如何如何地好……确实厉害！此次'珍珠港偷袭'的设计和执行完美。幸好春节很快就会过去，后面的日子还很长，但确实让我们教训深刻。"

1天之后的除夕之夜，马化腾时刻关注着微信红包，其实他的最终目的能否达到，自己心里也没底，他异常紧张一宿没睡，正好守了个岁。而另一边马云通过各方打听微信红包的威力，担心自己的8年基业毁于一旦，一夜未眠。

在两位大神的关注下，微信似乎以惊天之势疯狂扩展。

过年这天，感觉每个人都在玩微信红包，每个人都在讨论微信红包。

这几天真的会改变一切吗？

二

战果揭晓了，到初一为止，有超过500万的用户参与了抢微信红包，共计抢红包7500万次以上。其中除夕之夜参与红包活动的总人数最多，达到 482 万人次，与外界传言的"一天突破一亿用户"相去甚远。

仔细想想确实如此，支付宝 8 年的积淀怎会毁于一旦？日本人如此阴险偷袭珍珠港，不还是没打到美国航母吗？

这说明一个道理：千里之堤毁于蚁穴，也是需要一段时间的。

但是马化腾的目的却完全达到了，他给很多不明真相的群众制造了微信支付天下无敌的印象，并让微信支付的口碑日传千里，这一战不是夺地，而是夺声。

先声夺人，让微信的形象深深地植入 6 亿用户的心里，并牢牢地黏住他们。马化腾相信不远的一天，基于 6 亿群体的微支付将统领天下。

微信此战一炮而红，甚至可能扭转整个战局。从此大家都说马化腾拿到了互联网时代的第一张船票。

再看马云，他又何曾不想辩驳，可是马化腾已夺先声。1 亿多人天天都只抱着个微信，何曾听得清他的声音。

他无奈，无奈在他不会"玩"。其实支付宝里的红包还先于微信红包，但是完全没有抢红包的那一套玩法。

他可怜，他不会玩是因为他儿子游戏毁了学业给他造成的阴影，那一次让他决定阿里巴巴坚决不碰游戏。

他可敬，他肯定不会放弃，定会拼死捍卫自己的帝国，并坚定地迈向金融领域。我们也相信他：因为他是互联网金融元年的开创者！

最后告诉你：看似千军万马，把马云搅得天翻地覆的微信红包团队，其实只有 10 人。

大获全胜只在二字：微信！

第三节 / **狂卷存款立元年**

"宝宝"一战封神

—

小贷、支付每寸土地可谓是兵家必争，激斗异常。

我们稍稍回顾一下，贷款战是马云的一场无间道，学了银行一些风控技能，再结合自己的大数据，带起一股小贷风潮。

支付之战，就一个字"惨"。银联稍不注意，线上支付江山就被互联网大神们全部拿下，眼看线下也要不保，幸得监管层出手相助，才得以有惊无险度过一劫。

移动支付，是 BAT 屯兵巨万，血战到底。三方围绕着团购、地图、打车应用以及各种和 O2O 有关领域，争相厮杀。由于百度支付牌照拿得实在太晚，战斗的主角还是"二马"。

双方可谓死伤无数，马化腾损失了 62 亿元，马云更是拼命，少了 117 亿元。战斗过程基本都是马云雷霆先手，马化腾后手跟上。最后微信大招使出，腾讯狂攻袭来。虽然上半场是"二马"并驾齐驱，老马略微领先，但下半场小马哥一计阴招，大年之夜偷袭支付，战果一般却先声夺人，气势汹汹。

总而言之，"二马"不相上下。

贷款、支付的战斗还在不断进行，但我们这里先暂告一段落，因为还有一个最后的战场，也是最重要的战场。

存款！最终的战场。

为什么存款是最终的战场？因为存款对于银行最为重要，是银行的命根子。对于银行，有存款才能立行，不然银行拿什么借给客户？

可问题就出来了，互联网金融拿什么去吸收存款？在拿到银行牌照前，只有银行才能吸收公众存款啊！

这次马云在一个绝妙的时点，使用了一个绝妙的战法，堪称前无古人后无来者，我们只能赠予二字：绝妙！

老马来一招以彼之道还施彼身，这一战正式宣告了互联网金融元年的诞生。这一次是：一马当先，开创元年！

一切的开始都在那个时点。

二

就在高层下定决心推进市场利率化的那天，一次银行的危机让马云相信自己定能开创元年。

2013 年 6 月 20 日，一片寂静中，"钱荒"来袭。

这天的银行隔夜拆放利率（银行间相互借钱的利率）突然飙升至

13%，隔夜回购利率竟不可思议地冲到 30% 的历史最高点。

面对日益逼近的年中考核，行长们疯狂地找钱，并不断向央行要钱，市场一片慌乱。

到底是怎样的考核让人如此紧张？其实每年此时都是银行资金最紧张的时候，所有银行需要补缴 5000 亿元存款准备金、4000 亿元财税征缴和 2500 亿元大银行分红，共计 1.15 万亿元。

1.5 万亿元耶！简直不敢想象，这是一笔多大的钱啊。

事实上，金融的水深得很，有些事不是你想的那样简单。

这点儿钱对有十几万亿元的大银行本不算什么，但这群守财奴舍不得放过这么一大笔利润，将这笔钱放出去搞资金融通，再每次都去求央行放水，好让自己继续过好日子，才不会管你国内经济形势会不会变差。

这些早被高层看在眼里了，国内经济形势持续低迷，金融效率如此低下，银行仍吃香喝辣，如此下去还能得了？一旦出了问题，必是天下大乱。

新一任总理上任后，力图变革，提高金融效率，推进银行改革，并于 2013 年 6 月 19 日发话："优化金融资源配置，用好增量、盘活存量，更有力地支持经济转型升级。"用大白话来说，就是银行不要乱搞，钱是够的，只是流动效率太低，银行需要改进。

在这次公开表态之前，政府有关部门早已布局完毕。2013 年上半年，监管层就连发四文，限制银行的"胡作非为"，直接结果就是降低了银行间的流动性。

行长们并没觉悟，更大的教训就在公开表态后的第二天来了。

银行间利率都飙升到历史的最高点了，融资成本的提高让行长们急得像热锅上的蚂蚁，实在是受不了了。就这样市场陷入了一片哭嚎，这一切都被马云看在眼里。

5 日之后央行才姗姗来迟，并强硬表态："我知道你们不缺钱。"隐含之意就是不要舍不得那点儿成本，如果想要省成本那就把钱用到更有效率的地方去，不要瞎搞添乱。

这次银行受到了"钱荒"实实在在的教训，意识到改革不是空谈，而是实战。但真正的噩梦是在"钱荒"之后。

噩梦的制造者正是马云，他确立元年的神器正是余额宝。这个绝世神器的审批只用了两个月，要知道金融审批是中国最难通过审批之一，短短两个月可谓是金融审批历史上的一个奇迹。

再说一个值得玩味的细节。2013年互联网金融元年，咱们中国的两位新当家，没有见过一个大行长，没有去考察过一家大银行。

却接见了互联网的两位大神：马云和马化腾。李总理先见的是马云，在那一次企业家座谈会上，他开口就说：对民营企业家，政府不仅信任，还要依靠。其后李总理更是大肆表扬老马，称赞他创造了一个新的消费时点。

没过多久，李总理又接见了小马，会议主题是关于政府工作报告的建议。小马哥当时发表意见，希望政府进一步简政放权，他说自己搞的打车软件就在很多地方被禁用。小马话音刚落，李总理就点了一下后面的部委负责人，说道"你们认真了解一下，给我一个报告"。其后又补充道，"我不是'以言代法'，你们要认真调查研究，如果有问题一定要切实解决"。

一边是频频会见互联网巨头，另一边是悄然冷落银行；一方是余额宝快速审批，另一方是银行钱荒受袭。冥冥之中有股力量，推动了互联网金融元年的诞生，于是乎神之一战到来了。

三

2013年6月13日，余额宝上线！

所有支付宝账号都有这个产品：只有你把钱放在里面，余额宝就给你6个点左右的利息，而且1天之内随取随走，是银行活期的17倍。

这个让老百姓实实在在获利的消息瞬间引爆了网络，余额宝用户开始暴增。

7天之后，在银行遭受钱荒正鬼哭狼嚎的时候，余额宝狂攻开始，吸纳用户突破百万，聚集资金迅速上亿元。余额宝将汇集之财投放到银行间市场中赚了个盆满钵满，此时战斗才刚刚开始。

获利的老百姓向亲戚朋友争相告之，余额宝狂攻愈演愈烈。

每分钟的申购数字如同坐上了火箭直冲云霄，达到了每分钟300万元以上。

每分钟300万元是什么概念？首富比尔·盖茨每分钟都只能赚4万元，这可是比尔·盖茨的75倍。

狂攻轰向银行，银行不堪重负：很多人从银行里取出存款放入余额宝中。

6个月之后的2013年底，余额宝客户数量已经达到可怕的4303万人，此时余额宝的攻击只开始了半年，但战斗的参与人数已与西班牙人口相当，4倍之于欧洲文化发源地希腊。

其规模更是恐怖地轰到了1853亿元，给老百姓带来了17.9亿元的收益。此时，银行与互联网金融却是一首冰与火之歌。在存款大搬家和年底检查的双压之下，"钱荒"再次袭来，银行感觉寒冬将至。

余额宝的狂攻肯定不会停下来，银行遍地流血。余额宝已经暴走到谁也挡不住的程度，增长率已经高至35%。

2014年1月，离过年还有两周，余额宝已经轰到2500亿元的天量资金，而资金主管方天弘基金在不到7个月的时间里把雄霸基金王座7年之久的华夏基金赶下神坛，实现了终极版的草根逆袭。

这次又告诉我们一个道理：跟对了人，草根也能瞬间高富帅！

杀猪的张飞跟着刘备也能功成名就，何况天弘基金跟着的是互联网金融的开创者余额宝。

看到了余额宝的战绩，各大基金公司看傻了眼，也看红了眼。以前受到银行垄断融资通道压迫的他们现在马上倒戈。华夏、广发、嘉实等基金大佬雷霆行动，立刻与互联网金融展开深度合作。腾讯的理财通、百度的百发、苏宁的壹钱包等各类"宝宝"应运而生，一场前所未有的存款狂潮出现了。

2013年底，银行人民币存款史无前例地减少了9402亿元，而2012年底的银行存款还增加了7499亿元，毫无疑问，1万亿元存款弹指间，灰飞烟灭。

只因一个神器：余额宝！

1个月之后，元宵将至，马云吃到了这辈子最甜的元宵。余额宝坐拥了4000亿元，而2013年在银行间市场发的地方债也不过3500亿元。用户数量高达6100万人，余额宝夺来了相当于整个法国的人口的支持。

至此余额宝一战封神，成为了中国金融史上最神奇的产品，创下了后人难以超越的纪录，可谓空前绝后。他的出现，他的战斗，让银行上万亿元的存款瞬间消失，而战斗的时间短促得让人不敢想象：7个月。

7个月时间，余额宝把银行打得头破血流，存款大搬家就此出现，互联网金融元年就此成立！

如此疯狂的壮举马云到底是如何做到的？为什么余额宝会有这么高的

收益？为什么余额宝一出现就有如此大的战力？这谜一样的神之一战，到底是如何成功的？我们为你一一揭开。

累累战果，只因马云的无敌战法：祭出大招支付宝，以彼之道还施彼身，一招让利于民，并以雷霆先手之势形成惊天威力。

首招支付宝——支付宝有 8 亿账号、3 亿用户，余额宝与支付宝相通。支付宝里的钱都能放入余额宝，这就是大战支付宝的威力。

后招以彼之道还施彼身——通过余额宝吸收公众资金，再走天弘的货币基金之道投到了银行间市场，把钱借给了银行。货币市场利率较高，银行也是把公众的活期存款放在这里牟利，但这次发招的不是银行而是马云。一招让利于民，将利润让渡给民众，17 倍于活期的利率，1 天可支取，犹如活期。这样一来就给余额宝增添了无穷大的威力。

得民心者，得天下！

让利于民，天下太平！余额宝一战封神，正是此理。

面对如此疯狂的存款大搬家，行长们再不守家都没了，以前连毛都拔不出一根的银行不得不被动地提高利率。

马云那句互联网金融的第一声，最强音："如果银行不改变，我们改变银行。"真的实现了。

至此，2013 年被封为互联网金融元年。

余额宝一战封神，马云独领风骚！

银行的疯狂反扑

一

如果你以为余额宝一战封神，就宣告互联网彻底胜利了，显然你就"too young too sample"了。互联网金融的地盘还不到万亿元，相对于银行 133 万亿元的巨大领地来说，互联网金融只刚刚触到了金融的冰山一角。

所以这次只是初胜，元年也只是开始。而且，这次胜利是在银行没有准备的情况下，出其不意突然袭击后赢了这一场。

在历史上，初胜后失败的案例就有很多，例如影响中国历史 2000 年，让统治者不得安宁的农民起义。其原创发明者，伟大农民陈胜、吴广的起义也仅维持了 6 个月就无疾而终。

互联网金融 2013 年一直在攻，一直在猛。但是攻总要有套路，最开始是出其不意，但久了银行也能摸清你的套路，并予以反击。

银行有时候是傻，但他不蠢。更何况他还有海量的资产和无比强大的势力。

在互联网金融步步紧逼下，银行的反扑就此开始。

反扑从舆论开始，正所谓先声夺人，此举正是银行的目的。于是乎一位专家——钮文新粉墨登场，并且一上来就出人意料，大喊一声："余额宝是第二个央行，是趴在银行身上的'吸血鬼'，金融的'寄生虫'，应该被取缔！"

喊起来猛，理由更猛。

他说余额宝增加了全社会的融资成本，这成本最后都会摊到老百姓身上，还会使很多人丢掉工作。此君到底是何许人也？上来就这么山炮。

此人学过数学，搞过摄影，最后成了 CCTV 证券资讯频道主编。隐藏身份是中国权贵集团的发言人，经常在网上发表一些引起巨大争议的言论。什么中国货币超发是一种误读，股票才是普惠金融的最好方式等都是出自他口。

余额宝的"妈妈"——支付宝，以极其幽默的方式回应了这位"山炮"的一本正经：

（看一看，笑一笑）

支付宝微博对"专家"所谓的"吸血鬼"、"寄生虫"回应道：

1. 看到"吸血鬼"和"寄生虫"这样形象的比喻还是让我明白了，老师的意思是余额宝让银行少赚钱了，银行很辛苦活的不容易，老师您能别逗了吗？我查了下，2013 年上半年，16 家国内上市银行净利润总额达到 6191.7 亿元，全年起码翻一番，12000 亿元吧？这还不是因为中国总共有几百家银行吗？看到这里我抚摸着胸前的红领巾，放心了。

2. 老师您还提到了余额宝的利润是 2%。可余额宝加上增利宝，一年的管理费是 0.3%、托管费是 0.08%、销售服务费是 0.25%，除此之外再无费用。我知道自己数学就比天猫好那么一丢丢，所以特意用计算器加了好几遍，算出来的结果每次都是 0.63%。不知道老师的 2% 是咋算出来的呢？

回到正题。说白了，马云就是做了银行的事情，然后把利让给老百姓。他把老百姓的钱以协议存款的方式放到银行市场里面，赚了 5 个点、6 个点的利息，然后给老百姓 5 个点、6 个点的收益，这一来一回哪里还有空间去赚很多钱啊？关于影响实体经济什么都是空谈。

余额宝只是把银行从百姓身上扯的毛，还给了百姓而已。得了实在好处的老百姓听了这话就不满意了，九成网友表示对此君之语不相信。什么约架的，不服来辩的都来了。

反正这一次银行的舆论造势是大败而归，原因很简单。

群众的眼睛是雪亮的，银行失道寡助，互联网金融得道多助！

此招不行，银行更猛的反扑来了！

二

反扑从协议存款开始，将余额宝踢出协议存款，断了余额宝的生财之路。

我们前文说过，"宝宝"们走货币基金的口子，是把老百姓的钱放在一起搞着一个上千亿元的大盘子，盘子大好议价，于是乎和银行商量以协议存款的身份放入银行间市场，这样就谋取了更高的收益。余额宝是资金供给方，银行是资金需求方。

上一次是一个人造势，这次是一群行长们进攻。

这次登场的是银行业协会，此协会自我介绍是非盈利性团体，但实质上从始至终代表着银行的利益。

于是行长们开了个会，开完以后底气十足，说起狠话：从维护金融市场公平竞争秩序和国家金融安全的角度出发，建议各位"宝宝"纳入一般性存款。不仅口头说说，而且还拿出了文字上的宣言《关于中国银行业加强存款利率管理工作的自律公约》。

这一举说白了，就是不让"宝宝"们把钱借给银行，获得高收益。主导银行业协会的三大国有银行迅速做出表率。要下面的分行小弟不要再和"宝宝"们做协议存款生意了。

看到这里，大家都为"宝宝"们捏了一把汗，如果余额宝里的钱不能化为协议存款，那么马云的以彼之道还施彼身不就失败了吗？如此一来"宝宝"们不就要夭折了吗？

但这一次"宝宝"们又挺了过去，他们用 5 个点的收益率告诉我们：他还活着，而且活得很好。

因为"宝宝"们的协议存款大多是和中小银行谈的，大银行不缺钱不代表小银行不缺钱。所以大行长们虽然表态了，不和你余额宝玩，但小银行受制于规模和资金需求，还是想要和"宝宝"们玩。

四大行占到了银行资产规模的70%以上，这一小一大说明银行内部的不均衡。所以大行们主导的银行业协会是发话了，但小行们根据实际需求依然会和"宝宝"们玩。就如同当时苏联和美国老死不相往来，但周边的小弟还是会和大国有所互动一样。

这一次因为银行内部的不统一，让"宝宝"们逃过一劫。银行业协会的这个公约虽然作废了，但银行还有后招。

银行在不断向监管层施压，借此向互联网金融反扑。

三

在前文中我们说过，余额宝诞生之后，冥冥之中有股力量在扶持。这股冥冥之中的力量再次点明，就是利率市场化的力量，借互联网金融这一系统化力量加快银行的利率市场化步伐，用外部力量提高中国金融的效率。

但出乎意料的是，余额宝一战封神实在来得太猛。监管层可能一方面想要促进互联网金融健康发展，加快利率市场化改革；另一方面又想稳中求进，不要步子太猛伤了自己。

几经犹豫下，监管层使出了一个连环招。

首先，央行发个了关于手机支付和支付机构管理的征求意见，简单说就是以后个人支付账户转账不能超过1000元，年累计不能超过1万元；个人单笔消费不能超过5000元，月累计不能超过1万元。

这消息招来互联网大神的强烈反对和民众的一片骂声，双雄派出代表进驻北京强烈表达抗议。这样的限制如何得了？简直就是要了"宝宝"们的命，每个客户在一个银行中的存款只能转1万元进去，那互联网金融的规模永远做不到，还谈什么革命？谈什么存款大搬家？

这一消息让网购达人非常不满，1个月撑死只能买1万元货品，这明显与国家大力发展电商的政策不符啊。

这一片片反抗声，说明了一个道理：互联网金融深得民心！

如此一看，这个征求意见稿不是昏招一个吗？不要急，好戏还在后头。

之后监管明确表态网络支付限额新规短期不实施，其实民众的这个反应也在央行的意料之中。所以才发一个征求意见稿试一试民意，这一文件的意义在于警示，在于提醒。互联网金融确实来得太猛，但不要忘记金融的本质是风险管理，稳才是猛的前提。

稳中求进，才是互联网金融的正道！

最后，监管层的真正管理办法也浮出了水面，为了让互联网金融稳中求进，监管层会增强余额宝协议存款的安全成本，降低利率吸引力；要求成立行业协会，形成市场主体与监管主体的良好沟通渠道；设立相应的互联网金融门槛，增强互联网金融的安全性。

如此几番轮回，我们可以看出监管层还是极具智慧的。

四

互联网金融的健康有序发展是大势所趋，但银行的反扑却并未结束。

这次银行的反扑把限额做到了极致，决心堵住存款流向互联网金融的通道。

银行来了一计无中生有：假安全之名，行堵存款出口之实。

理由堂而皇之，银行账号转账支付宝的快捷支付是"违法的"，根据监管层出台的管理办法，明确要求"开通快捷支付首笔业务要到银行签约"。3年以来支付宝一直在"违法"。

此言一出，银行立刻偷袭。四大银行集体偷袭快捷通道，强行限制存款流出。

马云听闻，一阵暴怒。一气之下，写下反抗宣言，呐喊着眼泪和竞争无法阻挡市场前进的脚步，但是"市场怕不公平"！即便是在带着枷锁穿荆度棘，支付宝也不会轻易认输，因为决定市场胜负的始终只有用户！所以，"支付宝，这是你最艰难的时刻，也是最光荣的时刻"！不要放弃改革与创新，不要丢失梦想与希望！你一定可以站起来！你也必须站起来！

马云的宣言虽然仅上百字，但字里行间无不透露着愤怒与不满，让读者也不禁为支付宝的遭遇鸣冤叫屈！但是没过多久他就删掉了该心情。其后"宝宝"们纷纷表态，愿意和银行加强合作，延续良好合作，实现大家共赢。

一前一后反差如此巨大，马云意欲何为？

他在忍耐，更在等待！

忍耐银行偷袭，等待自己的银行牌照，到那天一切就都不一样了。

至此，银行借安全之名，限存款搬家成功，反扑小有成效，银行止住颓势。

谁能最终获胜

一

谁能最终获胜？这是互联网金融之战围观者的疑问。是银行守住霸主地位？还是马云一马当先，马化腾后来居上？

无论如何，我们都想在未来的移动生活中享受更多、更快、更安全、更方便的金融体验。那么可能大多数人是希望互联网金融获胜，无论胜利的是马云还是马化腾。

回头观望，互联网金融元年的战役，都有两个字伴随其中。

快！猛！

兵贵神速是最经典的用兵之道。互联网金融这一年风风火火，也胜在一个"快"字。趁银行大意，借互联网商业模式和监管层改革之意，搞了一次突如其来的互联网金融大袭击，可谓收获满满，大涨气势。但是，金融业毕竟有着一个无比庞大的地盘和无处不在的风险。

快，在短期内可谓智慧之选，但在长期内怕是步子太快，迈得太大，会乐极生悲。

快却不稳，值得警醒！

不稳的反面案例值得我们警醒，前文中所说的叫停二维码文件之中，其实还叫停了一个虚拟信用卡。

虚拟信用卡是什么来头？这是中信银行分别和阿里巴巴、腾讯一起搞的。中信银行是银行中少有的改革派，小贷搞得不错，意识比较超前。他们的行长早就提出过要在网上再造一个中信银行。

这卡很牛，不像以前申请信用卡那么烦琐。只要关注中信银行的公众号，就能即时申请、即时获准，而额度则根据消费者个人网络信用度来定，还有众安保险提供保险。

当腾讯和阿里巴巴联系上中信时，这个产品还处于紧锣密鼓的测试阶段。两个冤家对头都搞同一个产品，那当然是谁快谁得利了。

马云又是雷霆先手，产品在测试阶段就开始造势：支付宝的虚拟信用卡要出来了。

这一喊引起了银联的警觉，为什么？因为这信用卡完全不走银联通道，把银联架空了，这是银联百般不愿看到的。于是银联开始猛地找茬，发现这"牛卡"违背了"三亲见原则"（信用卡申请必须亲见本人、亲见原件、亲见签名）。

银联抓到把柄，一番进谗，于是监管层把这"牛卡"给叫停了。其实"三亲见原则"用互联网技术是可以解决的，要见人不就拍个照，签字用智能机画几笔就行。

这一时图快，反倒是让银联警觉，产品被叫停，可谓欲速则不达啊。

二

再比如那轮打车 App 的血拼，这个打车软件的本意是提高出租车的使用效率，加大移动支付的渗透率。

但双方为快速抢占市场可谓无所不用其极，补贴一轮高过一轮。

你搞 1 亿元，我投 4 亿元，心里一怒再砸 10 亿元，在短短 3 个月时间内，一来一回一起搞了 28 亿元。增加了 1 亿多的用户，平均每人花了 28 元左右，相比很多 App 宣传确实少了很多。

但我们必须看到硬币的另一面，这样一搞确实猛，猛的忽略了很多问题。前文不是说过了吗，上海某位司机又做乘客又做司机，月入 4 万元。两位巨头杀得眼红却忘记了基本的使用规则保障。一个号码 1 天坐十次同一趟车，这样坐了 1 个月还没被察觉真是让人无语。

这个软件本来是叫车的，很多用户却是上了车再用软件，这样又哪里提高了出租车的使用效率？双雄还被骗了几十元。在一味血拼的过程中，很多 App 对自身的优化也有所忽略。上了车还听见那软件"嘟嘟嘟"不停地响，让司机和乘客都烦。

但这些都不是最重要的，最重要的无非一条。

太快！不易让用户形成习惯！

下了这么大的本，就为了图一个快，却没有把钱真正花在刀刃上，感觉就有点儿浪费。补贴高的时候十多块钱，但仅短短 3 个月时间就一下降到三四块钱。很多乘客还没来得及形成用户习惯，这补贴差异就让他们没有再用打车 App 的欲望了。

试想一下，双方提前商量好，咱们一起投个 10 亿多元，补贴 1 年让用户养成习惯，补贴数一样，各项保障做好，就比谁的用户体验好。如此一来用户体验好了，双方的长期利益也能得到保障。即便作为追赶者的腾讯要有所作为，也不要大家都红了眼血拼。搞竞争可以，但不要一味地搞没有技术含量的价格竞争，用马云自己的话说是两个壮汉掐架，旁人看笑话。

内耗的是双雄，看笑话的是外人，这样的内耗请不要再出现！

三

快也不能踩过边界！这也是必须要记住的。

当时余额宝做得风生水起的时候，百度红了眼。上来就搞了个猛的，你余额宝不是只有 6 个点的收益吗，百度搞了百发，一开始就是 8 个点的收益，一下猛过所有人。

正如前文所说，"宝宝"们的钱主要是走银行间借贷市场，有 5 个、6 个点的收益，那百度这 8 个点的收益哪里来？原来百度在打擦边球，有部分钱避开了货币基金，特地做了 1 个月的理财债券，然后以团购的方式分拆零售，这一举有非法集资的嫌疑。

监管层立刻就察觉异样了，于是叫停了百发。这样的踩界行为在其他互联网企业中也有出现。本来互联网金融就是新鲜事物，大家都盯着，特别是银行的势力集团，你只要踩过界，就会落下口实，被他们到监管层那里游说一番。本来监管层就觉得互联网金融太快了，有点儿 hold 不住。这一游说的结果就是更严的监管，那时想要再大展拳脚就会被全身束缚。

互联网金融越图快就越中银行下怀，就越容易犯错、踩界。所以快的同时一定要注意安全，切记不要踩界，要更多地自律。

自律有的时候是为了更多的自由！自律才能踩好边界。

四

互联网金融元年只是个开始。

从李渊建立唐朝到贞观元年用了 9 年，从努尔哈赤建立后金到建立大清用了 30 年，这都说明新兴势力发展壮大必然是个长期的过程。

回到金融，美国用 20 年才完成了利率市场化，日本用了 8 年，而韩国则用了 13 年时间，中间还失败了一次。

2013 年是互联网金融促进中国金融变革的第一年，这条路还任重道远。再看看银行 130 多万亿元的规模和互联网金融刚过万亿元的身躯，就知道这将是一场旷日持久战。

银行的大额存贷、大企业客户等核心资源还没有被触及，互联网金融更像鲶鱼在长尾末端游动。基于银行资金融通的传统商业模式根深蒂固，互联网金融的基础——电商模式只占到社会零售总额的 6%。

银行的势力庞大得犹如一座大山，互联网金融才刚刚起步，如何移得动这座大山？

说了这么多，似乎感觉互联网金融往后走下去难上加难，简直就是没有希望。

这么看，并没有看清互联网金融与银行之战的本质，银行实力大、互联网金融势单力薄是事实，但是胜利与否不是银行说了算，而是老百姓说了算。

钱是他们的，他们愿意把钱放在哪边，哪边就会赢。所以是你，每一位读者，每一个老百姓，去决定这场战役的胜利。

老百姓才是真正的裁判！

这就像超级男声的总决赛，投票的是我们老百姓。是部分老百姓把存款从银行里拿出来，在 2013 年给互联网投了一票，才创造了这个互联网金融元年。

实力的悬殊只是暂时的，谁为老百姓着想谁就能笑到最后。

三大战役之前，国军 4 倍于中共的兵力，但最后结果你我都知道。胜利的原因除了有优秀的作战指挥，更是因为老百姓选择了中国共产党。

道理也是如此，在以前银行独大的金融体系里，老百姓没得选，所以被压迫着，如今有的选了，一切都不一样了。

在中国的金融体系里，银行总是被冠以垄断、封闭、压迫的头衔，离老百姓很远、离高富帅很近，一副高高在上的样子。互联网则是平等、开放、互惠的象征，离老百姓很近，更有一身底气。

银行持久垄断，互联网充分竞争！

先进的生产力终将淘汰落后的生产力，这是不变的真理。就如同蒸汽机出现时，很多不明真相的人砸烂它，但最终无法阻止工业革命的爆发，先进的生产力是不可阻挡的。

互联网金融是先进的生产力，促进了效率更高的利率市场化，连稳收利差的银行也无法阻挡。倘若执意螳臂当车，那么很可能在美国利率市场化过程中倒下的 1000 家银行就是他们的前车之鉴。

同时，互联网金融还满足了老百姓更快、更方便、更实惠的要求，而银行依然故步自封。传统银行必定挡不住互联网金融的发展，因为银行挡不住老百姓。

银行必定要变，与互联网深度结合的新型银行将会崛起。对于拿到民营银行牌照的互联网企业，考验才刚刚开始。

对于那些故步自封的传统银行，噩梦也才刚刚开始。

最后不妨回到本节的最初问题，谁能最终获胜？

马云？携阿里巴巴、淘宝之力，用支付宝大招，以让利于民，雷霆先手三招大杀四方，一马当先。打响小贷第一枪，霸占O2O数片领地，让余额宝一战封神奠定元年！

马化腾？借QQ社交国王之力，利用微信大招，屡次绝世山寨，后发制胜。紧随马云步伐，夺得O2O优势，微信红包一夜偷袭，先声夺人！

总而言之，马云携支付宝先，马化腾随微信后。"二马"相争，永不落幕。

如果一定要一个预测，我们更看好马化腾的微信。

因为离百姓最近，最可能赢！

微信已经杀到无数国人的床头，这是马云做不到的！

第四章

微信之盛

　　微信涉足金融领域在向世人昭告：英雄不甘寂寞，小小的移动 Instant Messaging 世界并不能满足微信的野心。终于，乘着互联网金融浪潮的春风，它开始将触角伸向了神秘而富有的金融业……

　　微信，是一种生活方式。

　　一个事物，真正的强大是它渗透到生活点滴当中，真正的繁荣是每个人都离不开它。微信做到了，"微信生活"就在我们身边，或者说我们已经深陷其中。

　　站稳脚跟之后，微信支付呼啸而来！

　　第一声枪响！

　　微信支付吹响了它进入金融行业的号角！

　　兵法有云，虚则实之，实则虚之，"微信红包"是空城计，是反客为主之计，抑或是二者皆有的连环计？

第一节 / **帝国的诞生**

神器诞生是偶然还是必然

一

我们的主角名字叫作微信，英文名：Wechat，2014 年 1 月刚好满 3 岁，属性：互联网、金融，主要工作：推动移动互联网发展、掀起互联网金融革命、颠覆传统金融（这个猛）。

别看微信才 3 岁，作为一个出生在互联网家庭的"娃儿"，3 年已经算成年了，微信也确实做到了事业有成。近年来，微信已成为一款人手必备的热门软件，成为了一种时代潮流，无数少男、熟男纷纷拜倒在它的石榴裙下，无数少女、主妇心甘情愿地倾服在它的牛仔裤下，它让围观群众"不明觉厉"却又拍手叫好，也让金融界各位"老大哥"面面相觑。

微信到底具有什么样的魅力，竟让无数人为它痴狂？它到底有什么样的资本，竟能建立起属于自己的帝国，开启属于自己的盛世？现在，让我们一起走进微信的世界。

在微信的故事开始前，我们先来讲一个富人的故事。

李嘉诚，多年来一直高居华人首富的位置，有钱，不是一般的有钱！最新的《福布斯》富人排行榜上名列亚洲第一位，总资产达310亿美元。310亿美元什么概念？让我们来算笔账：

按现在的汇率，假设1美元等于6元人民币吧，那么310亿美元=1860亿人民币。

买彩票一周中一次500万元，周周连中，一个月就有2000万元，一年2.4亿元，不纳税也要连中775年。如果你是纳税积极分子，则需要1317年，距今1317年前是公元697年，武周神功元年。也就是说，如果你现在想要有李嘉诚的身价，则需要从669年唐代的武则天时期开始中彩票，每周中一次，一直中到现在……

嗯，就是这么一个概念。

羡慕吧？当然！李嘉诚自己也很自豪，事业成功了，有钱了，接下来的流程当然也就到了回首往事、介绍心路历程了。于是他写了一本自传，叫《李嘉诚：成功没有偶然》，就如书名一样，讲的是作者全靠实力走向成功，和偶然性完全扯不上关系。但真的是这样吗？

1950年，22岁的李嘉诚省吃俭用攒了几万元创办了长江塑胶厂，经营的不怎么样，还出过质量问题，差点儿倒闭了。这他就急呀，但有的事情就是来得这么巧，有天他在一本外国杂志上看到一则消息，说意大利一种塑胶花卖得特别好，在欧美都脱销了。管不了这么多了，咱也搞塑胶花吧。嘿，就是这个偶然知道的塑胶花让年轻的李嘉诚大赚了一笔，开始了土豪之旅。

你能说李首富的成功没有偶然性？扯淡！没有那本杂志，或者说他没看到那则消息，说不定他现在只是个落魄的小企业主。

类似的故事还有很多，亚历山大·弗莱明由于一次幸运的过失发现了青霉素，列文虎克在工作中偶然将两片镜片重叠在一起，突然发现物体被放大了，于是发明了显微镜……这种由于偶然带来成功的故事多得能绕地球几十圈。

好了，现在回归正题。大家可能都发现了，前面讲了这么多，无非是要强调一个道理：成功是需要偶然的。而我们的主角——微信也是如此，微信来源于一封搭错神经的电子邮件！

二

让我们把视线移到微信出生前两个月。2010 年 10 月，一款名为 Kik 的 App 在仅仅上线 15 天内就轻松收获了上百万的用户。牛！很牛！要知道很多软件直到下架都达不到这个数字。

既然是款很牛的软件，那么自然是会受到来自社会各方面的关注了。但龙生龙，凤生凤，老鼠家的儿子会打洞，同样的东西，在不同人眼里就是不一样的。

就比如著名抽象派画家毕加索的画。在普通人看来，实在是过于"抽象"无法理解，价值千金就更让人疑惑了。但在艺术大师们看来，这简直是大作！想象力太丰富了！而到了历史学家眼里，画作背后的故事更值得去发掘。然后"土豪"们就开始趋之若鹜，于是一幅幅价值千百万的世界名画就此诞生。

与名画相同，Kik 就如同一件艺术珍品。一般人注意到了这款软件就会想：哎哟，不错哦，挺好玩的。但是，玩两天之后没新鲜感就丢一边了。不一般的人用了它就会想：哎呀，新东西，有赚钱的空间啊，我们可以用他搞搞营销什么的嘛。但到了真正的神人那里，一听说这个，上手一试，掐指一算：嗯，这个东西可以搞，等过两天我闲下来了做个升级版去超越它！

很不幸，我们的 Kik 兄弟在中国就遇到了这么一群神人（注意是一群），其中一个大神就是时任腾讯广州研发部的总经理，张小龙。

与嘉诚哥一样，当时的张小龙也是郁郁不得志，憋着劲想搞出点什么事。某天，某个无聊的时候（毕竟大家都喜欢在无聊时玩手机），张大神鼓捣了一下 Kik，就发现这个可能会给移动互联网带来一场革命。Kik 这类新的 IM（Instant Messenger 即时通信，最常见的就是 QQ）拥有足以改变世界的能量，于是他立马冲到电脑前写了封 E-mail 给他当时的大老板马化腾。

这封邮件的内容大概就是说这个 Kik 多么多么厉害啊，我们也要学习啊，我现在比较闲就让我来弄之类的，然后再加上几句寒暄：身体最近怎么样？给父母问个好？儿子是不是听话？等等。

说起马化腾，那可是更神的人物，后面我们还会仔细讲到，现在我们只需要知道他是个超神的人物，神到可以在互联网界呼风唤雨多年，神到一看张小龙这封邮件就嗅到了它的无限价值，但马老板还是很淡定地回复了邮件，表示肯定和认同，并接受了张小龙的毛遂自荐：老张啊，既然你想做这档子事就要好好干啊，我看好你哟。

2010 年 11 月 20 日，由张小龙领导，广州研发部承担的微信项目正式立项。

两个月后，微信 1.0 正式上线！

在这个信息高速膨胀的年代，全球每天发送出 1500 亿封邮件，但一个神人发出的邮件，再加上被一个更神的人接收到，然后改变世界的力量就此诞生了。

三

要想深入了解微信，我们首先必须认识一下那位缔造它的张小龙大神。

张神人现在被媒体贴上了"微信之父"的标签，这也颇为贴切。就如真正的"父子"一样，一方面，张小龙亲自带头研发，看着微信一步步成长；另一方面，张小龙的性格、喜好还有才华等都被微信给"继承"了。可以说没有张小龙就没有微信，没有张小龙神一般的才能就没有微信这种神级的产品。

现在让我们看看张小龙的成神之路。

张小龙，湖南邵阳人。1987 年，18 岁的他考入华中科技大学（原华中理工大学）电信系，在那个工作还包分配的年代，多数人读了 4 年本科后就迫不及待地去上班赚钱了，而他却在学校一待就是 7 年，直到 1994 年硕士毕业。

学生时代的张小龙，很不起眼，比起那些光鲜亮丽的学生会主席、篮球队长什么的，他在别人眼里可能只是一个头发蓬乱，穿着凉拖到处瞎逛的邋遢学生。他的导师说他不喜欢说话，爱睡懒觉，整天抱着电脑；他的同学说他不好打交道，甚至有人传言和他交流都需要用工具！你能想象吗？一个坐在你面前的人突然掏出手机发条信息给你说：嗨，你好，我们来聊天吧！正常人都难免会想：这人不是有"病"吧？而人不可貌相这句话再一次颠覆了这个看脸的时代。

战国时期法家集大成者韩非是个口吃，在那个百家争鸣的时代，他和别人辩论，"那、那、那个是、是要这么、么个道理……"一句话还没讲完，别人就用口水把他"淹死"了，但就是他的法家思想让强秦统一了六国。三国时刘璋的手下张松，其貌不扬，其才却不凡。赤壁大战前期，他被派遣出使，却遭受到"外貌党"曹操的冷眼，愤而将计策献给刘备，结果刘备入蜀，天下三分。历史上其貌不扬的能人奇士多如牛毛，什么朝代都有，而张小龙同志就是现代的这么一个标杆人物。

不爱说话？不好交流？性格内向可能是个原因，但另外还有个可能，那就是张小龙他不开心，他对别人的话题不感兴趣，古人云话不投机半句多。

他不喜欢枯燥的专业课本，也不喜欢外面的喧嚣，他最喜欢鼓捣计算机，正如他导师说的，喜欢抱着电脑睡。如果我是他同学可能也会为他担心：这个死宅男整天趴在电脑前，啥正事也不干，以后该怎么办哟？但谁也没想到，正是这段宅男经历，才让张小龙变成了张大神，他从电脑上学会了一个终极技能——编程。

编程也叫写代码，于是大家第一反应可能是"码农"，但这可不是什么贬义词，很多人可都是高收入高学历的"高富帅"，只不过是他们自嘲写代码比较辛苦而已。不信？那我们就说个最知名的"码农"来听听。

比尔·盖茨，世界上最出名的富翁之一，他在创业时期可是个百分之百的"码农"。他 17 岁的时候就卖掉了自己的第一个电脑编程作品。想想现在的孩子，17 岁时刚好是埋在书海准备高考的时候。

就这么说可能大家都不明白编程的厉害。就拿他高三那年编的程序做例子，他把程序卖给了自己的学校，他在程序中将自己预先录入了一个英语班级，这个班中除了他一个男的，全是女孩……各位男同胞是不是动心了？

另外，比尔·盖茨在读大学期间就开始编写 BASIC 编程语言，这是什么？我们现在在电脑上玩的游戏、文字、视频都是由编程语言编出来的，编程语言就相当于教材中的公式。而他码的可是 BASIC，编程的基础，也就是说他大学期间就开始写教材的教材了，厉害！他所创建的微软正是由他编写的一串串代码开始，最终变成一片片黄金，并使其成为世界首富。

不管从哪个方面讲，像比尔·盖茨这种人还是与"农"这个字挨不上边的，我们还是用"神"来形容他，对！"码神"！扯了这么多终于可以回到我们的主题了，前面说了张小龙是个神，这个神也是"码神"，中国的"码神"。

之前说道，"张码神"在学校待了 7 年直到硕士毕业，那时还是包分配的，硕士也确实不多。他被分到了一家还不错的电信机关单位，铁饭碗，别人挤破头皮都进不了。但是人家在读书的时候就不喜欢电信，好不容易熬了 7 年出来了，好家伙，结果等着他的还是电信。这他当然不干了，还跑到单位大楼下面看了一眼，腻歪了一下："哎呀，这栋楼真是没有生机呀，应该不适合我。"

他转过身，头也回不地走了，嘴角却挂着胜利的微笑。

是的，他有这个实力，他已经有了神的技能，成神的能力，他只需要成神的祭坛，那个祭坛不是在那栋灰色大楼中，而是在更为广阔，更为自由，更为富有的互联网世界。

17 年后，他回来了！

他实现了他的承诺！

他带着微信以胜利者的姿态重新杀进了电信业的视野！

神器是怎样炼成的

一

孟子曰："天将降大任于斯人也，必先苦其心志，劳其筋骨，饿其体肤，空乏其身，行拂乱其所为。"你若要想有番大作为，就如唐僧西天取经，必须经历"九九八十一难"才能修成正果！正所谓玉不琢不成器嘛。而微信大概也是"天将降大任"的，因此来得折腾，也来得艰辛。

前面说过，微信是来源于两个"大神"之间的邮件交流，然后立项，之后上线，再之后就火了，一共就三四个环节，很简单嘛。放心，既然老天看好你，要磨炼你，环节再少都会往里面塞几把刀子。光看这几个孤零零的动词，当然觉得简单，可是大家要知道微信每走出一小步可都是如履薄冰，只要稍微走错一点点都可能坠入万丈深渊。而我们的微信也确实有那么几次走到了悬崖边上，差点儿就跟大家说拜拜了，还好它福大命大，顽强地挺了过来，让我的故事能够继续讲下去。下面就说说微信的涅槃之路。

第一次危机出现在研发时期。

在开始故事之前，还是让人忍不住想夸一下腾讯集团的老总马化腾。小马哥你真是牛啊！牛在什么地方？一个是眼光独到，一眼就了解微信的价值，另一个就是管理有方，给大神创造了成神的祭坛。

让我们把进度条拉到微信诞生两年后的一次公开演讲，此时微信已经红透半边天了，这个时候就可以进一步宣传扩大影响力，就像娱乐明星一样，知名度一高就会开始全国巡演了，这个公开演讲就是微信的这么一次"演唱会"。

这次"演唱会"来了多少人，效果如何，现在谁也不关心，但马化腾揭露的一个秘密却让人们印象深刻。

他说，我们的微信很好，用的人多，能赚钱，影响力大，总之就是很厉害。微信这个概念好，好就有很多人知道，都想做，所以在微信概念刚出来的时候光我们腾讯内部就有 3 个团队在做。

这就是马化腾的竞争管理艺术，光跟别人竞争还不够，内部竞争也不能少，而且要竞争就要从起点开始竞争。此时的马化腾就像那个"天神"，他要降大任给微信，就去从小磨砺它。

爱它就去"整整"它。

仔细想想，马化腾的这番话就说明早在构思阶段微信就存在被掐死的危险。要是小马哥不喜欢搞内部竞争，要是小马哥以有人在做的理由而否定微信的立项，那就什么事都没有了。

庆幸的是，腾讯的老板是马化腾这种牛人。

第一个危机，孕期危机，解决！

二

孕期危机安全度过了，别急，下一关就在不远处。

马化腾的话表明微信安全度过了第一关，但也告诉了大家更难的第二关迫在眉睫，微信的对手就要出现了。

是的，微信还在"娘胎"里的时候就有竞争对手了，还是个强悍的对手。

手机 QQ 和 Q 信就是马化腾说的另外两个研发团队，说是两个团队，实际上是一个班子。两者都隶属于腾讯公司无线事业部，而他们的负责人都是当时无线事业部的老大，刘成敏。

无线事业部以及刘成敏——张小龙和微信的第一个强敌出现了。

能与神人过招的自然也是神人，刘成敏这个人也是相当不简单。

刘成敏，早年在华为国内营销部工作，2003 年 3 月加入腾讯，当时的腾讯还只有百十来个人，从这点就可以看出，这个人很有眼光。与张小龙的技术流不同，刘成敏的技能是营销，他最厉害的地方在于十分善于与运营商打交道。这可不是人人都能做得到的，运营商也要赚钱，而且在国内是那种"垄断大哥"的形象，牛气得不行，可是这位刘成敏却把那些大佬哄得服服帖帖的，又让运营商赚钱，又让自己赚钱，搞得皆大欢喜。

再来说说无线事业部，这个部门由刘成敏一手带大，而当时该部门最主要的是电信增值业务，正是这个业务给腾讯公司赚了大把的票子。

赚了多少？收入最高峰实现了8亿元的突破！

2004年4月，腾讯公司在中国香港挂牌上市，其中90%的收入来自于电信增值业务！是不是很惊人？没有它，腾讯连上市都不行，更别谈下一步发展了。

支柱力量再加上出色的业绩，短短几年的时间，无线事业部在刘成敏的带领下从一个小部门变成了一个拥有千名员工、尖端技术聚集的大部门。超强的科研能力，丰富的研发经验，用来形容无线事业部完全不为过。

三省六部制，我国古代的官员制度，即皇帝管三省，三省管六部。腾讯的管理制度也差不多，只是马化腾并没有设"三省"，而是直接管理着下面的各个部门。

无线事业部就是这几个部门之一，而且就当时的重要程度而言，可以说是最重要的部门。作为这个部门的主管，刘成敏自然也是位高权重，如果说马化腾是皇帝的话，那么刘成敏可以算是半个丞相了。

当时的腾讯内部，加上无线事业部一共有10个部门系统，其中还有个不太显眼的部门，那就是平台研发系统。那时平台研发部主要有腾讯研究院、即时通信产品部，还有个就是张小龙的广州研发部。

一个是六部之首，另一个是六部之末下的某某局；一个是部级官员，另一个可能只是管着某个清水衙门的厅级干部。与刘成敏和无线事业部相比，张小龙还有广州研发部那时还真是条小咸鱼。

三

如果那时候人们都知道有这些个团队在研发这个东西，可能就会有好事的博彩公司开个赌局来赌谁能获得成功吧。

手机QQ肯定是大热门，QQ谁不用？1赔2吧。

Q 信，没怎么听过，不过是刘成敏和无线事业部带的，给个 1 赔 10 吧。

微信，也没怎么听过，是谁管的？张小龙？嗯，好像在哪听过，广州研发部？腾讯居然在广州还有个研发部？姑且给个 1 赔 50 吧，这还是给你面子。

有赌局自然有买家。让我们现在来买，这个博彩公司肯定输得裤子都没了。但是在那时确实是没有几个人敢赌微信的，你就算让马化腾来选，他也得掂量掂量。

但很多时候，弱者不一定是输家，咸鱼也能翻身。历史上以弱胜强的故事数不胜数，乌巢之战、赤壁之战、淝水之战，场场都是精彩绝伦的翻身仗。熟悉历史的朋友可能知道这几场战争都有个共同点，胜的一方都有个超级统帅，曹操、周瑜、谢安，哪个不是神级人物？

可见，多数时候，战争的成败并不是由参战人数、作战工具决定的，而是取决于主帅的智慧和意志。这个规律同样适合套在微信上，微信成为超级大黑马，与张小龙的神级才能是分不开的。

2010 年 11 月 19 日，微信项目开工。

微信最初的工作团队基本就是广州研发部的 QQ 邮箱团队，做手机客户端的经验也仅限于曾经在 S60 平台上做的"手中邮"，开发场地也只是一个仅能容纳 10 人大小的会议室。

还未出场就被对手的气势压过一头。

两个月后，微信上线，用户增长并不快，所有的加起来每天也就增长几千人。

数据不好看还不要紧，最难的是总有人在旁边说风凉话：你们做这个微信到底有什么意义啊？和手机 QQ 搞的东西不是一样的吗？人家手机 QQ 有渠道，有用户，你微信用什么跟别人比？

又一次打击！这次打击使得微信的军心动摇，团队内部许多成员对于微信的发展都开始抱着一种不确定的心态，觉得微信的路可能就到这里了。

在这个时候，张小龙作为统帅，他的意志决定了微信成败的走向。在所有人都不看好的情况下，只有张小龙满怀希望和热情。不久，一款火爆的 Talkbox 的出现给张小龙带来了灵感，他决定在微信中加入语音功能，在一片质疑声中微信开始反击，再之后就是微信的各种让世人震惊的膨胀式发展。

与张小龙相比，此时的刘成敏和无线事业部却处境尴尬。刘成敏的专长是与运营商之间的沟通，而无线事业部主要收入也是来自运营商那边的增值业务费分成，但是微信这种免费的移动 IM 触动了运营商的利益。一方面刘成敏十分忌惮由于这类软件的开发而破坏无线部门和运营商之间的关系，另一方面又希望自己的产品获得成功，鱼与熊掌不可兼得，能力再强也做不到两头兼顾。

如此瞻前顾后的刘成敏与无线事业部自然赢不了孤注一掷的张小龙。微信最终从强大的刘成敏和无线事业部手中抢到了腾讯和用户的支持。第二个危机，发展危机，解决！

四

如哲学所说，新兴事物的发展必定会撼动旧势力的利益，而旧势力必然会对其百般阻挠。商鞅变法被车裂，王安石变法被贬官，戊戌变法惨遭镇压。微信的强势自然也触动了某些大佬的利益，他的命运又将如何呢？

2013 年 2 月底，有传言说微信将面临电信运营商方面的收费。

2013 年 3 月 31 日，又有传闻说"微信可能会收费，但不会大幅收费"。这件事被当时的媒体称为"微信收费事件"，全民热议！

在度过了两重危机后，第三重危机终于在微信大红大紫之后缓缓到来。

这个时候，已经拥有 3 亿用户的微信功能对移动运营商的短信、语音业务冲击巨大，建设和运营"网络高速公路"的运营商们无法再依靠垄断优势坐等收钱，而可能仅仅沦为巨大网络流量通过的廉价管道，他们自然不甘心。

这下运营商大佬们开始坐立不安了，既然微信发展趋势之猛无法阻挡，那就采取一些其他措施压制下它"肆无忌惮"的风头吧。"要想过此道，留下买路财"。这应该就是"微信收费事件"的真相。

作为主打免费牌的新型移动 IM 软件来说，如果真的要收费，那对微信来说可是致命的。不管什么时候，降价必然受到追捧，涨价必然受到嫌弃，更何况从免费到收费？一旦微信收费，那么之前花这么大力气积累的用户量可能在昼夜之间"散"于一旦，这是微信承受不起的。

与运营商这个矛盾，张小龙可能没预料到，马化腾也可能没想到，但是之前提到的那个对手，刘成敏应该想到了。前面说过，刘成敏在研发时期就开始担心与运营商的冲突，事实证明他真的很有远见，他的担忧是很正确的。

刘成敏预料到了这个结果，那就是腾讯预料到了，以腾讯在圈内积攒的实力，好好和运营商以及相关部门沟通沟通，走走后门什么的还是有点儿作用的，而神对手刘成敏这次可能又成了神队友，发挥了他与电信运营商关系密切的优势，在微信与电信运营商之间做了许多缓冲与解释工作。

2013 年 4 月 23 日，工业和信息化部新闻发言人、通信发展司司长张峰，在国新办例行新闻发布会上表态："互联网和移动互联网等新业务是否收费，由市场决定，工信部将坚持'其经营者依据市场情况自主决定'的原则。"

至此，有偿使用事件完美解决，微信又度过一劫。

第三个危机，信任危机，解决！

讲到这里，我们的微信终于完成了漫长的涅槃过程，开始走向繁荣。

移动 IM 世界的统一

一

前面我们讲了微信的诞生，微信的危机，但对于微信是个什么样的产品，大家似乎还不太清楚，现在让我们聊聊微信是如何一步步建立起自己的帝国的。

2011 年 1 月 21 日，微信 1.0IOS 版正式上线。

最初的微信仅仅是作为一种移动即时通信工具而存在的，微信 1.0 只具有即时通信、分享照片和更换头像等简单功能。刚出生的"娃娃"你能指望它干些啥？

如果把微信比作一个国家的话，其疆域仅是移动 IM 界中的一角。此时的微信国小力微，又要面对多个强敌，而 IM 界的格局可谓是群雄并起，纷争不断。

下面让我们一一盘点一下微信的对手们。

第一个出场的就是开头提到的 Kik Messenger。听名字就知道是个外国货，是由加拿大滑铁卢大学的一帮学生开发的。它是一款可用于手机上的免费 IM 软件，不说是第一个出生，至少也是第一款影响力巨大的免费移动 IM 软件。

Kik 不能发送照片，不能发送附件，真是简单到极致，但它在上线之后的 15 日之内就吸引了近 100 万的使用者。疯狂，它也理所当然地成为了全球瞩目的焦点，就像明星随便穿个拖鞋都能成为潮流，Kik 作为一种颠覆性的 IM 软件也成为行业内竞相模仿的对象。

微信正是它的模仿者之一，因此，Kik 可以说是微信的"洋师傅"。

第二个出场的是米聊，与微信最像的对手。出身、功能差不多，甚至连两者的头像颜色都一样是绿色的，搞不好就是失散多年的兄弟。但是米聊刚好比微信早一个月出生，俗话说"官大一级压死人，早生一天就是哥"，而且初期米聊确实比微信发展得好，做微信的"前辈"还是名至实归的。

接下来登场的是飞信，运营商中的"官二代"，是中国移动于 2007 年推出的。作为运营商的亲儿子，飞信具有政策上的绝对优势，它与微信这种互联网企业研发的新型 IM 有相似之处，但走的是不同的发展道路。所以，对微信而言，飞信可谓是"旁门的高手"。

最后一个压轴的则是微信一生的对手，手机 QQ。最早的手机 QQ 诞生于 2003 年，但一直只具有最基本的通信功能，2008~2010 年手机 QQ 才丰富了其功能，具有一些新型 IM 的特征，而此时的微信还在妈妈的肚子里面。同样作为腾讯公司的重要项目，手机 QQ 资历更老，名声更大，而且经过多年的发展已经积累了一定的客户群。因此，手机 QQ 可以算是微信的"同门师兄"。

数数微信的对手，"洋师傅"、"前辈"、"旁门高手"还有"同门大师兄"，还有很多不知名的，正的、邪的，亲近的、远房的，五花八门，我们的微信想要突出重围还真是不容易啊。

二

前面讲危机的时候说过，微信在刚上线时差点儿被干掉，直到微信 2.0 从 Talkbox 那学了一招，增加了语音功能才免于夭折，说起来 Talkbox 也是微信的师傅。Talkbox 虽说是个英文名字，但却是中国人研发的，是国内一个创业团队针对开车不方便接听电话的人和盲人开发的全球第一款语音 IM 应用，2011 年 1 月上线，仅仅 3 天的时间，在 App Store 的下载量就涨到了 100 万。

有人说这个软件 3 天就 100 万了，那个 Kik 用了 15 天才达到，弱爆了，为什么不在对手里提它？首先，人家 Kik 是始祖级别的，具有划时代的意义，其次，就是这个 Talkbox 在竞争力上那才是真的弱爆了。

Talkbox 大热，米聊、微信哥俩竞相模仿，先后推出语音功能，结果，Talkbox 的用户很快从 400 万人、500 万人暴跌到最开始的 100 万人，一夜回到解放前，以至于后来退出了国内市场。微信还未出手，"师傅"就已经倒下。

不过 Talkbox 的失败并不是因为产品不行，只是小公司难以承担产品推广带来的巨大成本，与有腾讯这个大后盾的微信相比，确实有心无力。没办法，成王败寇！

正所谓青出于蓝而胜于蓝，国内的师傅被"干"掉了，"洋师傅"自然是在劫难逃了，但是似乎并不需要微信去在意它。Kik 虽然是始祖级别，但终究是国外的，另外开发者毕竟是学生，见识和经验限制了软件的成熟。而且，功能单一这个缺陷一直没有得到解决，在国内很难获得人气，虽然有那么一小撮人在用，但难成气候。微信一扩展，Kik 本来就少的地盘就更少了，这时候微信就可以很牛气地说：我还没出力，你就倒下了！

不费吹灰之力，微信就打趴下了两个"师傅"，发展速度简直是倍道而进。一方面肯定是靠微信自己的实力，另一方面也是多亏了腾讯这个"亲爹"带来的大量客户和资源。但不管是什么原因，微信的优势开始在同行中逐渐体现出来，微信开始在夹缝中崛起！

如果说 Kik、Talkbox 两个师傅是由微信亲自打败的，那么作为"旁门高手"的飞信则是属于"作茧自缚"。飞信 2007 年就推出了，出现得很早，在那时候用电脑给手机发消息、手机之间的消息只计流量的产品除手机 QQ 外，可能只此一家。因此，早期的飞信还是挺流行的。

但就如前面所说的，飞信与微信相比，在互联网世界只能算是一个旁门左道。既然是旁门，那么它有发展起来的优势，也就自然也有它的致命弱点。

举个例子，飞信只有中国移动的客户才能使用，别说 QQ 了，什么联通的、电信的统统不行。移动这么做无非是为了吸引客户、打压竞争对手，但是谁会为了用你这么一款软件就去干换号码这么麻烦的事？飞信这款软件还没好到这种程度，甚至有些原本对它有需求的客户也会因为怕麻烦而放弃。

再说一个飞信最欠缺的地方：它并不是全免费的，甚至当微信这些免费的软件蹦出来之后还是一点儿都不变。也许是因为有移动这个大靠山，飞信也是逐渐安于现状，刚开始被吸引过来的客户最终都慢慢地离开了……

长此以往，飞信只能渐渐退出移动 IM 界的舞台了。

三

一方面，吞并了两个师傅的地盘；另一方面，飞信这个所谓旁门高手自我淘汰。此时的微信开始在移动 IM 界牢牢地站稳了脚跟。

但站稳了并不意味着成功，微信才刚获得立足之地而已。

为了谋求更好的发展，微信开始了第三次转变：2011 年 10 月 1 日，微信 3.0 推出。如果说二代微信是微信觉醒的起点，那么此次的三代微信则是微信发展的爆发点。此次升级，微信一口气推出了"摇一摇"、"漂流瓶"、"查看附近的人"三大人气功能。此版本一出，微信的可玩性以及用户之间的互动性骤然得到了大幅度的提高。

不久之后，微信的用户突破 1 亿大关。可以说，日后被人们津津乐道的这几个功能，为微信的疯狂发展奠定了坚实的基础。

微信在自身功能上得到了突破性发展，此时的移动 IM 界又是怎样一番光景？Kik、Talkbox 还有飞信已经退出了竞争的主舞台。但是有几个强敌仍然是微信一时难以战胜的，那就是早出生几天的米聊"前辈"以及"同门大师兄"手机 QQ。

米聊前面提到过，微信的老对手，很相像，两个人自打出生以来就一直在比速度。不过从上线时间、推出语音功能上来看，似乎米聊总是要比微信快一步。米聊是雷军开发的，雷军与张小龙颇有渊源，两个人同一年出生，都具有神级的写代码技能，都被人们称为那个年代的国内十大"码神"之一。雷军是个了不得的人物，米聊也是款不逊色于微信的软件。

在雷军的带领下，米聊初期呈现出飞速发展的态势。因为总要比微信快一步，所以在初代、二代微信的时候，米聊在各方面是要强于微信的，在移动 IM 界的地盘也要比微信大。但三代微信一问世，米聊瞬间失去已有的功能优势，甚至在娱乐性上也逐渐开始比不上微信了。另外，腾讯为微信带来的大量用户是米聊最没法比的，在这里我们又得感慨下：这真是个"拼爹"的时代啊！米聊在微信的狂攻下苦苦挣扎。

说完了这么多对手，老熟人终于又要来了。

手机 QQ，微信一生的对手。

在微信快速发展之前，手机 QQ 毫无疑问是国内移动 IM 领域的龙头老大。在移动 IM 界 "纵横" 多年，再加上 QQ 在国内 PC 端的统治地位，竞争对手又少，在如此环境下，手机 QQ 积累了大量的用户，至今微信的用户量仍然没有超过它，可见手机 QQ 的实力有多强。

不但实力强劲，而且保存着革新的态度。2011 年下半年，也就三代微信出来之前，手机 QQ 开始实现自我革新，功能设计更加贴心化，强化用户使用移动终端的体验，与 PC 客户产生了差异。

可见，微信最大的强敌是师出同门的 "大师兄"。

或许最开始的时候，手机 QQ 并没有把微信这个刚入门的 "小师弟" 看在眼里，可是转眼间这位 "大师兄" 突然发现 "小师弟" 功力精进了不少。

此时，国内移动 IM 界已经形成了微信和手机 QQ 的两极对话，可以说三代微信后的移动 IM 界已经成为腾讯公司这个互联网界第一大门派的 "内斗" 了。

如果说三代微信的改进使其具有了争霸移动 IM 界的能力，接下来的四代微信则是微信称霸移动 IM 界的决定性一役。

2012 年 4 月 19 日推出的微信 4.0，把一个重磅炸弹丢向了所有对手，那就是现在炙手可热的 "朋友圈" 功能。"朋友圈" 使得用户与用户之间有了革命性的互动与交流，产品的趣味性与可玩性得到了大大的提高。正是 "朋友圈" 的推出给米聊这类与微信相似的同行对手带来了致命一击。

此时的微信虽然在数据上还是难以超越手机 QQ，但手机 QQ 只是凭借 PC 端 QQ 的垄断在吃老本。另外手机 QQ 用户中很多都是功能机，而微信的用户数与中国智能手机用户数的比例则高达 7 : 10。

微信的用户更适应未来！

微信凭借其无穷的潜力击败了手机 QQ 这个 "大师兄"，统一移动 IM 界只是时间问题。

乘胜追击！

2013 年 8 月 5 日，万众瞩目的微信 5.0 上线。此时的微信用户已经超过 6 亿人，五代微信在相继推出的表情商店、游戏中心，升级了扫一扫功能后毫无征兆地放出了一个原子弹——"绑定银行卡"，也就是微信支付。

这个功能的推出使得微信瞬间从神级产品变成了超神级产品。微信已经不再是一款简单的移动 IM 软件了，因为它已经一脚迈进了黄金遍地的金融界。手机 QQ 空有 8 亿的用户量（要知道一共用了 8 年才达到这个数字），但和微信比起来已经差了一个档次，而米聊之流更是彻底沦为附庸。

微信完成了对移动 IM 世界的统一！

微信涉足金融领域也在向世人昭告一件事：英雄不甘寂寞。小小的移动 IM 世界似乎并不能满足微信日益膨胀的野心，终于，乘着互联网金融的浪潮，它开始将触角伸向了神秘而富有的金融业……

四

微信的未来在何方？又会有哪些更加强大的敌人在等着它？

讲到这里，我们暂且休息下，先来了解一个大家可能并不熟悉的历史时期。

公元 5 世纪中叶，此时的中国处于南北朝末期。北边，北周和北齐两国并立，相互对峙；南边，南陈与两国隔江相望，蠢蠢欲动。

北边的北周与北齐分别承接于早先的西魏与东魏，而东魏与西魏又分裂于曾统一北方的北魏，所以说北周与北齐本属同宗。

早期的西魏是弱于东魏的，但经过几次交战后，取代西魏的北周其国力却逐渐强过取代东魏的北齐。而此时南边的陈朝，虽几经动乱，不过国家疆域很大，占据了当时经济发达的扬淮之地，国力不可小觑，但它也遗传了自东晋以来南朝各国偏安一隅、不思进取的基因。

好了，历史普及完了，现在我们把视线转移回来。

前面讲到微信不惧挑战，毅然闯入互联网金融的纷争当中。如此一来，我们互联网金融大战的三大主角已经到齐了，它们分别是微信支付及其身后的腾讯、支付宝及其背后的阿里集团以及传统的金融巨头——银行。

讲到这里，结合前面的历史故事大家想到了什么吗？如果还没头绪，我们再来个对号入座。

微信可视为北周，支付宝可视为北齐，两者都来自互联网企业，确实同属一宗。

银行则无疑是打着正统旗号的南陈了。作为传统金融的代表，银行在现阶段仍然有着强大的资源和实力，但发展互联网金融，至今仍然不被外界所看好。一是因为银行涉足互联网金融是被潮流所迫，并非主动出击；二是传统基因导致其互联网金融产品换汤不换药、缺乏创新。一面是安于现状的态度，另一面却又是盲目自信视对手为"异族蛮夷"，银行的互联网金融发展确实如南陈一般令人担忧。

微信能否在互联网金融大战中战胜支付宝、击败银行暂且不提，至少目前支付宝以及各银行都已经感受到了微信的强大威胁，微信及其身后的腾讯已经在互联网金融大战中站稳了脚跟，并且拥有良好的发展势头。

未来总是扑朔迷离、风云莫测的！

微信的将来如何？让我们拭目以待！

第二节 / 微信的繁荣

什么才是繁荣

一

建立一个帝国需要多长时间？

秦灭六国用了 15 年，朱元璋从加入起义军到后来驱逐元朝建立明帝国用了 35 年，铁木真统一蒙古到他的孙子忽必烈灭宋一共用了 74 年，而中国史上统一最快的君王是刘邦，他从起兵到建立汉王朝仅仅用了 7 年时间。

微信统一移动 IM 界只不过用了不到 3 年的时间！

这是何等的霸气！

此时的微信，意气风发，站在移动 IM 界的顶端，环视天下，将目光落在了不远处那片遍地黄金的金融界。

那是它将要攻入的下一个地方！

但此时的金融世界里早已盘踞着比之前对手强大数百倍的敌人——传统银行，而在世界的另一边，盛极一时的阿里帝国及其手下支付宝也已经将势力延伸其中，再加上保险、证券、P2P 等各种"小势力"，局势十分紧张。

金融界，水太深！

古今中外，但凡想要扩张势力的帝国，无一不是建立在自身繁荣昌盛基础上的。汉武帝正是因为有汉初休养生息政策所积累的实力，才能出兵漠北击垮匈奴，而前秦苻坚在自身根基未稳的情况下，贸然南征，最终身死国灭……

如此看来，微信要想有所突破杀进金融圈，首先它必须要让自己更加强大，要让移动 IM 更加强大，要让移动互联网更加强大，这样微信才有资本与金融界的"大佬们"叫板。

所幸的是，在这个形势瞬息万变的现代社会，谁也料不到下一秒将会发生什么。3 年前，谁也想不到时速超过 300km/h 的高铁几乎能连通全国。2 年前，谁也想不到诺基亚这个手机巨头轰然倒塌，2000 亿欧元市值最后只卖了 70 多亿美元。

同样，就在 2013 年，谁也没想到出生不到 3 年的微信能够迸发出如此巨大的能量，谁也没想到微信帝国的实力是如此的强大，强大到足以令整个金融界为之震撼。

二

微信到底有多厉害？

让我们用几组数字来说明一下。

关键数字一：9 亿+1.5 亿。

这可不是人口统计，而是指微信的用户数。有数据显示，2014 年微信的总用户数量已经超过了 9 亿人，而且每日的活跃用户也将近 1.5 亿人。

9 亿的用户，这是何等惊人的数据！全世界都知道中国总共有 13 亿人，9 亿的用户量也就意味着我们这个国家有差不多一大半的人在用微信，这还是相对于一个超级人口大国而言的，要知道欧盟 27 个国家的人口只是刚刚过 5 亿人，而微信使用人数已经将近他们人口的两倍了。

如果说你觉得 9 亿用户还不够夸张，那么 1.5 亿的活跃用户或许更可怕。

凭什么 1.5 亿人要比 9 亿人更夸张？因为这是活跃的用户量！

什么是活跃的用户？就是"活"在微信上的人，就是发信息用微信，玩游戏用微信，看新闻还是用微信，不管干什么，只要微信用得上的就要用微信的人。可以说这 1.5 亿人已经成了微信的"脑残粉"，也可以说这群人已经离不开微信了。

9 亿用户中可能有的人只玩过一次微信，有的人可能又用微信又用手机 QQ，甚至有的人都不知道怎么就成了微信的用户，微信对这些人来说只是可有可无，如果又出现了个类似的对他们口味的，可能兴趣就变了。微信对这群人来说影响力是有限的。

所以说这 1.5 亿的微信粉要比 9 亿的用户厉害多了。

关键数字二：350 亿~640 亿美元。

看到没有？现在有关微信的数据都要以"亿"做单位了，不服不行。

这个数字的单位是美元，就是说微信的价值可达 350 亿~640 亿美元。

这个估价是在 2014 年 3 月，一家名叫里昂证券亚洲（CLSA）的投资银行给出的。CLSA 是一家从事股票相关服务的专业机构，其在亚洲，特别是中国内地和香港市场都具有相当的影响力，所以说它的这个估价还是挺具有权威性的。

如果没错的话，CLSA 应该是第一个对微信公开估值的投资银行了。为什么微信这么火的一款软件没人跑出来吆喝几声赚个噱头？

因为不敢。为什么不敢？原因大概有两个，一个是微信发展太快，谁也不知道它下一秒（注意时间单位；是秒）会变成什么样，稍微没预测好，多半就会被微信打脸，小心驶得万年船，还是面子要紧。另一个就是没有一个标杆。微信体系这么庞大，涉及领域这么广泛，用户这么多，真要估计微信的价值，要从什么地方开始算？这估计都够那些分析师头疼了。

但是 2014 年 2 月底，标杆出现了，一件移动互联网界的大事震惊世人，Facebook 宣布斥资 190 亿美元收购移动端新锐公司 WhatsApp，这是继 2001 年时代华纳与 AOL 的合并之后互联网产业最大规模的并购交易。而且在不久之后，Facebook 的 CEO，世界之上最年轻的亿万富翁，马克·扎克伯格在接受采访时还抛出了 WhatsApp 的实际价值还要更高的言论。

太值钱了！

或许都是从 Kik 那学来的原因，WhatsApp 是一款与微信差不多的新型移动 IM 软件，但是发展到现在，WhatsApp 可能已经落后于微信的爆炸式发展了。首先，WhatsApp 的用户有 4.5 亿，虽然也很多，但是距微信的 9 亿人还是有点儿差距的。其次，WhatsApp 的功能比起微信的七大功能来说，估计也是"小巫见大巫"。

单这两点，微信已经足够完爆 WhatsApp 了。

WhatsApp 值钱，微信更值钱！

不知大家注意到没有，这个估价的跨度很大，从 350 亿美元一下就跳到了 640 亿美元，为什么？很明显，就是因为这个估值被"打脸"了。可能这几个分析师最初的估价是 350 亿美元，但突然间一款他们认为比微信要差得多的同类型产品却被卖到了 190 亿美元，甚至购买者还口口声声说买便宜了。

这下 CLSA 的脸可谓是被打得生疼，再也坐不住，也顾不上脸疼马上发话了：

囧，那可不行，既然 WhatsApp 被卖到了 190 亿美元，那我们要提高对微信的估价，我们认为微信的价值至少是 WhatsApp 的两三倍，既然 WhatsApp 都值 190 亿美元，那么微信最高可能有 640 亿美元的价值。

亡羊补牢，犹时未晚。这几个分析师还专门写了份报告来阐述他们这么看的原因，分析得条条是道，让人一看就觉得：嘿，微信还真就值这个价！

不管是 350 亿美元还是 640 亿美元，或者更高。

微信很值钱，值大价钱，这点毋庸置疑！

三

既然提到了 WhatsApp，那我觉得在这里有必要提一下全球的移动互联网热潮。

微信的疯狂自然是全球移动互联网革命狂潮中举得最高的一面旗帜，但就算你旗子举得再高、再漂亮，没有人响应也是孤掌难鸣。

纵观互联网的发展轨迹，创新的浪潮一向是一波接一波。1995 年网景从硅谷一家只有 400 万美元创始资金的小公司到上市后成为了市值 20 亿美元的巨人，互联网技术汇聚财富的速度与规模让世界震惊，吸引了无数的创业者与投资家，互联网时代也由此拉开帷幕。

正是网景的互联网网站诱发了两位斯坦福大学学生的好奇心，他们开始探索搜索引擎的开发，之后雅虎一举成名。互联网的创新激发了人们的创造力，随后世界第一封电子邮件诞生，EBAY 拍卖网问世，网络摄像头出现了……

正如互联网的发展一样，移动互联网下的微信并不是一个"人"在战斗！

和微信一起高举移动互联网旗帜的小伙伴们已经遍布全世界，他们所掀起的全球移动互联网革命让人们见识到了惊人的力量，移动互联网正在改变世界！

现在就让我们看看微信那些正在瓜分全球移动互联网市场的小伙伴们：

第一个小伙伴，Viber，隶属于"丐帮"，起义所在地：全球。

Viber 是一种智能手机用的跨平台网络电话和即时通信软件，意思就是通过 Viber 能免费打电话，而这也是它最具吸引力的地方。Viber 是在 2010 年 12 月初，由塞浦路斯的一家公司推出的，至今的注册用户已累计达 3 亿人。

说 Viber 是丐帮的，很贴切。一方面，Viber 并不挣钱，虽然有这么多用户，但由于缺乏商业模式，一直在亏钱，为了继续活下去，只能到处讨钱了。另一方面，Viber 的用户很分散，遍布全球 193 个国家和地区，就像丐帮的帮众会出现在各个角落上一样。它带领的移动互联网革命军是化整为零的，其势力遍布全世界。

2014 年 2 月 14 日，穷困潦倒的 Viber 终于傍上一个大款，日本最大的电商企业，乐天株式会社以 9 亿美元的"低价"收购了 Viber。漂泊多年的 Viber 终于有了根据地，在全球的移动互联网革命中，它将以全新的姿态强势出现。

第二个小伙伴，Line，"高富帅"，起义所在地：日本、韩国。

与前面的 Viber 不同，Line 出身高贵，光母公司就有两家，日本 NHN 和韩国的 Naver，彻头彻尾的高富帅。过硬的靠山再加上自身良好的经营管理，Line 最近几年也得到了长足的发展，到 2013 年，Line 的用户已经超过 3.5 亿人，有人估计 Line 的估值可能将达到 149 亿美元。

在中国台湾和泰国，Line 的活跃用户数都领先于 Facebook，而在智利和墨西哥，Line 的活跃用户可以与 Skype 掰手腕，最厉害的是 Line 开始往电商方面转型，这点与微信涉足金融行业颇为相同。如果转型成功，通过电商+移动社交+数据的标准配置，Line 所领导的移动互联网革命事业将会得到进一步扩大。

第三个小伙伴，WhatsApp，"奋二代"，起义所在地：欧美。

和前面两个小伙伴都不一样，WhatsApp 是个"奋二代"。所谓"奋二代"，就是家里本来没钱，但凭借自身的努力最终成长为"高富帅"的那类人。WhatsApp 的出身和 Viber 一样，都缺乏投资人，它的创立人甚至曾排队领过食物救济券。但凭借无广告的招牌，以"简单"为特色，WhatsApp 迅速在欧美国家打开了局面，2009 年创立至今，用户数飙升，5 年时间，WhatsApp 目前积累了 4.5 亿全球用户。再之后就是我们前面提到过的，以 190 亿美元身价嫁入 Facebook 的事了。

一方面，Facebook 是全球最大的社交网站，可以为 WhatsApp 带来大量的潜在用户；另一方面，WhatsApp 的扩张也会进一步地巩固"脸书王朝"。微信在全球移动互联网革命的战友除了这三个，另外也还有很多。比如加拿大的元老——Kik，虽然势力依然不强，但一直坚持了下来，还有韩国的 kakao taik、美国的 snapchat 等，世界范围内的移动互联网阵线已经结成，移动互联网颠覆世界已成定局。

四

聊完了微信的国际战友，让我们把话题重新转移到微信身上。

之前说到微信的强盛令世人为之赞叹，强到足以去金融界分一杯羹，而微信也在积极备战，在正式踏入金融圈之前，它也得试试其中的深浅。接下来要讲的就是微信对金融业的一个试探。

我国 2013 年度十大金融热词的榜首，不是已经涉足金融领域的余额宝，不是被炒上天的比特币，更不是老生常谈的社区银行，而是微信银行！

什么是微信银行？

自微信开放了公众平台消息接口后，像微博的官微一样，国内多数银行推出微信客服号，用户可进行查询账户余额等简单的业务。

2013 年 7 月 2 日，招商银行宣布升级微信平台，升级后的微信平台不止具备查询余额等简单业务，还可以进行查账、转账、还款等，甚至可以查网点、申贷款、缴各种费等。这就是媒体大肆宣传的首家"微信银行"。

之后，中农工建交、民生、兴业等各大中小银行纷纷跟风，建立属于自己的"微信银行"。

讲到这里不禁想问：这真的是银行？真的是金融？

何为金融？金融就是资金的融通。什么是银行？简而言之，银行就是一个中介人，介于资金供给者与资金需求者之间，类似于古代爱情故事里的月老。那么在那些所谓的"微信银行"中能看到哪个人通过微信把钱借给了别人吗？微信之中有任何的资金流动吗？都没有！所有这些都必须经过银行。

所谓"微信银行"并不是指微信的银行，而只是把一些传统的银行业务从柜面搬到了微信上而已，微信只是提供一个移动的平台，它自己不放款也不借款。打个比方，我查个款、缴个费发个微信可以，但是如果我要借钱，单发个微信你能借我吗？门儿都没有！而且和你打交道的根本不是微信，还是那些柜台后面的银行人员。

虽说微信银行不是大家所想象的那种互联网金融，但也确实让微信深入地了解了银行的运营方式，为以后微信真正进军金融行业打下了基础。而借助微信平台的力量，各个银行也通过移动互联网这个通道让自己的业务扩展开来，银行客户办理业务也更为方便。

"微信银行"，微信与银行，双赢！

作为一个新兴行业，微信已经可以和国内的那些银行"大佬们"平起平坐，挺直腰杆子谈生意，最后还能实现双赢局面，这样的微信帝国还不够强大繁荣？

而且微信银行也从侧面反映出了微信的强大。同样是移动 IM，人家为什么不搞手机 QQ 银行？同样是互联网中的佼佼者，人家为什么不成立支付宝银行？同样拥有惊人的用户量，人家为什么不宣传个微博银行？

强大的微信！盛世的帝国！

七种武器

一

"七"是个很迷人的数字，很多故事都喜欢用七。《圣经》中说人类的原罪有七种，诸葛亮抓了七次才降服孟获，中国的情人节叫七夕，是每年的七月初七。另外，你可能还听说过集齐七颗龙珠就可以召唤神龙实现愿望，七个葫芦娃合体就能变成升级版葫芦娃斩妖除魔之类的玩笑话……

总之，"七"是个神秘而又神奇的数字，很多故事和人物都很自然地与"七"重合。

而我们的主角，微信又与"七"有何不解之缘？

微信之所以能如此强大，靠的正是它的"七"大功能！

提到微信有七大功能，第一反应就是古龙先生写的一系列中篇小说，名叫《七种武器》。可能是未被翻拍成电视剧的缘故，也可能是大家聊的多是金庸先生笔下的那些长篇大著，知道、了解这部小说的人并不多（但确实写得挺好，具有武侠情结的朋友可以去看一看），但这并不影响我们把它和微信联想在一起。

很明显，微信的七大功能不正好代表微信集齐的七种武器吗？

一夜之间，

一个年轻侠客，宛如闪电般，横空出世。

传说，他一身挂着七种武器，所向无敌。

仗着七把武器，横行于江湖，他有一个响亮的名字，

微信！

讲了这么多，我们似乎还不知道微信的七种武器是什么。

微信的七大功能：朋友圈、扫一扫、摇一摇、附近的人、漂流瓶、微信游戏、微信支付。

让我们再来看看古龙先生笔下的七种武器：

长生剑、孔雀翎、碧玉刀、多情环、霸王枪、离别钩、拳头。

七种武器，七个主人公，七段迥然不同的故事，快慢缓急、冷热刚柔，各具特色。但就这么比肯定是很突兀的，因为根本就对不上号，但古龙把几种形式上的武器归纳为笑、自信心、诚实、仇恨、相聚、勇气、不放弃，不过这似乎也与微信的七大功能不太贴切（毕竟不是武侠小说），但是我们可以自己帮微信想想：

微信的七种武器可归纳为：互动、信息、偶然、探索、休闲、娱乐、快捷。

好了，现在就让我们看看微信是如何仗着这七把武林中赫赫有名的武器，纵横于江湖的。

二

微信七种武器之一——长生剑：朋友圈。

关键词：互动。

剑号称百兵之君，舞起来好看，又轻巧易携带，我国古代的王侯将相、文人墨客都喜欢佩剑，以至于它成为了身份的象征，类似于我们现在的苹果手机。

打开微信，移到"发现"界面，在最上面、最显眼地方就是"朋友圈"，可见这个功能的重要性，而玩过微信的朋友应该知道，"朋友圈"是微信中每天最活跃的功能了。

从这点上看，说朋友圈之于微信是"一把剑"还是挺贴切的，微信配着"朋友圈"确实可以在同行里嘚瑟，为什么？因为别人没有啊！我玩微信，没人理我时，我可以刷刷朋友圈，看看朋友的状态，看看别人转的文章。你玩米聊之类的，没人理你了，你只能干瞪着眼。

朋友圈是四代微信的时候才推出的，而在这之前微信用户已经破亿，把与它相似的米聊、陌陌等远远地甩在了后面，朋友圈可以说是微信对同胞们"痛下杀手"的一个狠招，长剑一挥，米聊等无处可逃。但没想到的是，这剑过于锋利，顺便把远在 PC 端的微博也给划伤了。有数据表明，的确有一部分原本应该出现在微博的信息，越来越多地出现在微信朋友圈里，内容正在发生转移。

朋友圈到底具有什么样的魔力？

其一，关系真实，可信赖。只要一张照片、一句感想而引发的互动更易发生。

其二，轻度互动，清新体验。举个例子，比转发评论更轻动力、更强的"赞"，当你看到别人发的状态或文章，想搭话但又不知道扯点什么，得，点个赞吧，轻松实惠，于是也出现了许多被大家津津乐道的"点赞狂魔"。这个功能现在已经被微博和 QQ 空间学过去了。

其三，图为主、文为辅，连纯文字发布都隐藏得极深。有些玩朋友圈的朋友可能到现在还不知道别人是怎么发文字状态的，都说无图无真相，图是相对真实，文字还有可能大话连篇，这样有益于维持圈子的真实私密氛围。

……

有这么多的优点，用户们能不喜欢吗？

在此处要讲一个概念：用户黏度。

用户黏度就是指增加用户双方彼此的使用数量，就像我们大家在平时搞好两个人之间的关系一样。"黏度"是衡量用户忠诚度计划的重要指标，它对于整个产品的品牌形象起着关键的作用。

从朋友圈的作用来看，它给微信带来的正是这种用户黏度。

其实白玉京最可怕的不是他的剑，而是他的笑。——《长生剑》

就和小说中的白玉京一样，朋友圈最可怕的不仅仅是为微信增加了可玩性，而是它通过用户之间的互动所带来的用户黏度。

微信七种武器之二——孔雀翎：扫一扫。

关键词：信息。

孔雀翎在小说中是一种暗器，最厉害的暗器。与暗器类似，扫一扫这个功能在移动 IM 类软件中出现确实是"剑走偏锋"，走的并不是传统的路子。

扫一扫的关键词是信息，这个"扫"可不是扫地的扫，扫到的都是信息。

最开始是扫二维码。什么是二维码？专业的解释就不讲了，太专业了大家也不太明白，我们只要知道每件商品的二维码是唯一的，相当于一个名片，最早的、最常见的应该就是在超市里结账时扫的商品条形码，扫一下，嘀的一声价格出来了。现在微信有了这个东西，就可以自己扫了。

但微信能扫的不只是商品的价格，还能扫"封面"、扫"街景"、扫"翻译"，怎么扫？书上没二维码？没关系，扫一下封面，书的价格就出来了，不仅如此，还能扫 CD、电影海报，实用至极！

街景怎么扫？只要点扫一扫街景，随手扫描一栋楼，微信就能迅速地定位，但千万不要以为街景是利用图片分析，它实际上就是定位，基于此，然后才会出现事先已经通过设备采集好的街景图片。

扫翻译，通过手机扫描翻译英文再也不是什么新鲜事物了！

扫一扫这种看似与移动互联网没任何关系的功能，被微信这么一利用，瞬间带来了一批拥趸。

三

微信七种武器之三——碧玉刀：摇一摇。

关键词：偶然。

微信七种武器之四——多情环：附近的人。

关键词：探索。

微信七种武器之五——霸王枪：漂流瓶。

关键词：休闲。

"摇一摇"、"附近的人"、"漂流瓶"这三大功能我觉得是可以放在一起讲的，毕竟它们都是在微信 3.0 时期一起出来的，而且又算是陌生交友功能。有数据显示，微信用户数的暴增刚好始于 2011 年 10 月，这个时间刚好是三代微信上线的时间。

可以说正是有了这三件武器，微信才开始在江湖成名，也就是说有了这三个功能后的微信才真正被用户所接受。

小说中《碧玉刀》写得从容优雅，闲适自如，《多情环》写得诡奇急促，丝丝入扣，而《霸王枪》写得刚劲猛烈，豪气冲天。都是围绕武器展开的故事，却又是风格迥异。而"摇一摇"、"附近的人"还有"漂流瓶"同样是微信的陌生交友功能，其所带来的体验却是完全不同的。

如果你单身，如果你身边没有人陪你，每当下班回到一个人的家中，是不是会感到孤单？感到寂寞？没关系，现在有微信了！打开"摇一摇"，晃下手机，同样害怕寂寞的小伙伴在等着你。点开"附近的人"，可搜索到 2000 米范围之内的微信朋友，可以加为好友，可以互相打招呼，聊得来小伙伴就可以马上一起愉快地玩耍。"漂流瓶"是随机把你发的文字、语音推送出去，万一你有烦心事，却苦于不知和谁去述说，那就到微信"漂流瓶"里倒苦水吧。

在现在这个高压的社会，每个人都会有一个自己固定的圈子，但大多数人特别是年轻人是渴望跳出这个圈子的，怎样才能结识陌生人呢？搭讪？这可不是人人都能做得来的。这时微信出现了，本来算是比较封闭的一个移动 IM 软件，在加入了三个陌生交友功能后立刻吸引了一大批年轻人。

"摇一摇"是随机交友，通过摇手机，可以找到同一时间另一个在摇手机的小伙伴，主打的是偶然性这个牌。

"附近的人"是主动交友，虽然每天在大街上见到这么多人，但认识的人可能不到百分之一，如果看到中意的人想要搭讪而又不敢怎么办？如果两人玩微信的话，打个招呼，轻而易举。这个武器主打的是主动性的牌。

"漂流瓶"是休闲交友，有口难言的朋友扔瓶子，睡前无聊又想休闲一下的朋友捡瓶子，这就是一种缘分。"漂流瓶"是一个休闲牌。

在这个互为邻居都不认识的年代，微信的这几个功能让我们回到了小时候大家住一个小四合院的年代，大家都认识，跟一家人似的，现在大家最缺少的是沟通，朋友圈范围都很小，让我们多一些友情，何乐而不为。

微信七种武器之六——离别钩：微信游戏。

关键词：娱乐。

任何时候，任何地点，游戏都会大受欢迎。从古至今，游戏何止千万种，而这些游戏又让多少人为其疯狂。

德国诗人席勒对游戏有个文艺的定义："人类在生活中要受到精神与

物质的双重束缚，在这些束缚中就失去了理想和自由。于是人们利用剩余的精神创造一个自由的世界，它就是游戏。"

不管怎么说，适当的游戏对所有人来说都是必要的，而微信正是抓住了这一点，从微信 5.0 开始推出了一系列微信游戏，而游戏的关键点正是娱乐性。

《离别钩》被很多古龙迷捧为《七种武器》这个系列小说中最为精彩的小说。而微信游戏的推出可以说是微信吸引用户，扩大影响力最亮的一招。

要问 2013 年最火热的手机游戏是什么，愤怒的小鸟？植物大战僵尸？保卫萝卜？都不是。最火的手游是微信上面一个极其简单的游戏——"打飞机"。

游戏非常简单，用户只要点击并移动自己的飞机，发射炮弹，打掉小飞机就能赢到分数，如果撞上其他的飞机，游戏就结束。游戏画面是手绘风格，玩过的人应该会想到 20 世纪 90 年代的掌上游戏机。

但就是这么一个"打飞机"，刚一推出就爆红网络，一时间朋友圈里晒出的"战绩"满天飞，有人甚至说微信开启了"全民打飞机"时代。以至于以前见面打招呼都是"吃饭了没有？"现在却变成了"你打飞机打了多少分？"

这款游戏为什么能如此销魂？

微信游戏最大的卖点就是排行榜功能。微信小伙伴们玩"飞机大战"玩得热火朝天，就是为了刷战绩、晒分数。很多人就是冲着在朋友圈上的排名去的，如果没有排名的话，肯定火不了。后来微信相继推出的"天天酷跑"等手机游戏无一例外的都加入了排行榜功能。

这种排行榜就是一种用户间最开心的交流，最娱乐的互动。也正是排行榜，我们又多了一个离不开微信的理由。

四

微信七种武器之七——拳头：微信支付。

关键词：快捷。

前面都是长生剑、霸王枪什么的，武器的名字一个比一个犀利，怎么到最后一个武器就变成了最普通的"拳头"？

其实至今仍然有大量的古龙粉丝并不认可拳头是七种武器之一，因为这篇小说与前面几篇小说的思想与作品形式是不同的。但在小说《拳头》中，嬉狼、小马等角色已经超过一个武侠角色承载的内涵，可以说其超越了自身的体裁和范畴，达到了阐述人生哲学的高度。

微信支付对于微信来说并不像之前的功能纯粹是为了吸引用户、创造娱乐，但正是微信支付让微信超出移动 IM 概念，微信支付是微信走进互联网金融领域的终极武器。

打着"快捷"这个平凡口号的微信支付看似普通，实则坚不可摧，威力巨大。

前面说过，统一移动 IM 界的微信终于要向金融界发起冲击了，而微信支付就是它最强大的武器。

微信支付有这么强大！

微信支付功能在微信上面叫作"我的银行卡"，点开一共有几个选项可以让你选，如果你绑定好了银行卡，就可以直接用手机完成这几种支付。充话费，充 Q 币（还打折哦），购买微信商城里的打折商品，还能选座买电影票，甚至还能叫的士、发红包。此处提一下，打车和发红包都是很精彩的故事，后面我们会认真讲到。

如果这些支付都不太猛，那真正猛的是里面不太显眼的理财通！

理财通是腾讯推出的基于微信的金融理财开放平台，说穿了就是个理财产品，你可以把银行卡里的钱转到理财通里面，然后它每天给你利息，而且可以随时存入取出，类似于银行的活期存款。

别人为什么不存银行要存理财通呢？

因为它利率高，高到你无法抗拒。

2014 年 1 月 22 日正式上线那天，微信理财通的收益率就高达7.394%，要知道活期利率才 0.35%，把钱存在理财通里面的收益是放在银行里的 20 多倍！是你，会选哪个？

发现没有？银行卡上的钱转到了理财通里面，而且存在理财通里面的钱也可以随时用微信支付，这下就没银行什么事了，银行们被摆了一道。

微信布局了一盘更大的棋，下了一招妙棋。

微信支付就是微信冲进金融的无敌铁拳，势大力沉！

不知道大家发现没有，在这里并没有把免费短信、语音聊天等功能算成微信的武器。这是因为这些功能是移动 IM 的最基本功能，就像是一个侠客的基本功，如果没有深厚的基本功，那么武器再好，他也是不能驾驭的。好在微信在这方面不说具有绝对优势，但至少是业界领先的，待七件兵器齐飞，微信一统江湖那是自然的了。

微信生活的酸甜苦辣

一

微信，是一种生活方式。

这是微信官方网站上最显眼的一句话。

一个事物，真正的强大是它渗透到生活当中去，真正的繁荣是每个人都离不开它。

微信做到了，"微信生活"就在我们身边，或者我们已经深陷其中。

从聊天到晒生活，从交友到玩游戏，从购物到付账，微信无所不能，甚至连钱都可以存到微信里面去，可以说现在生活中的大半事情都可以用微信来实现。

微信的铁粉们聊天用微信，交友用微信，晒照片用朋友圈，玩游戏玩微信游戏，付款用微信支付，理财买微信理财通等，干什么事都用微信，那么他们过的生活就应该是"微信生活"了。

甚至有好事之人，拍过以微信为题材的微电影，不讨论剧本有多差，演技有多乱，单论微信的出场次数确实对得上微信这个噱头，反正是一股脑儿地把微信的各种功能、用法都往故事里面塞，微信生活的某些方面也确实得到了体现。不管电影拍得怎么样，这也从侧面反映了"微信生活"这个概念是深入人心的。

既然是生活，那么自然是酸甜苦辣四味于一体了。

微信太强大，强大到谁也不知道它会给人们带来什么，下面就来说说"微信生活"中的酸甜苦辣。

酸。

酸是一种什么样的感觉？

个人认为酸是一种稍具刺激性的感觉。在没有味道的时候，来点儿小酸，别有一番风味，很多人都喜欢吃酸的东西。若酸得恰到好处的话，那确实可以算是一种享受了，"酸甜可口"中不就有个"酸"字吗？但如果酸过头了，那可能谁也受不了。

没有绯闻的名人算不得名人。

这句话用在微信身上，很贴切。

不知何时，一个教授写了个退群宣言开始在朋友圈中流传，被称为微信退潮先声。

这个教授是这么说的：我啊，现在已经被微信绑架了，微信里面的东西太多，看不完、回复不完，我要先退出几百个微信群，还要在微信上闭关静修两个月。最后，退群退得手指都按麻了！

在这个微信盛行的时代，怎么就会突然发出这样的声音？

不知道大家注意到他这段话中的一个数字没，几百个微信群啊！教授您这不是自找罪受嘛？要知道有人类学家提出说人类智力范围的极限就是拥有 148 人的社交网络，您光删就删了几百个，微信再好也没有必要这么难为自己啊。

在刚玩微信的时候，这个功能试一下，那个应用玩一玩，哎，挺有趣的。等到玩了一阵子，好友多了，每天发几条语音，在群里吼几声，打个游戏，刷个朋友圈，真是不亦乐乎啊。但是当你迷恋微信，彻底陷入了微信之中，那么你可能就会在某天发现你已经被微信绑架了，离不开微信了，这时候你就会像那位教授那样说：哎呀，微信上东西太多，我玩不下去啦。

这不就是微信生活酸的那面吗？

二

甜。

还有比甜更好的感觉吗？

甜可以用来形容所有美好的事物，比如可以说一道菜"香甜可口"，可以称赞一个美女"甜美可爱"，话说的好听是"甜言蜜语"，日子过的好叫"甜甜蜜蜜"……

说到微信的甜，那自然就是它带给我们的好处了。

最基本的好处就是省钱。当然省钱了，用微信发信息是免费的，只要一点点流量，还可以发语音，在后来寻呼机功能出来后还能作对讲机！我们受移动、联通这些垄断者们"欺负"多年，终于可以扬眉吐气了。

省钱已经够开心了，但是微信不但可以省钱还能赚钱。

微信这个平台很大，大到已经可以开店了。这对那些有商业头脑、会经营的人来说微信可以算是铺满金子的地方。就像当年淘宝一样，第一批在淘宝开店的人现在估计都已经腰缠万贯了，但微信才刚刚开始。在微信上开网店的优势就在于可以直接在微信上一条龙服务，从找商品、谈价格到付款，微信统统可以做到，这点比淘宝强太多。

另外现在还有一个很火的概念叫微信营销，很值钱！比如微信中有很多公共号，当这些号火了，就可为企业用户提供微信营销服务，也就是卖广告赚钱。另外，公司可以用微信来维护与客户的关系等。

就算没有商业头脑，就算不会营销，你只要把钱往微信理财通里一放，那也比一般的投资项目要赚钱的多是不是？

甜，真是甜。

生命诚可贵，爱情价更高。

赚再多的钱，没有一个爱人，那日子过得还有什么意思呢？

微信，不但能帮你赚钱，说不定还能帮你找到自己的另一半。

上文中微信的七大功能中有五个都具有交友功能，可以增进用户间感情。可以说微信现在最强的功能就是交友、交流功能，它的本体就是一款即时通信软件，金融什么的只是在它壮大之后的副业。

而交友功能主要的就是强在那三个陌生交友应用——"摇一摇"、"附近的人"、"漂流瓶"。这三个哥们又出现了，出镜率颇高，但它们确实对微信很重要，正是因为它们带来了强大的陌生交友功能，让微信开始在年轻人中流行，进而影响到全社会的交流。

两人相隔千里，却同在此刻感到寂寞，同在此刻摇了下手机，这难道不是缘分吗？

两人近在咫尺，可能每天都会见上几面，却又素不相识，但"附近的人"让我找到了你，这难道不是缘分吗？

两人没有任何交集，我向微信吐出的苦水，却让你在无数的"漂流瓶"中拾到，这难道不是缘分？

微信能为我们带来这么多的缘分，各位单身的朋友是不是开始心动了？心动不如行动，赶紧打开微信来试试自己的缘分吧，说不定幸福就在不远处。

说句实话，在现实中也的确有朋友是通过微信找到自己的另一半的，如果你不信，你也可以问问你那些爱八卦的朋友，看看微信到底有没有这么厉害。

微信自有黄金屋，微信自有颜如玉。

三

苦。

苦是甜的对立面，可以说是最令人难受的感觉了，谁愿意吃苦？

工具没有善恶之分，但用工具的人有好坏之分。比如枪，在好人手里可以除暴安良，保家卫国，在坏人手里就只能滥杀无辜；罂粟，在医生手里可以变成高效的麻醉剂，但是到了毒贩子手中就变成了臭名昭著的鸦片。

微信也一样，它很强大，但再强大它也只是个工具。当微信到了不怀好意的人的手中时，人们就开始尝到微信的苦了。

山西太原警方有个统计，在 2011 年 12 月 28 日至 2013 年 4 月 27 日的 16 个月间，仅省城发生与微信有关的刑事案件就达 23 起，而且花样繁多，抢劫、敲诈、盗窃、诈骗，啥都有。比这些更恶劣的，因为见微信好友而出现的强奸、杀人案件也是屡见不鲜。钱、物品等身外之物丢了还好，要是身体、生命受到了伤害那真是令人感到痛惜。

此处要提一下，这种微信受害者多数是女性。各位女同胞要小心了，微信诚好玩，安全价更高，切勿轻易相信别人。

除了这些人身犯罪外，很多传统的犯罪也开始出现在微信上面了。2014 年 3 月中旬，南京破获了首例微信传销案。他们传销的不是假冒伪劣产品，而是推行所谓的"微信营销模式"，并附上了研讨会这种高大上的标签。另外利用微信进行情色交易更不是什么新鲜事了。

套用范伟在小品里的一句台词：哎呀，防不胜防！

微信，微信，微微一信你就完了——微信玩家。

除却犯罪，微信上出现失德的情况则更为常见。在说微信甜的时候不是说过微信能帮你找对象吗？但有时候所谓的缘分可能只是感情骗子。

此外，微信作为一个信息量极大的平台，也是谣言滋生的温床。

吃得苦中苦，方为人上人。吃过了这些苦头，我们就要总结教训。

微信的发展，任重道远。

四

辣。

辣是种比酸更具刺激性的味道，一旦喜欢上辣，那是绝对会对辣上瘾的，但并不是人人能吃辣的。

众所周知，湖南人很喜欢吃辣椒，因为很开胃，而且辣到一定程度会很过瘾，特别是冬天，辣起来一身特别暖和。

为什么说微信是辣的？因为一旦喜欢上微信，那是要占用大量时间的，把时间用在微信上面了就不能干其他事了，愿意花这个时间玩微信的人，不管玩多久肯定是越玩越爽的，而不能把大把时间花在微信这个刺激点上，那他是不敢轻易去尝试这个辣的。

微信的辣，辣在占用时间上。

早晨，睁开眼第一件事就是打开微信看看朋友圈；然后在等早餐前，玩盘微信游戏，刷个分；上班上的无聊了发个语音骚扰一下好友；下班回家，孤独寂寞了，"摇一摇"、"附近的人"、"漂流瓶"任君挑选；晚上睡觉前再玩几把游戏，刷几回朋友圈，点上几个赞。

玩微信的朋友有没有这种体验：按下录音键跟好友腻歪完，忍不住多听几次自己俨然陌生的声音？点餐上菜第一反应不是吃，而是用手机"扫描消毒"，附言上传朋友圈？一天最开心的时候莫过于刷新微信朋友圈后出现了一个个赞？躺在床上，用刷微信取代了其他活动？

仔细想想微信的这种辣确实也蛮爽的，至少有事做，比起以前干坐在电脑、电视机前要有趣得多。

笛卡尔说："我思故我在。"微信让我们变成：我发故我在。

这个辣，根本停不下来！

什么武器厉害？

刀剑？只是冷兵器罢了。枪械？还可以。导弹？威力已经够大了。

但是它们都不算厉害，没有人会傻傻去靠近它们。

而微信已经悄然潜入到了人们的枕边，人们还主动向它靠拢。

微信，真是辣得带劲！

第三节 / **金融战场的初胜**

几声枪响惊动了谁

一

前面说过微信已经通过"微信银行"这种形式为它正式进入金融行业探好了路，那么如今，该出手了！

2013 年 8 月 5 日，五代微信带上了它最强的、最令银行胆寒的武器：微信支付。

如果说之前的微信银行是以银行为主角，只是银行向微信借了一个平台，是银行主场，微信做客。微信支付则是以微信为主角，微信向银行借通道，这里是微信的主场，主角换了，自然性质也就变了。

微信支付这才是真正的互联网金融！

第一声枪响了！

微信支付吹响了微信进入金融行业的号角！

好的开始是成功的一半，但凡要成大事必须要有强势的开端。

微信支付是否是响亮的一枪？先让我们看看微信支付到底是什么。

微信支付是由微信和财付通联合推出的移动支付创新产品，微信的支付和安全系统都由财付通提供支持，而财付通是腾讯公司旗下的一个第三方支付平台。

何谓第三方支付交易？说通俗点儿，这个第三方类似于一个担保人的身份。当买卖双方不能见面、不能当场验货时，买家先把钱从银行里转到第三方那里，第三方与银行签了约，有实力、有信誉，可信。然后第三方就通知卖家：钱已经到我这了，你可以发货了。买家收货、验货后，就通知第三方：货没问题，你可以把我放你那里的钱打给卖家了。然后，第三方才把款项转至卖家账户。如此，一个第三方交易才算完成。

这种支付方式很适合互联网上的交易。在买家和卖家之间增加了担保者这个第三方，原本不可靠的网络虚拟关系变得可靠了。

所以说，没有财付通这个第三方支付平台，微信支付是实现不了的。

如此说来，与其说微信支付是微信的一个功能，到不如说它更像是腾讯的一个产品，只是由于微信太火了，所以借用了微信的名字和外壳。

也许连张小龙自己都对微信支付感到吃惊，因为技术流出身的他怎么都想不到一款即时通信软件也能做金融。但是马化腾预见到了未来，他敏锐地洞察到了微信这个平台的不简单，看到了互联网金融的广阔前景。

可以说到了金融战场上，张小龙这个"技术帝"已经难以驾驭微信了，现在微信真正的总指挥已经变成了腾讯的"大管家"，马化腾。

不过要强调一下，微信支付并不仅仅是腾讯把财付通和微信打通这么简单，微信支付虽然用了财付通的牌照和后台，但是微信支付的账户和财付通是彻底无关的。

但是，不管怎么样微信支付都是要靠微信这个平台才能实现的，微信支付这把枪的枪栓只有微信才能打开。

我们或许可以换种说法：腾讯要攻进金融界，要微信，要让微信成为它征战金融沙场的一员得力干将，于是赐予了它一把神器——微信支付。

这样，似乎更为贴切。

这个神器到底有多神？

二

在微信支付出来之前，第三方支付在国内已经很常见了。一类是以银联为代表的金融型支付企业，它们更注重支付产品的开发。另一类就是以支付宝为代表的，以在线支付为主，背后有大型电商做靠山的平台，微信支付就属于这类。还有就是各个银行的第三方支付，银行也不是傻子，多渠道化盈利还能不乐意？

但在支付界，支付宝的地位是公认最强的。微信支付要有所突破必须过它这关，而支付宝也是微信支付在金融界最强劲的敌人，后面我们也会多次提到它。

既然已经有这么多支付了，还有强大的支付宝，微信支付有何竞争力？

强在纯粹，强在简单。

纯粹，微信支付是一个纯粹的移动支付手段。

不知道大家发现没有，微信支付根本没有网页端和电脑客户端，因为它根本就不需要。微信支付要抢占的市场是移动支付市场。

统帅决定战争走向，马化腾在这场支付战争中的指挥艺术是顶级的。他明白在 PC 支付端，在电商支付领域，支付宝及其身后的阿里巴巴已经形成了绝对的优势，想要在这几个领域有所发展无异于与虎谋皮。这里打不赢，我们就换个地方打。巧的是，移动互联网这个"东风"突然间刮了过来，这么好的机会马化腾能放过？大手一挥，微信全力进军移动支付。

微信本就是个移动 IM 软件，再加上庞大的用户规模、极高的活跃度，而且微信支付被设计得更加符合移动支付习惯，可以说微信支付就是为移动支付而生的。因此微信支付一出世，就比移动支付界的其他同类产品要高出一个档次。

与马化腾一样，阿里巴巴的马云也是顶级的战略家，他也早早地预料到了移动互联网时代即将到来，支付宝也有一个叫支付宝钱包的移动支付端。但是他没料到移动互联网来得如此之快、如此之猛，他也没料到马化腾的出手是如此的果断、如此的迅速。

微信支付上线后，马云和阿里感受到了极大的威胁，之后支付宝近乎疯狂地推广、升级支付宝钱包，阿里系也相继推出微淘、千牛、来往等一系列移动端工具来抢夺移动支付市场。

但为时已晚。

移动支付市场上，纯粹的微信支付已占得先机！

简单，微信的一贯风格，在微信支付上也体现得淋漓尽致。

简洁的界面，简易的操作，还有初代"打飞机"的那种简明的风格，等等。可以说"简单"一直是微信团队所苛求的一种风格。

简单，意味着方便、快捷，这就是微信支付作为一个功能的最大卖点。

用淘宝购物，我们先要登录淘宝账户，选好商品后点击购买，但淘宝网是不能付款的，在点击支付后，接下来则会自动跳到支付宝的支付界面，如果支付宝里有钱就可以直接付款了，没有钱的话还要登录网上银行去付款（后来出了个快捷支付，不要再登录网银）。

只有三四个步骤，不是挺少的吗？但如果网速不好的话，哪怕只有一步，那对用户来说也是折磨，甚至会出现支付失败的情况。这样也形成了一个有趣的现象：用淘宝网购买过的人，十个人里面似乎有六七个人分不清淘宝账户和支付宝账户，而能记得清支付宝登录密码的则是少之又少。

如果说几年前的淘宝购物还算快的话，那么微信支付出来后，它可是真是慢爆了。

支付宝除了保障连接安全还要保障账户资金的安全，而微信支付只需要保障微信和银行卡的连接安全。

为了保证便捷，微信支付将移动支付以外的东西全部砍掉，微信支付的页面上只有银行卡标志，不存在余额的概念，更不存在微信之外的某种支付账号。

在微信支付的过程中，支付这件事重新变成了你用银行卡直接付款，而不是你通过第三方支付来付款。

一步到位，简洁明快，微信支付已经变成了一个新时代的"移动ATM"。

往往最简单的，才是最厉害的。

纯粹的、简单的微信支付，正是微信踏上金融战场响亮的第一声枪响！

<h2 style="text-align:center">三</h2>

虽说微信进军金融界是司马昭之心——路人皆知的事，但是微信支付这第一枪却还是引起了全社会不小的骚动。打铁需趁热，微信在支付战场上打响第一枪后，马上在理财领域打响了第二枪。

2014年1月15日晚，在微信"我的银行卡"里，一个叫理财通的应用悄悄上线。顷刻间各大媒体，金融各界都炸开了锅：理财通的力量并不亚于微信支付，甚至要强于微信支付。

理财通是基于微信的金融理财开放平台，说白了，就是搁在微信里的一个理财产品。比起支付来说，做理财、卖基金所具备的金融属性那是要明显许多的。

理财通，就是微信在金融战场上的第二枪！

其实在理财通出来之前，支付宝的"余额宝"就已经在金融界闹得沸沸扬扬，大赚一笔了，这使得有些人把与支付宝类似的理财通戏称为微信里的"余额宝"。但支付宝可没这么轻松：在移动支付上的痛还没缓过来，那个微信又来动另一块"蛋糕"了。就比如你开一家店叫"××馄饨"，突然有一天对面开了一家"正宗××馄饨"，能不着急吗？

事实证明，支付宝的担忧是很正确的。

财付通在正式上线前一天，也就是2014年1月21日，其年化收益率就高达 7.394%，而余额宝的收益率只有 6.423%，相差将近一个点。而经过 6 个工作日，11 个自然日后，理财通的规模就已经超过百亿元。

但作为财付通的前辈，早出生半年（这对互联网金融来说已经很久了）的余额宝很强大。要知道截至 2014 年 1 月 15 日，余额宝规模已超过 2500 亿元，100 亿元的规模对它而言只是一个零头罢了。

不过从理财通出世后的强劲表现来看，虽然在短期内要撼动余额宝的地位还是有点儿困难的，但也足以在传统银行手里分一杯羹，而且微信与支付宝的很多用户群是重合的，能吸引过来那是再好不过了。

我们可以预测在这个理财战场上又将是一场微信与支付宝的龙争虎斗。那么理财通作为一个理财产品靠什么来吸引用户呢？

首先，最明显的优势就是微信的社交属性和庞大的用户群。微信有 6 亿用户群，再加上朋友之间口口相传，理财通在用户和资金的增速方面是不会存在任何阻碍的。事实上，在理财通的测试版本中，一个小时内就达到了测试金额的上限。

其次，理财通的背后是华夏基金。华夏基金本来是国内的货币基金老大，但不久前却被阿里控股的天弘基金所超越，要知道天弘基金在傍上阿里之前只是一个无名小卒。华夏基金早已蓄势待发准备大干一场。华夏基金良好的口碑也是理财通的一个优势所在。

最后，就是财付通一直高喊的口号：高收益率。收益高一分，自然吸引的人多一分，都是投资，安全性都有所保障，收益是多多益善的嘛。

微信支付、理财通，微信进入金融界的头两枪。

虽然只是两下枪响，但足以震撼全世界！

偷袭还是要诈

一

话说微信以微信支付作为第一枪终于冲进了金融界，地点是移动支付战场，并在移动支付市场上占领了先机。但是优势并不是胜利，更何况优势并不大，为了扩大战果，在这一枪的背后，更大的行动已经展开……

2014 年的春节流行一种说法"抬头望春晚，低头看微信"，为什么会出现这个说法？可能那会儿大伙都在抢"红包"呢？2014 年中国马年春节前夕，微信上一款名为"微信红包"的插件悄悄上线。但谁也没料到这个低调的类似游戏的应用会引起轩然大波。

事后有统计，从除夕至大年初一下午 4 点，在两天不到的时间里，参与抢微信红包的用户超过 500 万，总计抢红包 7500 万次以上。领取到的红包总计超过 2000 万个，平均每分钟领取的红包达到 9412 个。

如果刚看这些数字没什么感觉，再来看看这几个疯狂的事情：

最会抢的小伙伴：截至除夕夜，抢红包最多的人一共抢了 869 个！

最土豪的小伙伴：截至 2014 年 1 月 29 日中午，最给力的土豪已经发了将近 200 个红包！

最眼花的瞬间：微信红包最高峰出现在除夕午夜时分，瞬间峰值达到每分钟有将近 2.5 万个红包被拆开。

……

微信红包为什么会这么火？

各方众说纷纭：有的说微信"红包"的分享是建立在用户彼此之间的信任上，游戏娱乐性更强，所以用户也更愿意主动分享。有人说是因为病毒式营销，在一个群里发了一次红包，然后又鼓动群里别人发，然后各种群都在发，最后几乎每个人都领到了好多红包，皆大欢喜。有的人说是游戏性和社交性的结合才让微信红包具有如此大的魔力，甚至有网友认为微信红包颠覆了朋友的定义，百年不见的也可一起玩……

但是还没等人们吵出个结果，另一条令人震惊的消息在网络上疯传：微信仅用 2 天就绑定了 2 亿张个人银行卡，在几天的时间里干了支付宝 8 年才做到的事情！

微信红包是怎么火的不重要，重要的是火了的微信红包能为微信带来什么。

微信红包带来的并不只是噱头，而是多到让支付宝汗颜的绑定银行卡的用户！

如果这一切是真的发生得如此之快，那么马云和阿里巴巴将彻底凌乱了！

之前，马云还在内部邮件中指示：既然是支付战争，就要有来有往，我们要打到企鹅的老家南极去。没想到，几个月后的一夜，微信仅仅出了一个春节红包测试版，马云自己的老窝就将面临不保，支付宝在移动支付端的希望被重创，这对于期待在移动端发力的支付宝，简直不能想象。

但这或许只是吓唬马云的，微信红包只不过是微信的空城计而已。

二

其实大家仔细想想，1天要绑定1亿张银行卡，这么惊人的数据，有很大可能并不是真实的，其中最大的漏洞就是数据并不是腾讯官方披露的。

事实也证明了这只不过是一个传言。

这个流言传出不久后，腾讯财付通产品总监吴毅就出面否认，并公布了一些数据，虽然仍未披露用户数，但参与活动最多一天的除夕，也总共只有482万人，而且并不是所有参与者都绑定了银行卡。

如此一来各方媒体、评论员都感叹道这微信原来只是虚张声势，而马云或许也在心里松了一口气：微信也不过如此。

真相出来不久后，马云还发表声明：微信你这是偷袭我啊，就像当年日本鬼子偷袭珍珠港啊，哎呀，防不胜防。

要知道那时日本虽然偷袭珍珠港成功了，但最终可是"二战"的战败国。按他这潜台词不就是说：先让你微信占占便宜，等我回过神来，分分钟搞定你。

对此微信表示不发表任何言论。

但就在马云觉得微信红包只是微信制造噱头的空城计之时，或许已经陷入了微信以及腾讯的另一个计谋——反客为主之计！

反客为主之计出自三十六计第三十计：

为人驱使者为奴，为人尊处者为客，不能立足者为暂客，能立足者为久客，客久而不能主事者为贱客，能主事则可渐握机要，而为主矣。故反客为主之局：第一步须争客位；第二步须乘隙；第三步须插足；第四步须握机；第五步乃为主。为主，则并人之军矣；此渐进之阴谋也。

环环相扣，步步到位！精彩！

而我们的微信或许在不知不觉中已经实现了其布局的第三步了。

第一步，争客位。

庞大的用户群体，强大的影响力，再加上誓死进入金融界的决心，在未正式进入战场之前，互联网金融就已经为微信留下了一席之地。

第二步，乘隙。

乘着移动互联网的春风，在马云和支付宝还未反应过来的时候，微信推出了微信支付，强势杀入移动支付领域，打了支付宝一个措手不及。

第三步，插足。

通过理财通微信已经在到处找支付宝的麻烦，然后暗中积蓄力量，等待时机进行反击了。

之后第四步"握机"，抓住时机，推出微信红包、滴滴打车，再后面的第五步就是由客人变成主人，实现对支付宝的逆袭了。

马化腾和微信真是下了一盘很大的棋啊！

事实证明，马化腾的确棋高一着。2015 年，在 8.5 版支付宝钱包联合天猫、新浪微博推出包括个人红包、接龙红包、群红包和面对面红包在内的四种红包玩法的合力围攻下，微信也不甘示弱，与央视春晚合作推出"摇一摇得红包"。除了传统的现金红包，微信还增加了祝福语、互动页面、祝福贺卡，甚至上传全家福等，这都让红包内容更加丰富和生动。除夕当日微信红包的收发总量就达到了 10.1 亿次，送出超过 5 亿元的现金红包以及超过 30 亿元的卡券红包！当然，这都是后话了。

主客之势常常发生变化，关键在于要变被动为主动，争取掌握主动权。

微信现在在金融战场俨然已经成为一个能主事的强客了。微信红包或许只是强客给马云和支付宝的一个下马威，如果此时的马云掉以轻心让微信抓住机会，主人的位置就会有被夺走的危险，而那则疯狂的流言或许就会变成现实。

看似只是虚张声势的"空城计"，实则是一出漂亮的反客为主之计！

伪空城计，真反客为主之计。兵法有云，虚则实之，实则虚之，"微信红包"是空城计？是反客为主之计？抑或是两者皆有的连环计？

妙哉，妙哉！微信下了一步妙棋。

正面交锋，双赢还是两败俱伤

一

如果说微信红包是微信的偷袭的话，那么同时出现的滴滴打车与快的打车的打车补贴大战则可以算是微信与支付宝的一场遭遇战了。

而这，也或许是两者的第一次正面交锋。

滴滴打车和快的打车都是打车软件。什么是打车软件？

现在的城市越来越大，出行需求也越来越多，公交地铁不给力，开车又麻烦，"打车难"似乎已经成为城市的通病。为了解决这个问题，打车软件应运而生，客人可以便捷地通过手机发布打车信息，并立即和抢单司机直接沟通，大大提高了打车效率。

既然是手机软件，那么必然属于移动互联网的范围了，正在移动支付战场大打出手的微信和支付宝怎么能放过这个香饽饽呢？

早在2013年8月，快的打车就接入了支付宝，而此时距它正式上线也只有3个月。

2014年1月6日下午滴滴打车宣布独家接入微信，支持通过微信实现叫车和支付。

打车大战正式开始！

怎么战？乘客用我们的软件叫车、付款，我们帮你出一些车费，司机用我们的软件接客、收费，我们发点儿奖金给你。

说的好听点儿是补贴，说的不好听就是烧钱，微信和支付宝给出去的车费和奖金还真不少。2014年1月10日，滴滴打车软件在32个城市开通微信支付，使用微信支付，乘客车费立减10元、司机立奖10元。要知道大多数城市的出租车起步价都不要10块钱，我出门打个车说不定还能挣上几块钱。

随即，1月20日，快的打车和支付宝也宣布：乘客车费返现10元，司机奖励10元。再让微信这么搞下去，那以前的用户肯定都跑那边去了。但还没完，第二天，支付宝再次发表声明表示还要提高补贴力度（直接点儿说，就是烧钱力度），司机的奖励增至15元，跟我玩？

就这样烧钱烧了足足有一个月，微信扛不住了，滴滴打车宣布对乘客补贴降至5元。看见微信这个对手终于低了一次头，支付宝终于可以得意了：他们就降价了？我们可不降，用我们快的打车的乘客还是保持10元补贴！而在此期间，也确实让不少乘客和司机转战到了快的打车。

但支付宝似乎得意的太早了。仅仅一个星期后，2月17日上午，滴滴打车和微信发表声明：将对乘客、司机的奖励从之前的5元重回10元。微信真是难缠的对手！

当天下午，快的打车和支付宝随之跟进，将补贴提高到11元，并宣布永远比同行多一块钱。随后微信支付补贴悄然升至12元，最高补贴20元（补贴是随机发放），还送游戏福利。快的打车也不示弱，又把补贴金额调高到 13 元了！

你投 5 亿元，我补 8 亿元，你加 10 亿元，我也追加 10 亿元，双方真是战得不亦乐乎。

他们这是闹哪样啊？看着一次比一次高的价格战，各方议论纷纷。

各大媒体、评论员表示：你们把这么大把的钱就"烧"在出租车上面是不是有点儿浪费？

出租车司机和消费者表示：喜闻乐见，请两位土豪继续。

然后微信和支付宝则表示：别人笑我太疯癫，我笑他人看不穿！

他们主要的目光集中在移动支付市场上的争夺，主要目的是圈到足够多的用户，占据更大的移动支付市场。烧这么多钱可不是白烧的，有数据显示在现实打车 App 市场上，快的打车占 41.8%，滴滴打车占 39.1%，两家公司的市场份额超 80%。

而另外一个目的就是为培养用户的打车习惯和支付习惯。一旦这个目的达到了，人们离不开打车软件了，就到了哥俩收钱的时候了。别看现在送的欢，说不定什么时候就又回去了。

但可以肯定的是，在这场"烧钱大战"中，司机和乘客得到的实际利益只是冰山一角；真正的利益在于腾讯和阿里借出租车找到了移动支付的入口。

二

滴滴打车 PK 快的打车的烧钱大战会一直持续下去吗？结果又将如何呢？微信和支付宝谁才是最后的赢家？别急，咱们接着往下看。

2014 年 8 月，滴滴打车、快的打车均停止了司机端的 2 元现金补贴，意味着持续了半年多的打车软件"补贴大战"暂时告一段落。截至 2014 年 9 月，中国打车 App 累计账户规模达 1.54 亿元。快的打车、滴滴打车分别以 54.4% 和 44.9% 的比例占据中国打车 App 市场累计账户份额领先位置。此外，这两大打车 App 的人均启动次数也有所提升，其中快的打车的活跃用户人均启动次数为 15.82 次，滴滴打车则为 12.55 次。

然而不过四个月，快的打车和滴滴打车这对冤家重燃战火，打车软件的竞争又一次进入白热化。先是微信"封杀"支付宝，快的打车的红包发送到微信里收到的却是"发送失败"；接着滴滴和快的在"双十二"那天竞相打出补贴牌，"你免起步价，我送红包"，轮番提高补贴额的"车轮战"再次上演。

战况到此，结果如何？

从市场份额来看，快的打车所占的份额是要稍稍高于滴滴打车的。

据易观国际的最新统计数据，截至 2014 年 12 月底，中国打车 App 累计账户规模已达 1.72 亿元，较 9 月，滴滴打车市场份额占比提升了 2%，快的打车占比则下降了 1.6%。

但是，从软件的产品和服务上看，两者的差异并不大，而这也是导致价格战的原因之一。

说不清两者谁更安全，但便利性还是有不同的。即使微信用户数目庞大，微信支付用户却仍无法和支付宝的用户群相提并论。虽然微信红包的偷袭吸引了不少用户，然而习惯是最大的竞争对手，用惯了支付宝的朋友是很难放弃支付宝而转投微信的。

当然，微信支付也有自己的优势，他有很多兄弟来帮他，比如说微信游戏。

"每周通过滴滴打车使用微信支付超过 10 次的乘客，可以获得腾讯提供的整体价值超过 100 元的'全民飞机大战'大礼包"，"滴滴上下班，快乐打飞机"。过着微信生活的同志们是不是很惬意？

2015 年初，快的和滴滴又一次杠上了。滴滴打车在春节期间推出新一轮滴滴"春节大礼包"活动，每人派送最低 233 元的打车券和专车券，快的打车也不甘落后，发放了总价值超过 10 亿元的红包，包括 1000 万个现金红包和数亿个打车红包。大家伙儿正一心沉浸在满天飞春节红包中，快的和滴滴这对冤家却在"情人节"握手言和，联合发表声明实现战略合并。两者的合并吞下了中国打车应用市场 99% 的份额，甚至有可能诞生一家估值超过 60 亿美元的公司。

至此，阿里巴巴和腾讯在打车软件领域的硝烟似乎逐渐散去，但这两家公司在更为重要的在线支付以及在线银行领域的竞争却仍在继续。

第五章

草根之梦

　　没办法，时代进步太快，草根快跑吧。事实上，智慧的草根们发起的革命正是互联网金融变革的根本力量！互联网金融发展到今天，竞争格局简直是百花齐放、百家争鸣。

　　无数的革命先烈就是顺应时代潮流，才赢得胜利的。在互联网"草根"革命此起彼伏的今天，"草根"之梦的实现更加不能站错队！

　　如果说技术革命时期创新为王，最大特征是能从无到有地创造出新的产品；那么在互联网"草根"革命时期，模式为王，学习和消化吸收已有技术的能力就是最重要的能力，最大特征就是以极其低廉的代价大量复制已有的产品。

　　传统金融 vs 互联网金融，且争且繁荣，普惠金融和大众金融在路上，且行且珍惜。

第一节 / 草根文化

历史上的草根们

19 世纪的美国正流行着淘金狂潮，当时盛传的一句话，吸引着一批又一批冒险家纷纷向太平洋西岸推进。

加利福尼亚发现金矿！

圣弗朗西斯科也有金矿！

一波又一波的移民潮，人们都放下手边的工作从密西西比河不断向太平洋西岸推进，试图一圆淘金的梦想。

这句盛传的话就是："草根生长茂盛的地方，下面就蕴藏着黄金！"

被社会学家看到，咦，"草根"，非常适合平民大众嘛，于是乎，草根一词成为了"基层民众"的代名词，越来越火。

对根植于国土之中的草根，早在 1600 年前，陶渊明老先生就"抱怨"过它顽强的生命力。"种豆南山下，草盛豆苗稀。晨兴理荒秽，带月荷锄归"。真是不爽，我起得比鸡早，睡得比猪晚，披星戴月不辞辛劳，明明种的是豆苗，但是田里的草就是比豆子旺盛！

白居易更是深表赞同，他大笔一挥，"离离原上草，一岁一枯荣。野火烧不尽，春风吹又生"。草根繁密茂盛、枯荣相生的形象从香山居士的笔下到了百姓传唱的口中。

草根无权无钱无地位。

但也正因为广大的草根阶级无权无钱无地位，所以必须拥有强大的生命力，用战胜死亡的年轻，用不屈不挠的努力，开创属于自己的时代！

讲两个很久以前的故事吧，因为这两个故事非常重要，是草根奋斗开创新时代的典型。

一

康乾盛世，我国封建社会的晚期，农民依然是在最底层挣扎，上有官官相护重重克扣，下有不测风云天灾人祸，翻身的可能性趋于负无穷。但是出身贫民的潘启辍学做船工，下海贩卖物资，再到自己开商行，成为草根奋斗改变命运的典型代表。

潘启属农民世家，贫苦艰难，自然是上不了几年学的。在解除海禁后，辍学到海边给人当船工，就此揭开了他传奇一生的序幕。

闽南有句俗语："行船走马三分命。"海上作业非常危险，但是风险与收益是孪生兄弟。风高浪大一不小心就尸骨无存是经常的事，另外海盗猖獗死无全尸也是有的，但是潘启勇猛，三次驾船南下吕宋（即菲律宾群岛中的吕宋岛），贩卖茶叶、丝绸、瓷器等物品给各国商人。

注意，那时候，潘启驾的船还是帆船，气候、洋流都会影响商船的行程，不能及时返航的时候，潘启只得逗留吕宋。塞翁失马焉知非福，吕宋是贸易集散地，聚集着各国各路商人，西班牙的、英国的、葡萄牙的。也就是在被困吕宋期间，潘启爱学习的本性暴露，不断找各国商人交流感情、练习外语。于是这三趟高风险的出海不负潘启所望，人生的第一桶金有了，行商的人脉关系也有了，值了！

靠命赢得资本后，潘启开始谋求稳定的生意。当时清政府开放广州为通商口岸，他觉得机会无穷，就离开福建，南下广州。机会无穷，但是机会是给有准备的人的啊，潘启不懂洋行，便给洋行打工，打工的时候把洋行上下打点得服服帖帖。学有所成之后，便于乾隆七年（1742年）左右向清政府请旨开设同文行，自己做行商的老板。因为诚信经营的名声在外，又有之前下海习得的各种外文，许多外国商人都喜欢跟潘启进行贸易往来。

不得不提的是，潘启非常有远见，他率先使用汇票结算，提高效率，促进资金流转。

广州十三行商总，18 世纪"世界首富"，名头还真不是盖的！

二

说到汇票，那在当时可是一个了不得的金融创新，其先进程度基本上就相当于今天的电子钱包。不过正如电子钱包的诞生不是偶然的，汇票的诞生也不是光靠运气的，人类文明的进步从来都是有迹可循的。

清嘉庆年间，商业繁荣，贸易扩展，资本往来从来没有如此频繁。民间金融发展至此，已相当成熟，自由市场的推力与金融企业家的创造力，在漫长的交易过程中逐渐形成了各种金融形态，民间筹资的合会，为城市小商贩提供无抵押贷款的印局，还有炉房、当铺、账局、钱庄等。但是当时并没有地方提供汇兑，所以，商人在各省买卖货物，需要带着现银交易，大宗的资金则只能雇请镖局押运，万一出现几帮土匪劫财，那风险实在太大了。

穷则思变，自古如此。

"凡是有麻雀的地方，就有山西商人"，山西人从商的历史可以追溯到周朝的晋唐时期，但真正崛起是在明代。

雷履泰就是出生于经商世家，只不过家道衰落，又因父亲过早去世，家境贫寒，只在年幼时读了一些书，之后就没有机会再进学堂了。

不过贫穷是最好的大学，这话一点儿没错。

当时，西北人赌博流行押宝，雷履泰的第一份工作是在宝房看把式。少年雷履泰就是在专门看管这些把式的场合下，改变了腼腆害羞的性格，也练就了一副好眼力和快速心算：宝盒一开，各人的输赢算得分毫不差。凭着这一手本事，他很快被西裕成颜料店的二少爷看中，带到西裕成做学徒。

不过这个故事还有另一个版本。说有一天，西裕成财东李大全和朋友在城隍庙赶庙会，碰到一个摇头晃脑的算命先生。算命先生拦着大财东，指着人群中一位风流后生说："李老爷你若能把这后生收下日后定大发其财。"李大全就纳了闷了，忙着："这话怎么讲？"算命先生答："这小子看着风流成性，挥金如土，但实为百年难得一遇的奇人，李老爷您要是信得过鄙人，金山银山可就指日可待啦。只不过这后生想去哪、想干啥你都得依着他。"李大全听后说："行，那我就养活他，反正我养得起，看看这后生到底是什么奇才。"

不管是哪个版本，反正雷履泰是走了狗屎运，进了西裕成。西裕成可不是那么好进的，在当时的平遥颇具规模，资产雄厚，分店都开到了北京、天津、汉口、重庆等很多地方，怎么着也比得上现在的世界500强了，说不定财东还能上《福布斯》排行榜。

到了西裕成，得先从学徒开始做，先是学端茶倒水、察言观色，小心翼翼侍奉掌柜，一个眼神、一声咳嗽也要领会其中的含义；后是拿起算盘打得噼里啪啦响，提起毛笔写出端端正正的楷书。学徒到这种程度，未来才可能会有点儿奔头。而雷履泰的层次远远高于这些个级别。

东家一看，好家伙，不错啊，去京城的分号锻炼锻炼吧，于是卷卷铺盖去了京城。雷履泰在京城，日子过得真是肥美啊，每天就是陪富家子弟吃喝玩乐。今天斗蛐蛐，明天上馆子，后天逗鸟。说到逗鸟，这雷履泰居然花了二百两银子买了一只百灵鸟，十足的败家子啊。可东家却没有生气，为什么？因为这只百灵鸟后来送给了大清朝一人之下万人之上的太子（也就是日后的道光皇帝），博得太子欢心，区区二百两不在话下。就这样，雷履泰借着百灵鸟打开了戒备森严的皇宫大门。

打开门之后，自然也就成了常客。有一日，雷履泰进宫去看见太子愁眉不展，便问其因。太子说："年成不好，全国响马四起。救灾银两和粮草经常被抢盗，国库空虚。父皇（嘉庆）龙颜大怒。"雷履泰灵光一闪，道："如太子能让我面见皇上，在下有妙方防止现银运送被盗抢。"太子忙说好，雷履泰与嘉庆促膝长谈，说发行票号既不用劳师动众，又能防止现银被盗抢，嘉庆立即采纳，向民间筹集银两，就这样中国第一张汇票诞生了。据说，后来西裕成光年终上缴皇宫的税银，用骡马驮着就能填满京城十里长安街。

第一张汇票发行后，雷履泰便想着创立票号，可是，金融创新哪里有那么容易？困难重重，最关键的两个技术问题亟待解决。

其一，当时富人用银两，穷人用铜钱，而且各地银两和铜钱的成色不一，分量不一，实在是难倒了雷履泰，被逼急了，他想出了个"平色余利"的法子，不仅解决了货币成色分量不一的问题，还带来了"平色"之后一度占到总盈利的 1/4 的余利。用装酷一点儿的现代金融学专业术语说，就是典型的套利业务。

其二，万一有坏人仿制汇票怎么办，这个问题和今天的假币问题一样。雷履泰头痛啊，为了提高汇票的印刷和安全性，想尽各种办法，密押、背书、微雕都用上，还把水印技术搬了出来。终于解决了防伪问题，取得了社会的信任，"一纸汇票，汇通天下"的奇迹就出来了。

于是，道光三年，我国第一家票号——日升昌创立。那时候的票号就和现在的银行很是接近了，存款、放贷、汇兑、代办结算、债务清偿、发行银两票等无所不包。由于几家大票号的总号都设在平遥，不显山不露水的平遥城差不多就是大清国的"金融中心"了。

票号的出现，金融企业家们说归功于金融企业家的智慧，信奉市场的人说它生于市场的自发秩序。反正和今天很多的互联网金融的草根故事一样，这是一个读不起书的贫寒少年走向票号银行始祖之路的励志故事。

由此，我们可以一探古代"草根"们的共性——扣住时代脉搏、极有先见之明、实践经验丰富。今天的很多草根和他们一脉相承又继往开来。

每一次的思想解放和社会变革，都会随之派生出相应的文化现象——这是被无数史实验证过了的。新礼服兴，翎顶补服灭；剪发兴，辫子灭；爱国帽兴，瓜皮帽灭；天足兴，纤足灭；阳历兴，阴历灭；鞠躬礼兴，跪拜礼灭……这是民国时期的流行歌曲之一。

自汉武帝"罢黜百家，独尊儒术"以来，"三纲"之首是君臣关系，皇帝至高无上，管政治，管经济，管社会风气……连皇帝娶了什么样的小老婆，民间也能跟风（肥女杨玉环皇恩正盛之时，民间"不重生男重生女"，以胖为美）。

辛亥革命太猛，推翻了"铁打的江山，流水的皇帝"这一常规，再加上文化权威的消失，无政府主义、自由主义、三民主义、社会主义等具有完整系统的新价值体系成为了大批中国知识分子的新信仰（都说现在的人缺乏信仰，说民国时期的民主人士舍生取义多么爱国，其实那时候的人，在一个青黄不接的时代，要找信仰，当真是很难）。

随着新时代的改革开放，草根文化日渐繁盛。市场经济的发展、意识观念的革命和科学技术的进步，对社会大众道德观念、爱好趣味、价值审美产生潜移默化的影响，大众文化和平民文化渐成气候。

以阳春白雪占主流的雅文化的格局已然被打破，"副文化、亚文化"

正在冲击着社会主流文化。马克思说得特别精辟，社会存在决定社会意识。这些文化现象体现着社会民众的心理诉求，折射出草根阶层的生活状态。

刘向辉总结的三浪理论如是阐述：每次产业革命都有三次浪潮，一是技术革命，二是商务革命，三是草根革命。

如今，信息革命的第三次浪潮——互联网草根革命正在袭来。

互联网金融的草根革命

自 2013 年始，互联网思维如同一场当代的文艺复兴，"搅局"一向"门禁森严"的金融业，仰仗大数据、云计算、搜索引擎和社交网络等信息科技，依托渠道、用户、黏性、流量等独特优势，阿里巴巴、腾讯、百度、新浪、京东、苏宁等互联网企业探索出了一套不同于传统金融机构的业务模式，开始在金融领域跑马圈地。

活跃在这波浪潮里的"新兵"们——P2P 网贷、智能理财、垂直搜索、众筹平台等互联网金融形态一茬接着一茬，一派欣欣向荣。金融"新贵"、"新兵"们和互联网"草根"们正在打破固有的金融格局，改变传统的金融业态。

这是一场中国式的草根革命！

经济学是一种很玄的东西，如影随形，让各路人马都无力抗拒。它在很久以前告诉我们，金融这个东西可了不得，是一国经济的命脉，在优化资源配置、服务实体经济、降低实体经济系统性风险方面无人能敌。可是它在告诉我们这些的时候，忘记把有相似性质、相似效果的互联网一并告知我们，也忘记提示我们，在草根的鼓捣下，互联网金融之路会越走越宽、越走越远。

我们本以为互联网金融当前已经发展得如此卓尔不群，超凡脱俗！

其实我们只看到了其发展潜力的冰山一角。

今天，在路上的我们，只得向"如来佛祖、玉皇大帝、观音菩萨指定取西经特派使者花果山水帘洞美猴王齐天大圣孙悟空"借一双火眼金睛，探个究竟！

一

阿里巴巴是中国最大的电子商务公司吗？如果你的答案是肯定的，那么你一定是忘记了中国银联和工商银行网上银行吧，它们比阿里巴巴或淘宝大几十倍，甚至几百倍！

中国银联仅银行卡跨行交易额仅 2013 年就高达 32.3 万亿元，而中国工商银行网上银行交易额仅 2013 年就达到了 380 万亿元。

互联网金融早在 1995 年就悄无声息地进入了我们的生活，只是后知后觉的我们直到今天才有切肤之感。

没办法，时代进步太快，"草根"快跑吧。事实上，智慧的草根们发起的革命正是互联网金融变革的根本力量！互联网金融发展到今天，竞争格局简直是百花齐放，百家争鸣。

所谓"生态"，一是环境；二是物种；三是规则。互联网凭着迎合用户体验的内在基因，吸引了大量的粉丝把守在各个端口，移动支付端更是流量和黏性齐飞，再加上搜索引擎、云计算、大数据三辆马车，更重要的是 6 亿多的铁杆网民，生态基础一应俱全！科技改变生活，人类新的需求不断产生，而满足这些新需求的产品和服务就是物种！只差规则了，规则正蹒跚走在路上……

为了建立自己的互联网金融生态圈，为了布局自己的互联网金融帝国，大家斗智斗勇，你方唱罢我登场。

玩法 1：电子货币。

虽然之前疯炒一时的比特币已经不再被人们疯抢，QQ 币等虚拟币也仅仅是具有一定的金融属性，但是支付宝、国付宝、百付宝、物流宝、网易宝一个个气焰嚣张，不到黄河心不死！财付通、盛付通、腾付通、通联支付、易宝支付，一个个有备而来，不达目的誓不罢休！

玩法 2：互联网金融电子商务类公司。

互联网金融电子商务类公司太大、太宽泛，各个分支不得不自成一派：

（1）互联网的金融化，苏宁、腾讯、京东等电商企业盼星星盼月亮一样地盼着民营银行牌照，望穿秋水，只看花落谁家。

（2）第三方的金融产品销售，兼容第三方基金销售之后，又开拓新的贷款产品销售等多种形式，杭州的全球网、数米基金网，上海的融道网、天天基金网，北京的融 360、好贷网……一派"万类霜天竞自由"

的和谐景象。

（3）综合型的互联网金融公司，阿里金融、腾讯金融、金苏财富，每一个都是稳扎稳打、步步为营。

（4）P2P 模式的贷款平台和众筹模式，这两种直接融资模式得到众多风险投资人和贷款人的青睐，购销两旺。

玩法 3：互联网金融技术类公司。

第三方支付和软件开发技术是各大互联网公司的大后方。

2006 年美国总统大选，面对无数的底层民众，如若没有精选团队强力的宣传攻势，仅凭奥巴马一人的力量怕是连"海选"都不好进，更别说作为美国第一位入主白宫的非洲裔总统了。今时今日，各互联网金融公司，以史为鉴，做好第三方支付和软件开发的后台支持工作也是成功的关键。

互联网金融像一股旋风，卷着草根呼啸而过，只留下传统金融机构，望其项背。

这场景非常熟悉。话说这几年雷军含辛茹苦，把小米一手带大，迎面多少冷言冷语嘲笑，这哥们都闷头不语。直到小米站稳脚跟之后，雷军才眯起他的小眼睛，淡淡一笑，现在很多公司开始学小米，这是经历了三个阶段：第一个阶段叫看不起，第二个阶段叫看不懂，第三个阶段叫学不会。

"看不起，看不懂，学不会"形容传统互联网机构再恰当不过！

二

在没有互联网的日子里，各个银行拉存款的战斗历史源远流长。传统的四大行雄踞全国，大型银行也在急速扩张，外资银行不是猛龙不过江，地方性中小银行更是遍地开花……紧俏的资金，群雄林立的竞争格局，光怪陆离的现象也就让人见怪不怪了：银行行长陪客户喝酒喝到胃出血、银行存贷比考核日利息高达 5‰、客户取款频频遭到推诿，再加上红粉军团、资金掮客……为了拉存款，我国的银行可谓花样百出。

可如今的社会主流 80 后、90 后的生活却"可以一日无银行，但不可一日无网络"。

所以现在，即便是这样的日子，银行也过不上了。

因为互联网金融的"草根"革命如此迅猛：第三方支付节节攀升，每年都倍数增长，250 个第三方支付的执照已经下发，可以预见未来几年的大爆炸局面。如今，银行三大职能没有一个能保全，融资、中介还有财务管理，互联网企业都在一一蚕食，最开始只是支付，然后是用支付沉淀的数据做贷款，最后通过互联网卖各种各样的"宝宝"。

呜呼哀哉！银行的蛋糕所剩无几！

2014 年 1 月，存款大搬家已成为银行体系不得不面临的生存难题。一中型股份行总行人士忧心忡忡："存款下得特别厉害，1 月我们行存款流失将近 500 亿元，大家压力都很大。"（互联网金融公司可能会说：这话错了，是你们银行的压力都很大，我们的日子可爽着呢，谁让你让我们有空子可钻！）

互联网企业凭着"快捷"二字，横扫江湖，巨大的现金流和信息流合作，告诉客户"绕过银行直接交易"，斩断银行和客户的联系，从经常见面到偶尔见面最后到永远不见。

三

长期以来，中国证券行业的产品同质化严重，盈利模式比较单一。说起来，资产管理业务、IB 业务、投行业务、自营业务、融资融券、财务顾问貌似非常的高端大气上档次，但是事实上，我国大陆证券公司最主要的收入来源就是交易佣金，一般都占各个公司收入的 9 成以上。

现在，"草根"互联网金融革命的号角一吹响，纯通道经纪业务面临巨大冲击。看看淘宝的价格战，实体店被打得有多惨。网上经纪业务也一样，没有营业厅的扩张和成本压力，规模经济一下子就来了。

证券公司，你还要硬着头皮提供单纯的通道业务吗？你确定打得赢价格战吗？你还敢把收入的赌注压在佣金上吗？

刚才我们胆子有点儿小，还只是想象网上经纪业务的兴起对证券公司的影响，但是，如果经纪业务不存在了呢？你证券公司又怎么办？

如今，你想在股市淘金就必须先在证券公司开户，而有了互联网金融，所有的机构和股民，都可以直接在交易所开户。有小道消息称，上交所的老总说现在就完全可以做到所有机构和股民在交易所开户。

也许你会说证券公司还有其他业务啊，比如投行业务，帮助企业上市融资，再比如做金融的行业研究分析。

哈哈！那只能说明你还不够了解互联网金融，"草根"们这一次是动真格的了！

出招咯！您看好咯！

互联网金融最帅的就是融资工具箱的设计，在完全大数据的高度计算能力下，只要有每个企业的数据，就能够计算出时间序列上的每一个时点的违约概率。这意味着，很多企业，比如中石油、中石化、阿里巴巴等，完全不依赖于银行贷款或者上市融资，他们可以直接在网上挂出融资工具箱，谁愿意投资、谁愿意借钱，每天计利分红，完全可以做到。企业的估值在市场上随时变化，大家可以随时买金融产品，随时兑换、随时兑现。

哦，对了，您刚才还说了研究业务。研究靠的是什么？是数据，是大量的历史数据，做研究不就是用历史数据来预测未来吗？以大数据为代表的新技术将成为证券研究的重要支撑。

分析师靠什么吃饭？靠分析研究能力，判断未来价格的变化，赚取差价或者手续费。然而，在互联网大数据的今天，分析师的失业只是程度和时间问题。2014 年 4 月 1 日，股票分析网站 Seeking Alpha，不论在投资回报上还是盈利预测上，表现皆远胜华尔街分析员和财经媒体。获 Google 等"金主"鼎力支持的哈佛博士生开发出集资料搜集、处理与分析功能于一身的电脑程序 Warren，既能有问必答又能提供买卖建议，活脱脱就是一个没有躯壳的证券分析员。Seeking Alpha 和 Warren 的终极任务是把分析员集体赶出华尔街，由它们这些个"电脑股神"取而代之——金融世界变天之日不远矣。

从业务层面颠覆证券公司并不是互联网金融草根们的最终目的，互联网金融的草根们不仅要做你证券公司做得到的事，还要做你证券公司做不到的事。

举一个小的不能再小的例子，个人理财从传统意义上而言，只是一种财富的额外增长方式，但是现在互联网金融的个人理财，P2P 的发展乃是一种社交意义上的个人金融。互联网金融做到了证券公司做不到的事，那就是把个人理财逐渐变成草根民众的一种生活习惯，而不仅仅是富人的玩意儿。

四

虽然互联网金融的新产品狂轰乱炸，但也都是小米加步枪，对抗不了全美械装备的王牌军，目前还不能从根本上撼动传统金融机构的地位，但正所谓冰冻三尺非一日之寒，滴水穿石非一日之功，坚持和不断创新才能为互联网金融提供源源不竭的动力。

作为我国汽车行业自主品牌，安徽江淮汽车从 2013 年"3·15"在"生锈门"事件上被央视报道了之后，2014 年又在"假国四"上充当了炮灰的角色。原以为 49 岁的江淮汽车经历"生锈门"漫长的大手术后会好起来，结果 50 岁又出病痛，销量也开始节节败退。究其原因，客户诉求得不到合理解决，售后服务不到位，简而言之四个字——"不得人心"。

细数历史上的多数战争，决定输赢的因素往往是人不是物，这场互联网金融的战争亦不例外。传统金融机构若还是如此拒草根民众于千里之外，故步自封夜郎自大，不得人心也是迟早的事，"心"都不在你这儿了，绑着"人"也没用，你说是吧？

"民心"，如果用更时尚一点儿的词来翻译一下，就是"用户体验"。

大家肯定还记得上文提到微信之父张小龙，他说用户体验的目标是做到"自然"，和余额宝的客户体验"简单，才是最好的"如出一辙。

看看如今炙手可热的产品，iPhone、微信、余额宝……无一不是"简单自然"的极致呈现。iPhone 的触摸开锁，小孩不学就会，因为触摸是人的天性。微信的"摇一摇"上线后，很快就达到每天 1 亿次以上的使用次数。自然和人的天性是一致的，自然的模式才更有生命力。

"简单而自然"的体验自然赢得了众多拥趸——因为"自然"，所以"自然而然"地使用它、习惯它。

如何做到？

"1 万小时定律"说，人们眼中的天才之所以卓越非凡，并非天资超人一等，而是付出了持续不断的努力。只要经过 1 万个小时的锤炼，任何人都能从平凡变成超凡。

也许这就是乔布斯的"直觉"，这就是张小龙的"自然"，这也是周晓明的"简单"。

这里扯得有点儿远，但是中心思想是：注意点儿，如果搞得不好，互联网时代的"民心"——用户体验就"故人西辞黄鹤楼，黄鹤一去不复返"了。

中国电子商务研究中心陈虎东很霸气地说了一句："只需 10~20 年，直接融资模式下的 P2P 与众筹模式将会取代传统金融模式。"

不过也有人说：互联网金融的如火如荼是在"耕别人的田，荒自己的地"。

更有人说：互联网金融仅仅是渠道创新，不仅没有触及根本，反而会提升成本，最终嫁接于民众，监管又没有到位，会造成金融业的混乱，因此这是互联网的又一个超级大泡沫，只是泡沫刚好着床于金融。

但是经济发展周期历来如此，潮涨潮落。做时代的弄潮儿，你怕了吗？

第二节 / 梦想的实现

P2P 炙手可热

一

互联网金融的一波一波风起云涌，P2P 更是行情火爆，现在，一个 P2P 平台，月交易额做不到二三亿元，都不好意思说自己是做 P2P 的。

按这么猛的趋势，2014 年能做到 30 亿~50 亿元这个数量级的 P2P 平台，少说也有 15 家，既包括官办的"高大上"平台，也有从互联网领域杀进来的"新贵"，还有深藏功与名、不管专业级还是非专业级玩家都不知道，但是交易额拿出来能吓死你的"少林扫地僧"。

P2P，无论是小清新还是贵妇人的扮相，其本质都一样，就是民间金融（典型代表是高利贷）的互联网版。

我国民间金融一直有两个主力玩家，一是小贷公司，二是担保公司。

小贷公司被束缚住了手脚，不能吸收存款、发股发债，只能用自有资金放贷，但是哪里有那么多的自有资金，于是动用私人关系吧，左手借点儿钱，右手加两个点，再放出去。如此一来，一笔资金要经过数个二道贩子才能到达最终用款方，有时候通道成本就有 10%。P2P 可以解决这个问题，于是乎，小贷公司成为了 P2P 的铁杆粉丝，P2P 的第一派"小贷派"就形成了。

另一派"担保派"也在酝酿。

担保公司本来是帮银行分散风险的，但是银行给的保费少得可怜，担保公司辛辛苦苦，一分钱活钱都挣不到，还硬扛着那么多的风险。担保公司的老板也不傻啊，偷偷地找活自己干，放贷挣钱去。但是，担保公司为放贷违法找资金的路子又带有很多灰色手段，风险太大了。所以，P2P一出现，担保公司的老板就抓住了，他一下子就解决了老板们的两大难题。因此，P2P炙手可热。

可是，热到一定程度，那是会烫手的。

P2P平台老板卷款跑路的速度比当年温州老板还要快。

投资者如何分辨出打着P2P旗号招摇撞骗，一旦筹得巨款就迅速潜逃的骗子呢？P2P平台又应该如何管控风险？

二

最早把陌生人间的借贷生意搬到互联网平台上的是拍拍贷，拍拍贷一直在摸索着如何管控风险，坚守到现在的"纯线上"模式，也是无数次试错试出来的。

2006年，拍拍贷四位合伙人还在与金融不相关的领域各自忙碌。顾少丰创办的"菠萝网"成为了当时国内最大的播客聚合平台；张俊正在微软效力；CMO胡宏辉在职业律师路上乐此不疲；而最后加入公司的CRO李铁铮还徜徉于上交大的校园中。

最初创业想法来自于顾少丰，他无意中关注到了诺贝尔和平奖，那一年诺贝尔和平奖归属于创立"穷人银行"——格莱珉银行的孟加拉银行家尤努斯。尤努斯将27美元借给45个穷人，均获得了按时还款的故事让顾少丰开始思考，这种小额借款的模式能否在国内推行。

于是顾少丰摇醒了大学时睡在他上铺的张俊，又找来了高中同学胡宏辉。当时全球知名的P2P平台Prosper和Lending Club都尚未面世，并没有什么可供模仿的样本。几个工科男只是模糊地感到金融领域的开放、民间借贷的阳光化、互联网与金融发生交汇都会是未来的大趋势，却还想不清自己的业务模式。

但路总是人走出来的，顾少丰关掉了风头正劲的菠萝网，视频网站的域名、办公室、系统维护人员直接转成了拍拍贷班底。2007年6月，拍拍贷在上海注册成立。

最开始拍拍贷尝试过尤努斯穷人银行的"五个人一个小组"的思路，但很快，这个依靠熟人发展业务的方法被证明无法走通，因为熟人间的借贷看重快捷，而在拍拍贷上，平台注册、借出方充值、借入方提现甚是麻烦，熟人当然不习惯了。

于是转向开放平台，想借钱进来的向平台提交个人信息、借款用途等，拍拍贷审核资料真实性、判定违约风险，想借钱出去的挑选借款人和借款项目。但是审核资料与判断风险的工作并不轻松，惨痛的教训比比皆是。最开始只能用最笨的办法——实地考察，凭见面时候的印象感觉。奔忙在考察客户的路上，张俊对线下逐个考察用户的方式逐渐绝望了。

多年理工科背景积累的关于计算、模型的思路此时帮上了忙。所以啊，年轻人，不要着急，你读的书，你受的苦，关键时刻都是能派上用场的。他们琢磨着，要不建一个数学模型吧，系统性计算借款人的违约概率。信用评估模型就此落地，判断标准来自于几位创始人积累下的经验假设，不断扩大的用户群也让模型的评判标准日益完善，如今违约率也取得了 1.5% 以下的好成绩。

三

从 2007 年到 2014 年，艰辛的成长路上，拍拍贷几乎都在扮演一个孤独的前行者。截至 2013 年末，国内可统计的 P2P 平台已增长逾千家。可此时，最先起跑的拍拍贷的身影却显得更加孤独。业内风起云涌的后来者，几乎都不同程度地将线下模式嵌入了 P2P 平台，并向用户做出"平台或第三方担保机构垫付本息"的承诺。而拍拍贷依然坚持着创业之初"不做线下、不垫付本息"的纯平台模式，只为来自线上的用户做撮合交易，由客户自己承担可能出现的违约损失。

安家世行杨大勇看不过去了，劝说道：顺势而为吧，得清楚中国目前仍是以间接金融为主，直接金融还没发展到那个时候，P2P 平台承诺担保本金的目的是保护投资者。

万惠投融董事长陈宝国更是直指问题的核心，中国信用体系不健全，不像美国那样有大征信、大数据，所以早期效仿欧美做线上审核的 P2P 平台都转向担保。因此，万惠投融采取"中介+第三方融资担保"的模式也就不难理解了，陈宝国自信地说，目前坏账率不到千分之一，且可由第三方融资担保机构全部兜底。

拍拍贷的创业团队，像一群略显落寞的理想主义者，坚守在他们的理想国中。

并不是缺少推广线下合作的机会，但是张俊坚持自己做的是平台而不是渠道，平台不承诺垫付本息，是拍拍贷在创业之初就定下的铁律。

为什么要定下这个铁律，为什么要遵守这个让拍拍贷丧失很多机会的铁律？

拍拍贷一直对自己有绝对的自信：线下信审是传统银行审核贷款时一直在做的事，成本非常高、链条非常长，我们肯定不会去做；P2P 平台提供担保首先不合规，其次不能保障安全。

张继拍着胸脯说：拍拍贷 100 多万的注册用户，已经有 6 万多的成功借款人，在这样一个分散的投资环境里，一两笔坏账可以在其他投资的收益中覆盖，甚至可以忽略不计。而且拍拍贷的信用评估模型会帮助投资者判断风险，从而达到优化资源配置的目的。担保本金的平台反而有巨大的风险，最终受损失的还是投资人。因为有了这个机制，不管把钱借给谁都会有平台的担保，投资人唯一要做的就是去抢那些利率高的借款项目。但往往那些利率高的就可能是骗贷。本来这些骗贷应该被市场淘汰，但现在都能借到钱，相当于把风险都转移到平台上了。

而现在，拍拍贷所坚持的基于线上大数据模型和运营系统带来的效率优势正在显现，以该公司目前 150 人的员工规模计算，平均每个员工每个月贡献已接近 50 万元的交易量，而线下为主的 P2P 公司月人均贡献交易量仅在 4 万元左右。

理想的坚守，究竟会让拍拍贷日益被边缘化，还是走得更远呢？答案其实掌握在监管者的手中。2014 年初刚刚出台的"国办 107 号文"，首次将 P2P 等新型互联网金融业务归入了影子银行之列，这意味着嵌入了资金池、理财产品模式的 P2P 平台，随时可能迎来监管风暴；而做出垫付本息承诺的 P2P 平台，可能会迎来资本金监管条例。与同行们惴惴的心情大相径庭，行业的规范化方向却是拍拍贷对理想坚持的最好回报。

对 P2P 确定了监管框架，给这个野蛮生长的产业带来了规范的气息。互联网金融的大旗迎着烈烈长风，我们期待着新的行业秩序和江湖纷争。

互联网保险新业态

"一入淘宝深似海"，购物车里各式商品排成长龙，付款时，大家都会"手贱"自动勾选"购买运费险"，虽然大多数商品都不会退，但是有心理作用：万一退货，12 元的运费就不用自己出了。

但是今天淘宝运费险的购买金额已经悄然上涨到了一两块钱，大家依然"手贱"自动勾选"购买运费险"，同时心里恨恨地骂一句：涨得这么快！

幕后的操盘手是华泰财险，"大狐狸"露面！

摆在大狐狸华泰财险面前的是一桌丰盛的大餐——淘宝的运费险只是一道开胃小菜"鼹鼠"，与京东金融合作的"个人账户安全保障保险"才是主打大菜"红烧野兔"，与苏宁易购合作的"人在囧途险"和"BOSS莫怪险"更是刚上的新鲜主菜"蜜汁牛蛙"和"清蒸斑鸠"，与携程、艺龙、去哪儿等在线旅行网站，和首都航空、祥鹏航空、春秋航空、西部航空等航空公司的合作产品算是完美的配菜"虾蟹蚯蚓"。

可不要以为这些互联网创新险种和 2013 年出来的"中秋赏月险"、"脱光险"一样，仅仅是华而不实、哗众取宠。

这样的宣传自然是噱头十足，但是卖得好不好关键取决于它的实用性，只有切合消费者的需求，才能大卖。春运期间面世的"人在囧途险"和"BOSS莫怪险"上线不到半天时间就卖出了上千份。

个人账户安全保障保险更是给消费者更多惊喜，可全年保障个人名下所有银行卡、网银、第三方账户因盗刷等造成的资金损失，最高可保 50 万元。

这样的卖法，华泰离赢得用户体验和口碑的那一天还远吗？仅 2013 年底，华泰和淘宝合作的退货运费险的投保件数就高达近 10 亿件，截至 2013 年底，华泰财险电子商务保费收入 8.8 亿元，同比增长 143.9%，占个险总体保费的 78.3%。

保险的天性适合电子商务，无须生产，无须仓储，无须物流，只要有用户需求，就即刻生成保单。

深知这一天性的不止华泰财险这一只"大狐狸"，"老狐狸"正在蠢蠢欲动。

"老狐狸"以电商平台为革命老窝，这个平台上需要什么第三方服务，"老狐狸"便拉着伙伴们刀耕火种地做起，成立独立公司先为平台提供服务，成熟后再开放为社会提供服务，生意越来越大，形成一座又一座护城河。

没错，这个"老狐狸"不是别人，正是马云，这个平台不是别的，正是阿里巴巴。

"老狐狸"做支付宝，顿时第三方支付风生水起；"老狐狸"做物流，发誓做到"全国一日达";"老狐狸"做药品，搞到了中国医药界最大的数据资源。

这一次，"老狐狸"又捎上了马化腾和马明哲。

三人成"众"嘛，于是"众安在线"呼之欲出！马云想在阿里巴巴拓展保险生意，那么马明哲和马化腾又是动了什么样的心思呢？

近两年，线下的中国平安做得太好，太没有挑战性了，于是马明哲想把麾下的各种金融产品搬到线上去卖卖看，不过这只是他的第一重境界，第二重境界是趁热打铁，打造一个金融产品的网销大平台，代销各种各样的金融产品以成为金融界的阿里，到了市面上所有能卖的金融产品都拿到线上卖了的时候，就开始修炼第三重境界，那就是挺进虚拟财险以及网络贸易的新产品领域，咱们一起开辟新的保险大战场。

中国平安很是争气，已经修炼到了第二重境界，"陆金所"便是为此而生！对于马化腾，众安在线的商业价值和战略价值就更加明显了，除了其同样拥有的电商 B2C 平台易讯、C2C 平台拍拍外，公司旗下其他资产未来同样有可能有再保险领域拓展的机会。

想想看，既然个人账户安全保障险可以卖，那么 QQ、微信号的安全保障险也可以卖啊，一旦开发出来，每月活跃用户 8.08 亿的 QQ 和每月活跃用户 3.55 亿的微信，那将是一个多大的需求市场！

一个道理，腾讯的游戏账号、游戏装备、金币等虚拟物品的保险同样可以卖。疯了，疯了……

保险人的互联网金融梦想就是如此，他们敢想敢做，正在追梦的路上。

众筹的力量

一

一个热爱音乐的独立音乐人，每年都开跨年音乐会，他想把 2013 年跨年音乐会的录像做成一张 DVD，可是没有资金支持运作也没有广告宣传。

一个非常年轻的插画师，非常喜欢《山海经》，设计了一系列以山海经故事为主题的插图——《山海经杯垫》。但是在做出样品之后，同样没有资金去做，也不熟悉销售渠道，更不清楚是否有市场需求。

一个沮丧的工业产品设计师，他的创作永远只在递出一份设计图纸后就终结，因为最后的产品，往往要经过客户的修改。但他渴望亲手做出实现自己想法的产品，比如一台线条简单、依靠植物生长就能运转的电子钟。一个身患癌症的"80后"漫画人，她希望将自己记录抗癌过程的谐趣漫画印制成书，送往全国医院，让病痛中的人笑一笑。

两个IT男厌倦了码农的生活，想在拉萨开一家客栈。

……

你一定想问，这些梦想，最后都实现了吗？

是的，最后都实现了。

他们找到了点名时间，讲述了他们的故事，展示了他们的梦想。于是，"微电站"成功批量销售了，《山海经杯垫》打开了市场，"滚蛋吧肿瘤君"在一些医院开始传播，两个IT男也把客栈开到了拉萨。

就像百度模仿谷歌、微信模仿Kik一样，点名时间模仿的是Kickstarter。Kickstarter连接"有创意、有想法，但缺乏资金"的草根和"有资金，也愿意捐款支持好创意"的其他草根，面向公众募集小额资金，帮助有创造力的人实现梦想。

寻找资金支持的创意者是草根，给予资金支持的投资人同样也是草根。

草根创意者说："梦想是免费的，但实现梦想的代价往往高昂，烦琐的执行细节，大量的金钱投入，失败将带来的沮丧，第一步很难跨出，但点名时间给了我希望。"

草根投资者说："点名时间让我有一种支持别人梦想的冲动，让我发现自己对梦想的渴望。"

有意思吧？有意思！

有意思的平台自然是要有意思的人才能创造出来的。

何峰，数学和计算机专业，不要以为学数学都每天研究数学模型公式推导，也不要以为学计算机就是专业码农，生活中除了代码还是代码，何峰崇尚的是发散思维，自我展示，特别会讲故事的他也喜欢听故事。他一句"你负责梦想，我为它埋单"不知惊艳了多少人的内心，也不知预购了多少梦想。

何峰可是名副其实的优等生尖子生，新加坡读的高中，斯沃斯摩尔学院读的本科，还拿了双学位，斯坦福商学院读的研究生，太风光了！可是另一个创始人张佑却是中途辍学，但是他打工的地方可就多了，旧金山中文电台、人间烟火、蛮秀网路电台、意欲蔓延、哇塞中文网、华渊、新浪网、lycosasia、skysoft、愿境网讯、yahoo!、奇摩、联络家、奥美广告、戏楼、快拍公园、cnex 他都待过。这哥们换工作就像换衣服一样，不，可能他的衣服还没有他待过的地方多。

蔡啸，玩摇滚的程序员，痴迷 beyond，喜欢摇滚一姐罗琦，在自己的微博上吐槽《我的中国梦》，怀念《我的中国心》。

喜欢展示自己的何峰、换工作就像换衣服的张佑、热爱摇滚的蔡啸，还有学电脑美术的史林林就在点名时间开始了自己的创业之旅，一路不断有人带着梦想加入这趟旅程。

如今，作为支持梦想类众筹网站老大的点名时间已经有将近 100 家线上线下媒体、超过 150 个投资经理和超过 100 家来自世界各地代理商、超过 10 家代工厂的支持。

排行老二的是觉 Jue.so，个性十分温婉，静谧恬淡，不声不语。"你见，或者不见我，我就在那里，不悲不喜"。

排行老三的是淘梦网，淘梦只做一样，独立微电影。

二

"老三"做微电影的门槛很低，只要掏 200 元，你就是投资人。

但是有个门槛更低的，只要掏 100 元，投资的还是热门影视剧作品。此时，"老狐狸"又出场了，因为门槛更低的就是"老狐狸"推出的娱乐宝，可谓一箭三雕！

第一只"雕"：粉丝们花 100 元投资影视剧，不仅可以关注创作动态、与明星互动玩乐，还可以获得年化收益率。

第二只"雕"：对电影制作方而言，娱乐宝带来的不仅是资金保障，还是最真实的用户声音。"用钱投票"产生第一手的用户数据，这是影视娱乐行业的新风向标，从投资制作环节就对内容产生影响。

第三只"雕"：对影片本身来说，将有更多的影视黑马奔腾在草原上。当年，《泰囧》、《疯狂的石头》、《失恋 33 天》都是导演拿着剧本"四处化缘"，才最终得以和观众见面。

"老狐狸"想要的是什么？想要讲 Netflix 和《纸牌屋》那样的故事，通过"娱乐宝"平台用户对影视行业的反馈，实现所谓的"大数据创作"。

互联网已经深入到文化金融领域，是"文化被资本挟持"还是"文化产品将更加接近民众代表草根的声音"？从来都是仁者见仁智者见智。

那么，去"娱乐宝"投个 100 块钱，以后就可以说自己是电影投资人了，再去把微博认证改成"著名电影的出品人之一"，最后还可以跑到杨幂面前骄傲地对她说："我是你投资人，你知道吗？"

第三节 / **逆袭之道**

"逆袭"，网络游戏常用语，区别于正常的由玩家向 NPC（非玩家角色）发动攻击的方式，指在逆境中反击成功。最早出现于 1971 年的《归来的奥特曼》。这里指草根们在互联网金融领域淘金成功。

草根们热血沸腾，开足引擎，驱赶团队前进，前景太美，尽管再危险，总有人黑着眼眶熬着夜。我们看到了越来越令人哗然的投资金额，我们也看到了更多更先进的产品，还看到了更加残酷的淘汰，以及成功的极少数和牺牲的大多数。

让我辈草根踩在巨人的肩膀上前进，前进，前进！

顺应潮流

俗话说，八月十八潮，壮观天下无。1916 年 9 月，孙中山偕夫人宋庆龄来到浙江海宁盐官，观看钱塘江大潮。浙江的钱塘大潮、革命洪流，激发了孙中山先生的灵感，写下了那句千古名言，值得后世时时刻刻警醒：

世界潮流，浩浩荡荡，顺之则昌，逆之则亡！

无数的革命先烈就是顺应时代潮流，才赢得胜利。在互联网草根革命此起彼伏的今天，草根之梦的实现更加不能站错队！

——

互联网公司迅速崛起，正在以重建者的姿态，不断向传统金融业发起了渗透和冲锋。这个新兴的领域风起云涌，每个参与者都在寻找适合自己的玩法。

我们就来看看我国的互联网金融都有些什么玩法。

玩法一：在线 P2P 模式，以拍拍贷为代表。

玩法二：以阿里巴巴、京东为代表的电商介入金融领域所形成的金融模式。

玩法三：人们最早熟知的，涉及银行体系的第三方支付模式，人们最了解的支付宝就是这种模式的代表。

玩法四：服务金融机构的互联网企业。

各互联网公司各取所需，阿里金融致力于构建金融生态系统平台，人人贷将外来模式 P2P 演化成本土 O2O 模式，传统金融巨头平安玩转 P2P……

中投谢平同学更是分三个角度对互联网金融模式进行了详细论述。第一是金融的基础设施——支付方式，要不你以为支付宝支付和微信支付斗得那么有劲干什么，就是要抢占基础设施，让用户习惯他们的线上支付，借此植入自己的各种服务。

第二是资源配置的核心——信息处理，互联网金融模式下的信息处理依靠的是大数据，马云的电商如何取得今日的霸主地位，都是因为把握了资源配置的核心，心里有底才敢笑傲江湖！

第三是金融的根本目标——资源配置，互联网金融提高传统金融的效率，才有活下来的理由，不然，瞎折腾什么呀。

大家可曾记得抢到"微信红包"时的开心得意？我见青山多妩媚，青山见我应如是。我们玩得开心得意之时，微信红包也在背后偷着乐。

"微信红包"绝不仅仅是为了这一款应景的春节游戏，而是为了用户们能够知晓并且选择他们的支付工具，甚至在线下的衣食住行都用他们来支付。线下的衣食住行！看看，他们的"狼子野心"！支付宝总裁樊治铭毫不隐晦："干掉现金，我们的使命就是这个。"事实上，支付宝离完成自己的使命并不遥远了。

"代发工资：9576 元；信用卡快速还款：3052 元；支付宝快捷支付：5000 元……"这是某白领一个月的账单。

干掉现金？可是现金是无主的。其实就是干掉传统金融机构的霸主地位。互联网公司们图谋的是巨大的线下支付市场，而这本是银联的地盘。一直以来，支付宝这种起家于互联网的第三方支付机构只能赚取线上支付里微薄的手续费。现如今，这微薄的手续费已经不能让支付宝得到满足了。

于是，支付宝们开始建立一种全新的商业模式，为用户提供一种全新的费用模式。为了推广线下 POS，绞尽脑汁。"咻咻"的声波支付，二维码的扫描支付……最终都因成本问题而全面停止。然而"神马"都不能阻挡互联网公司的决心！

他们又在谋划着虚拟信用卡。一旦虚拟信用卡发下来，可以让支付宝形成一个完整的金融闭环，甚至不需要再通过银行。但是个人征信始终是互联网公司进军金融业面临的难题，兵来将挡水来土掩，大数据就是来解决这个问题的。

哇，又一次"平权"运动！

历史又在重演！

很久以前，只有企业才有信用，有信用才能透支，进货的时候，说一句"哥们，这段时间手头资金有点儿紧，现金流不够，这次先欠着，有了再给！"而个人只能在经常买杂货的小卖店赊一包烟，还要经常被催。后来，几家美国石油公司想出了一个主意，即发行一种卡，允许顾客凭卡购买汽油并且以后付账。再后来，这种简单而实在的想法成为了现实，有了信用卡以后，个人也有了信用体系，能够享受和企业一样的权利。

然而，互联网金融，最后到底会发展到什么样子呢？传统金融体系的附属？另辟蹊径的金融体系？个中关键在于互联网金融能否实现大量的资金分流，从源头上切断银行对互联网金融的约束。

一旦互联网金融能够实现资金流的自我掌控，使得大部分资金能够停留在互联网金融的土壤之中，不必去经过银行的传统渠道，那么，一个全新的，可以和银行相抗衡的金融体系也就诞生了。而这样的金融体系才能称作传统银行真正的竞争对手！

二

互联网企业想替代银行当然不够格且差距还远着呢，就连最起码的标准都达不到，一不能合法吸储放贷，二不能沉淀资金。

要想替代银行，看看那一道道大门，都上着锁，并不是敞开着任谁都可以自由出入的。

互联网金融已经从渠道、数据和用户等方面截留了部分原有的银行客户，以及大部分银行不愿也不想去服务的客户。从发展路径上看，下一个截留的对象就是银行的资金流了，而这个截留的关键在于获得银行牌照。

话又说回来，牌照其实只是一个作弊器。别人没有，你有的时候，你就很牛；但是，等人人都拿到了，你就没有任何优势了。

拿到银行牌照并不意味着万事大吉。过去 10 年的高盈利都是资产的升值，而资产的升值很多时候是"双刃剑"，一旦经济不景气，贬值最快的就是当初升值最快的。不管是旧有的国有商业银行们，还是近来的"新贵"互联网金融企业们，只要经营风险业务，就是暴露在极大的不确定性面前。

2008 年的金融危机，美国倒了数百家银行，任凭那么多银行有 50 多年的历史，任凭雷曼和贝尔斯登全球领先的评级，还不是忽喇喇似大厦倾，昏惨惨似灯将尽！

而创办于 1762 年的巴林银行，当时多么风光无限——英国王室是它的客户，巴林家族先后获得五个世袭爵位，竟毁在一个 28 岁的毛头小子手里！

银行经营是受资本约束的，这决定了银行业的暴利只是绝对额的暴利，而不是资本回报率的暴利。银行赚了很多钱，那是因为银行砸了很多钱，我国银行业的平均资产回报率不到 1.5%，而重资产企业的平均资产回报率在 5%~10%，轻资产企业可以达到 20%。

我国的信用市场不发达，金融界近乎 90% 的业态都是通过银行业实现的，所谓的信托、证券等金融业态，混到最后都成了银行的"小妾"，依附于银行而存在，间接融资的比重如此之高，背后就是因为银行"一支独大"，极强的挤出效应造就了银行的绝对利润额。

民营银行拿到银行牌照，结局是升华还是落寞？银行业的生存危机如何化解？能否适应制度变革加速的互联网时代——这就是答案！

三

银行的暴利是因为砸的钱多，那么有没有不需要砸那么多钱，也暴利的事情做呢？且听我慢慢道来！大家都知道，中国没有所谓的中产阶层，除却高富帅都是草根。当前，游戏行当最是挣钱，而且还不烧钱，他们的目标都是蓝领草根们。

现代的关键词就是"迷茫"，游戏的种种设计刚好解除了"迷茫"，玩家需要做什么，怎么做，做到最后有什么结果都全部清晰地呈现在眼前。所有人都在追求"对世界的理解"和"对自我的肯定"。

游戏世界提供及时反馈，砍怪时怪物头上冒出的数字、出招的音效、伤血的红字和加魔的蓝字都是给玩家最直观即时的反馈，有了这样的反馈就有了可控感。而且，每打死一个怪物，做一次任务就会得到奖励，就是对自己能力的一种肯定。

更为重要的是，游戏世界只有一个规则——"人民币法则"：只要花钱就能拥有权力。但现实生活却未必如此，生活中得不到的满足感，在游戏中花费一点点钱就能得到。

游戏支撑起中国互联网的半壁江山，这是草根的贡献，对于他们来说，现实生活中的压抑和空虚，在游戏世界都得到了发泄和填充。

谈到互联网创业，季斌感慨道"得草根者，得天下"。

也正是因为如此，2012年移动互联兴起之后，职业创业者季斌再次创业，这样便有了"百思不得姐"与"不得姐的秘密"两个当红App。

季斌的创业成功秘诀有二：一是掌握基本国情——中国只有高富帅和草根；二是知己知彼——避开视频板块强大的竞争对手，转战图文板块。

然而，得草根者得天下，这是真理还是巧合呢？盘点那些成功运用草根经济学的企业，他们是如何俘获草根的心的？这些当红的大赚草根钱的企业，或许也包括百度、YY、360、巨人网络、淘宝网、光线传媒、盛大文学，等等吧。

逃不掉的"二八法则"，草根经济更接近"二八法则"中的那个八，而不是二。

草根经济的商业基础是什么？

单个消费者贡献的消费额不高，但由于普遍意义上的无力感所造成的大量草根，使得最终总量极大。当然不会有人花个几十万元去打游戏，但是我们也看到游戏月ARPU值也就是个几百元，但规模一大，相当可观。这个关键就是，少数"大钱"的总量远远比不上无数"小钱"的总量。

好好赚草根的钱，这是中国互联网业的真理。百度是赚海量草根中小企业的钱，淘宝是赚海量草根网商的钱，腾讯更是在大赚海量草根网民的小钱。

四

赚谁的钱就必须知道满足谁的体验。产品叫不叫座，最关键的是用户体验，但是用户很多时候也不知道自己想要什么。

神奇的互联网却知道用户想要什么，因为用户告诉了它，它给用户呈现的是比用户自己的期待值还要高的体验，并且是持续不断的刺激用户，帮用户找到新的问题和解决新的问题。

腾讯公司虽然每次都不会第一个去吃螃蟹，但是模仿之后围绕用户的"微创新"才是腾讯成功之道。腾讯公司的团队擅长揣摩用户心理，分析用户需求，从小处着眼进行微创新（其实最开始也谈不上擅长，只是因为觉得重要，才重视，后来才擅长的）。

不管是游戏、团购还是其他产品，围绕用户体验的微创新才是王道，腾讯的一路走来，处处打着用户体验的旗号，吹着微创新的号角。

1999 年马寨主推出 QQ 时还是模仿 ICQ，而 2000 年，QQ 就千秋万代一统江湖了，坐上了即时通信市场的王者宝座。

草根 QQ 是如何打败高富帅 ICQ 的呢？QQ 的微创新体现在哪里呢？

高手过招立见分晓：ICQ 换个电脑以往好友就消失，而 QQ 在任何终端都可以登录聊天；ICQ 只能在线聊天，而 QQ 离线也能发送消息；ICQ 收费，而 QQ 免费。

如果是你，你会选择 ICQ 还是 QQ 呢？

也许你会说这是偶然，那么我们再来看 QQ 是怎么打败 MSN 的。2003 年，QQ 通过一系列的技术创新和用户体验：传送文件速度更快，文件断点续传，文件直接拖放窗口，共享文件夹，屏幕截图，好友分组，聊天记录备份和快速查询，短信互通，视频会议，网络硬盘，软键盘密码保护，个人名片……一点一点地赢得了用户的心。于是，MSN 悄无声息地成为了无人关注的龙套。

再看 2004 年，QQ 游戏超越联众，其制胜点也在围绕用户体验的微创新，而联众精力转向大型游戏市场，忽视休闲棋牌游戏，BUG 导致老用户失望。在联众流失用户的时候，腾讯快速更新迭代，以更精美的界面、更人性化的操作细节挖走用户。还有 QQ 对 CF 的深度开发，22 个版本，多种多样的模式、角色、枪械，不断优化的操作体验，在道具收费模式下相对最合理与平衡的体系……

只能折服！

五

腾讯的用户体验固然是好。可是收费的会员 QQ 有几个人在用？花钱的黄钻有几个人买了？

最好的用户体验是免费，当然现在还有送钱的，滴滴打车和快的打车就是送钱的用户体验。送钱给你，再垃圾的体验都变成了好体验，但问题是这种体验是否能持续？如果不能持续，那就玩完。

这就不得不提到草根的一个本质特征，就是忠诚度最差。想想开心网，怎么说也几亿草根用户，现在呢？一世英雄，而今安在哉？

移动互联网比互联网更可怕的事情，在于移动互联网造就出来的草根，比互联网的草根更没"节操"，更没底线，更加喜新厌旧，整个互联网的江湖因为移动化以后，会显得更加的分化，自我意识更浓厚，不可测性越来越强。

如果有一天，有一个更好的购物方式可以替代淘宝，那么淘宝也立马人走茶凉。

草根就是这样，如果你不能持续给予刺激，立马就走，再好的用户体验都是浮云。

当我们讴歌互联网和金融是如何琴瑟和谐，如何鸾凤和鸣的时候，互联网和金融却玩起了貌合神离、同床异梦的游戏。

都说金融要向互联网学习用户至上的思维，但是用户体验和用户价值是不一样的。以为只要改善了用户体验，就能带来用户？现实是残酷的，你再怎么卖萌，再怎么贴近用户，花钱买服务绝对不是草根干的事，高富帅才会当这个冤大头。草根多现实呀，余额宝如果不能带来比银行存款更高的收益，傻子才会去买。"用户至上"，翻译出来的不是"注意用户体验"，而是"让你创造用户需要的真正价值"，至少在互联网金融里面，逻辑就是这样。

在金融机构里，其实很多人和机构根本谈不上什么服务，巴菲特需要迎合用户吗？压根不存在这回事，巴菲特曾经对一个股东提出的问题不爽之后，立刻让这个股东自己撤资走人。当年王亚伟下海，多少人拿着大把的钱挤破了脑袋要当他的LP。

任何形式的用户至上都是有先决条件的，并非一个简单的服务范畴的问题。事实上，金融行业比互联网更在乎用户的感受，因为没有用户就没有手续费、管理费，没有奖金没有年假。但是问题在于如何满足用户需求？

互联网的用户需求很复杂，你说互联网用户需要什么？需要极简的页面风格？需要互动的新潮体验？需要……但是供给简单，因为先设计一堆方案，放在市场让用户自己选择，根据流量根据数据，受欢迎的自然就留下来了。

金融的需求非常简单，就是挣钱，但是供给很难。互联网技术其实根本没有办法解决这个供给问题，没有办法帮用户挣钱。

哪怕十年二十年的老用户，你让他亏钱了，一样拜拜。所以在金融界，外在的所谓用户至上都是虚的，你金融机构拿到人家的钱不难，难的是你如何不断地、持续地呈现你的盈利能力，用户才会一直让你拿到钱。

目前，传统金融机构被互联网金融企业搞得心力交瘁，甚至有走下神坛的论调。其实，问题也不严重。为什么银行不愿意向草根提供服务？因为草根无法为银行带来价值，草根理财、草根贷款的可盈利空间小，银行干嘛还吃力不讨好呢？草根无法为银行带来价值，那就想办法让草根也能带来价值吧，用互联网技术，让原先的技术手段无法解答的、不创造价值的用户转化为有效用户。这方面最典型的就是电子银行的极大发展，原先网点的存在成本极高，而且无效用户占大多数，通过电子银行使得大量无效用户达到一定规模之后也成为有效用户，这就是现实的技术手段带来的改变。

互联网金融并没有走出金融的范畴，也没有解决金融的核心问题，但是它给金融带来了用技术变无效用户为有效用户的可能性，加剧了金融业态的竞争，促进了市场化的进程。

六

互联网金融企业凭什么敢叫板传统银行业？

凭的就是大数据。

大数据到底有多大？

一组名为"互联网上一天"的数据告诉我们：一天之中，互联网产生的全部内容可以刻满 1.68 亿张 DVD；发出的邮件有 2940 亿封之多，相当于美国两年的纸质信件数量；发出的社区帖子达 200 万个，相当于《时代》杂志 770 年的文字量……

大数据到底有多猛？

大数据在过去的十多年里使各行业的竞争格局充满了不确定性。它还将在更长的一段时间里，使竞争格局已经不确定的行业继续保持不确定，使竞争格局暂时确定的行业变为不确定。

大数据如何操作？

2012 年 5 月 18 日，Facebook IPO，Twitter 上的情感倾向牵动着 Facebook 的股价神经。Twitter 上的情感倾向一动，Facebook 的股价马上跟着联动，就像手指和木偶人一样，中间有无数根线连接着，延迟情况只有几分钟而已。这意味着对于技术面、基本面、内幕信息的关注都弱爆了，Twitter 就可以准确预测 Facebook 上市当天的股价走势。

电商老大阿里巴巴，一方面稳扎稳打，打造了一个叫作线上淘宝的数据魔方，通过对品牌及产品热销、淘宝热词、消费流量来源等构建了一个数据资源池，形成了消费行为总数据库；另一方面入股新浪，获取新浪微博的海量社会化数据。这样，社交平台与电商平台的数据库就实现了完全对接，各行其是，强强联合，微博数据负责预测消费需求趋势，淘宝原有数据库负责验证数据的有效转化率。当巨量的用户需求被抽样化捕捉并反映在生产、供应链、库存、物流等环节时，电商精细化营销的深度和广度都趋于无穷，阿里巴巴就牢牢地把握住了整个商业社会律动的脉搏。

电商和传统商家的最大区别在于，电商的各类型数据库可以轻而易举地记录全部用户的各类访问数据，移动互联网、社交技术恰到好处地双手奉上数据，并在海量、复杂的用户访问行为数据中提取消费行为逻辑。哪些产品吸引特定用户群体、哪些手段最具营销感召力、哪些网络广告带来的受众是高质量的？这些答案就隐藏在看似孤岛的碎片信息中。

互联网金融和传统金融的区别也不外如是。华尔街，这个全世界的金融中心，很大一部分证券分析师每天的工作就是盯着社交网络，判断大众的喜怒哀乐。"德温特资本市场"公司首席执行官保罗·霍廷就是用电脑程序分析全球 3.4 亿微博账户的留言，进而判断民众情绪，再以"1~50"进行打分。根据打分结果，保罗·霍廷再决定如何处理手中数以百万美元计的股票。

判断原则很简单：如果所有人似乎都高兴，那就买入；如果大家的焦虑情绪上升，那就抛售。这一招收效显著——当年第一季度，霍廷的公司获得了 7% 的收益率。

居高声自远，非是藉秋风。草根们，拿着大数据的拐杖，开始登山吧！

草根的价值

一

小小的一张课程表，也能布出千万元财富格局？

趁着 IPO 前夕的阿里巴巴仍在不断扩大疆域的契机，超级课程表及时地抱住了这条大腿，面对千万级美元的资金需求，马云只说了三个字：买买买！

2011 年出生的超级课程表，完全是一个由草根开发出来的草根 App，这款技术谈不上成熟，画面粗糙简陋、功能单一乏味的软件在初创之时遭到各种嘲讽："小孩子的玩意儿，谁会用！"

而每个成功的故事背后，都有着一张张被扇得生疼的脸——经过创新谷入孵的二十多个月，超级课程表估值已经飙升至 6000 万美金。"三分天注定，七分靠打拼。"谈到创业之道，余佳文如是说。

从超级课程表价值的实现中，我们看到更多的是草根的力量，或者说，草根的价值。

下面来介绍一下我们的草根主角：

姓名：余佳文

性别：男

年龄：24 岁

属性：霸气、不走寻常路、Geek

称号：霸道总裁

这个看起来略显消瘦，家境普通，学历普通的"90 后"草根，带着自己独特的行事风格和管理方式一路披荆斩棘，终是挤上了开往互联网大时代的这辆公交车，还抢到了座位！

"人可以有很多缺点，但人不能没亮点，只要你有一个亮点，亮瞎我狗眼，我就很喜欢。面试的时候，你错再多都无所谓，只要我在你身上找到我喜欢的地方。"

"我有很多种性格，见投资人时是一个样子，跟同事一起是一个样子，看到美女时是另外一个样子。我觉得什么时候做什么样的事情，就叫做成熟。"

超级课程表在不断地技术更新与升级后，融合了全国 1400 所高校的课程信息，被其用户群体戏称为"交友蹭课神器"。其之"神"在于这样一个工具类的移动互联网教育手机软件能做到如此自给自足已属不易。对于像超级课程表这样的校园 App 而言，其盈利模式主要基于广告收入与增值服务，这些都极大提高了其用户黏性，而在不断地技术更新与更精细化的用户体验设计下，带有"烟花易冷"短期特质的工具类软件获得循环再生的长期发展前景，便不再是小概率事件。

时代把余佳文推到了风口浪尖，也为他贴上了太多的标签。无须把他推上神坛，亦不必对他草根式崛起留有芥蒂，我们需要明白的是，在这个时代，给草根一个支点，他们也足以撬动地球。余佳文确实显示出超越同龄人的理性与成熟，这或许与他平时喜欢研习《周易》有关，沉稳而不缺乏创造力。当一个人将哲理与兴趣融合时，将带来持久性的爆发力。因为，其深谙事物的发展规律，便能把握事业的发展前景。

二

王小峰说在互联网时代你作为一个个体，可以去传播很多的东西。徐静蕾的《开啦》，高晓松的《晓说》，陈欧的"我为自己代言"，无一不是自媒体时代的缩影。这些名人一出手，影响力立竿见影。那么，草根还有机会吗？

当然有，比如"艾格吃饱了"。"艾格吃饱了"的问世非常偶然，博主闻佳在尝试了很多网页推荐的美食之后，发觉实在太难吃，N 次上当受骗之后，她一气之下开了博客"一个人的点评网"。

写博客的那几年，在无意间就完成了一次"用户"的积累。闻佳点评餐馆，在一开始，只是出于愤怒。坚持下来，只是为了享受分享美食的乐趣。

从有博客以来个人传播信息的门槛已经越来越低，微博、微信的出现让许多人觉得每个人都可以做媒体了。但是微博有那么多用户，我们能记住的 ID 有几个？草根大号是自媒体吗？

2013 年 8 月 9 日，在微信平台上，《罗辑思维》发起了会员收费，第一次收入 160 万元，第二次收入 800 万元。大家都在眼红"罗胖子"，就这样也能发财？

不少人纷纷涉足自媒体，尝试"会员收费"。

但是他们也不想想,《罗辑思维》是在苦心经营半年之后才开始收会员费的,而他们自身既没解决产品的丰裕度,又不愿苦守寒窑。一眼望去,都是邯郸学步、东施效颦。

回到起点:人们为什么做自媒体,是为了更好地表达,是为了更好地强调个性,以及这些所带来的精准选择和自空间的活跃度。但是当盈利和商业开始把关收费的时候,这个还处于半成品的产品已经急于"下海"出航了。

收费也不是不可以,问题是付费的人是谁?为什么付费给你?而不是给其他人?在自媒体时代,虽然飞翔的工具越来越容易获得,却没有几个人能真正飞起来。

没有人会真的傻到高速路还没修起来,就去给收费站付费。自媒体必然是情绪的承载,但是那个最到位的情绪还没有被多数人找到。

早期的《新周刊》打造出了"飘一代",标准形象是一群纤细的身体和头颅被硕大的翅膀所牵引着的人儿;早期的《城市画报》把"快乐"作为行销诉求,广告口号更是"你快乐吗?"当杂志内页中那些腾空跳起处于失重状态的人物出现时,阅读者往往自己已经在一种腾空体验中了⋯⋯

什么又是自媒体的标签呢?什么是自媒体的个性呢?我们都说新闻"无学有术",自媒体不只是换个平台展示,如果不找到自己的这个群落标签,就形成不了真正的自品牌,自然也无缘于品牌价值的溢价。

技术可以随时改变或被新的技术颠覆,过去是博客,昨天是微博,现在是微信,科技的变化永远令人捉摸不透,谁知道明天又会是什么呢?

但是有一点,人的价值是可以持续放大的。

不管你通过什么途径,做自媒体产品最后其实就是做人的价值。因为,即便是在一个互联网还没有出现的时代,美国一个著名主持人的身价就能有 10 亿美金。而乔丹一个人的价值,就超出了全联盟所有球员的价值。

一直致力于"探索自媒体的未来发展与价值实现"的声音有牛气的资格:"我有价值、故事、资源,和你的品牌气质相符,那么我可以让你的品牌人格化。"而罗永浩的看法更极端,他说互联网时代正在否定工业时代,受众人群碎片化,信息消费模式碎片化,信息正在从固化的 Shopping Mall 变得越来越 Nothing。

"就像工业时代的发电机,最早出现具有划时代的意义,可谓轰动一时,有品牌,有型号,但发展到最后都被并入电网,老百姓的认知便只是家里的电源；媒体现在就处在工业时代的前端，有刊号，有名称，但当所有信息都被纳入互联网时，是谁发布的就已经不再重要了。"

因为看到这样的趋势，"罗胖子"预言，报纸和杂志会成为传统媒体最早的消亡者，任何一种传播模式都摆脱不了大浪淘沙的命运。若干年后，自媒体同样会被新生事物拍死在沙滩上。

但是，只要把握住"人的价值"，再大的市场风浪，草根也能点石成金。

互联网思维下的草根金融

互联网思维是什么？

开放、平等、协作、分享。

想要取得互联网金融草根革命的胜利自然也要领会这种思维。

如果说技术革命时期创新为王，最大特征是能从无到有地创造出新的产品，那么在互联网草根革命时期，模式为王，学习和消化吸收已有技术的能力就是最重要的能力，最大特征就是以极其低廉的代价大量复制已有的产品。

看百度模仿 Google，再看点名时间模仿 Kikstarter，最后不是都成了一代宗师？

因此，我们可以断言：互联网的创新绝不会是单纯的技术上的创新，更多的是商业模式和管理模式的创新。

免费和自由的分享是互联网的主旋律，没有了群众基础，需要收集智慧的网站自然也就没有生命力了。像百度知道和维基百科，才是真正体现互联网免费自由共享精神的网站，也只有它们才能够和网民一起成为互联网的主角。

提到互联网思维，不得不提小米，因为雷军一直在用互联网思维做小米，他做得非常漂亮。

米 UI 的用户在三年的时间里提交了 1.3 亿个帖子。

1.3 亿个帖子，那是什么概念？如果把 1.3 亿个帖子打印出来可以绕地球一周。

为什么有 1.3 亿个帖子？因为小米唤起了用户最大的热情来参与这款手机的研发。小米抓住了互联网的精神，吸引众多铁杆粉丝给它提意见，又保持了敏捷的反应速度，成功地运用营销口碑和互联网力量。

如何用互联网思维做金融？互联网金融的本质是什么？

一

互联网是速度经济，速度是核心竞争力之一，必须抢先一步进入用户的心智模式，想要去屑你必定条件反射想到海飞丝，怕上火你马上就会去喝王老吉，想要换手机一定是买苹果，当然前提是钱够，甚至《还珠格格》里面因为皇帝先入为主地认了小燕子为女儿，连小燕子的欺君大罪都赦免了。

所以，一定要使用加速度，让自己比别人更快地成为寡头，就算不能成为最大的寡头，也要是最大的寡头之一啊。看看 P2P 江湖上的腥风血雨，就知道"天下武功，唯快不破"了。

2012 年，后台为国内线下第一个大 P2P 公司宜信的宜人贷来到了线上，债券转让功能完善而且转让效率高，低调奢华有内涵，但是宜人贷要想像宜信一样一统江湖怕是难了。因为早在 2007 年，拍拍贷就已经入主P2P 战场了，"所有网贷平台中知名度最高，成立时间最早，交易量最大，媒体报道最多，用户体验最好，创新能力最强，口碑最佳"的平台，这么长的名号怎么得来的？

先下手为强，后下手遭殃！

虽然很多人以小小的逾期率为由企图阻止拍拍贷前进的步伐，但他们注定无法成功！在拍拍贷不仅投资简单，借钱更简单，有强大的风控坐镇，借钱只需一个电话！最近拍拍贷更是逐渐步入征服宇宙的节奏！

不过，快一定行吗？先驱变先烈在产业界屡见不鲜。

中国第一个推出博客服务的博客中国，结果又如何呢？有好的形式，没有好的盈利模式，当门户的屠刀举起时，只有落得杀无赦的下场。Apple 发布 iPhone 后，手机界为之震惊，MOTO 的股票立刻下跌，这都深刻地揭示出：快有快的道理，但后发也一定有先至的机会。

有一个好玩的理论——"电梯理论"，讲的就是有时候"后发也可以先至"，在一个满员的电梯里，越是后进电梯的，越是有可能在电梯开门时先到达。看来以后我们挤电梯的时候应该最后一个进去。

那么后发如何先至呢？让龟兔赛跑理论告诉你吧。

在陆地上，排除兔子睡觉的情况下，乌龟是无论如何也跑不过兔子的，但如果比赛场地在水里呢？

企业大有大的好处，小也有小的活法，船小好掉头便是这个道理。和巨人竞争，你必须发现巨人的弱点，然后通过痛击他的弱点赢得胜利。百度在谷歌千秋万代一统江湖时，一句"其实百度更懂中文"就戳中了痛点，赢得了无数华人网民的飙泪认可。

后发的你不仅要动得快，同时还要照准你先发对手的弱点猛攻。

银行在金融史上经历风霜雪雨，到今日这个大哥地位不是偶然，但是到明日的隐退状态更是"有其因必有其果"。早在20世纪80年代，比尔·盖茨就曾预言银行将成为恐龙。虽然这话在今天看起来略显夸张，但在阿里巴巴打造的金融产业链和商业生态圈逐渐融合之后，在各种"宝宝"们相继扮萌之后，在网贷平台每月交易额高达70亿元之后，我们都知道这对于银行来说确实是一语成谶。

用互联网的思维来服务小微企业和个人，利用互联网对商业数据的挖掘和分析，突破传统的融资方式和商业边界，这就是其因——互联网思维下的草根金融。

二

前面我们看到互联网思维和金融思维在用户体验这一块是有出入的，事实上，互联网精神和金融精神本身也有冲突，互联网的精神是平台开放、民主、去中间化、大众、普惠，在互联网上N个供给者和N个需求者交易可能性边界无穷大，是N×N次方。金融业的精神是贵族、华尔街、信息不对称，金融机构、金融市场的边界永远有限。

互联网和金融的结合，必须有一个长时间的磨合过程。

互联网的民主化和普惠化，是对现代金融的巨大创新，最本质的体现就是覆盖面广、公平性、可获得性。这也是互联网金融在金融的普惠方面所做的贡献。

任何一个人都希望得到金融的服务，哪怕只有100元、1000元，都希望拿去投资。比如当前很多大学生拿学费去炒股票炒期货，等到学期末学校不让期末考试才把钱拿出来。任何一个人也都有缺钱的时候，生病住院、蜜月旅行、买房买车，都希望能够很方便地融资。对于在夹缝中生存的中小企业来说，尤其渴望融资。这种投资难、融资也难的现象，并不是银行单方面造就的。

金额小的项目和个人，银行服务它，不仅得不到价值增值，而且服务成本高，违约风险高。能否借到钱，不仅看你的经济效益，更看你的社会关系，"八字衙门朝南开，没有关系莫进来"。

但是在互联网时代，这已经改变了，个人的、中小企业的、项目的直接投融资，都可以很容易地实现。

互联网金融开启了一个属于大众的投融资时代。

技术为王，还是商业模式第一？这个争论从来没有停止过。也许这是新时代的又一个蛋生鸡还是鸡生蛋的问题。不可否认，新的技术与商业模式，使很多原来不可能的交易变成了交易，使很多资源交换行为得以跨时空配置。10 年前，谁能想到火车晚点还可以找保险公司理赔？谁能想到掏100 元买个理财产品就是投资拍电影？谁又能想到可以通过众筹来获得梦想的启动资金？

不是有传言说阿里巴巴要买中石油加油站吗？想象一下，如果加油站被某个 IT 公司买了，每个加油卡在加油的同时就知道每个消费者的数据，这个加油卡就可以卖保险产品，买基金产品，可以延伸出无限的产品。几万个加油站，有几千万张加油卡，隐含着多少理财产品？

比如腾讯收购了大众点评，任何一个餐馆，如果你吃完埋单的时候可以买两分钱的保险，保障这顿饭不会让你食物中毒，你会不会买？

我们刚才讨论过的娱乐宝，每人一股 100 元，隐含的就是 2 张电影票，你说这是股票还是电影票？

把金融产品、理财、投资、支付、保险等内嵌在人们的旅行、购物、吃饭、打车、看电影等日常生活中，互联网金融的交换经济、市场匹配功能才算是真正实现！

"主宰非洲草原的不是狮子，而是土壤里的微生物。"在互联网金融的世界里，谁又能说蜉蝣不能撼动大树？互联网技术的发展与应用，创造了一个聚沙成塔、以小博大的机会——边际成本递减，不断降低着投资者的门槛，1 元可以买基金，50 元可以放贷款，几万元就可以做一名天使投资人。

注册资本只有 16 亿元的阿里小贷，在 2013 年上半年累计放贷 500 亿元。这个数字多么风光，然而风光的背后往往是多年的"高筑墙，广积粮"，2002 年阿里通过"诚信通"、淘宝等产品积累原始商户数据，偷偷为小贷风险管理打好基础，2007 年开始谋划与建行、工行深入合作放贷，建立信用评价体系、数据库以及一系列风控机制，到 2010 年，阿里才敢自建小额贷款公司，大胆独立上路，中断与建行、工行的合作。然后，"称王"才只是一个时间问题。

美国总是别有用心地对我国进行人身攻击，说我们没有人权，说我们没有公民权利，正所谓醉翁之意不在酒，这里面的深意大家都懂的。但相对于美国发达的金融市场，我国除信贷市场外，资本市场和债券市场都较为滞后，这不仅让我们深思我国金融市场发展的路径选择。而 P2P 网贷和众筹为什么在今日如此火爆？答案是互联网激发了金融市场的无限热情！

P2P 其实是一个点对点的直接融资行为，在理论意义上应该是去中心化，个人对个人直接获得信息和资金流的交换，债权债务关系终于脱离了金融媒介而独立存在！而且，P2P 可以解决一个传统金融解决不了的棘手问题——流动性风险。互联网平台的概念就是所有用户都可以参与，今天借钱的明天可能投资，今天投资的明天可能借钱，归拢到一起，越活跃，流动性越高，融资成本就会越低，系统性风险也会越低。比如你要买信托，期限两年，期间本来不允许变现，但是互联网金融参与者每天到网站，有一个人想卖出，第二个人来接的时间就是一分钟，流动性杠杠！

这是民间借贷阳光化的过程，也是倒逼改革的过程，更是优化资源配置的过程。

大家还记得开心网的初衷吗？是的，想让更多的人快乐。互联网还有一个很重要的本质属性——分享快乐。余额宝设计之初，天弘基金就在仔细琢磨互联网的价值观。赚小钱、得小便宜的幸福感本身属于人性的一部分，而互联网就是"晒"小快乐的平台。1 万元在余额宝里边待 2 个月，也只有 86 元利息，金融行业的"高富帅"是非常看不起这 86 元的。然而，用户说，这相当于一个月的话费、40 次地铁，或者七夕节的一束包邮玫瑰花。是的，这是在本来就快乐的互联网上，人们简单操作就能获得价值增值，所以大家快乐。

历史告诉我们，全社会大规模的博弈背后总是蕴藏着有爆发力的种子。

传统金融 VS 互联网金融，且争且繁荣，普惠金融和大众金融在路上，且行且珍惜。

第六章

货币之争

"深网"是什么？

"深网"是一个深不见底、神秘莫测的武林！

但是，比特币毕竟只是一种虚拟货币，并没有实体经济的支撑。它的价值一路飙升到底是因为还没到价值所在点，还是只是大家炒作下的金融泡沫？它的价格会一直居高不下吗？它的火爆场面又能持续多久呢？

这一系列"荒唐剧情"，到底是"编剧"的蓄意筹谋，还是不经意间的巧合？比特币在如此严寒的冬季，还能迎来百花齐放的春天吗？

比特币最终总会有它的一个归宿，但到底是最终投入使用还是化为泡沫？这一切都要看各方博弈的结果如何！

若投入使用，比特币真的能打败美元成为未来的国际储备货币吗？时间是检验真理唯一的标准，就让我们拭目以待吧！

第一节 / 高深莫测的"深网"

隐藏的神秘空间

一

说起丝绸之路,大家马上就能想到博望侯张骞,这位侯爷奉西汉那位大名鼎鼎的皇帝老儿刘彻之命出使西域。建元二年在陇西被俘后,单于赐予他匈奴女子为妻,还生了一堆孩子,看来这俘虏的日子过得倒也有滋有味,但始终"身在匈奴心在汉"啊,张侯爷在被俘 10 余年后的一个月黑风高、风雨交加的晚上(瞎猜的)终于设法逃跑。他继续向西,历经艰辛,先后到达大宛国、大月氏、大夏,向当地国王表达了通好的意愿。张侯爷真可谓是"不辱君命",为丝绸之路的开辟立下了汗马功劳。

一个网名为"恐怖海盗罗伯茨"的人也开辟了一条"丝绸之路"!

难道这位仁兄是在效仿张侯爷为人民大众谋福祉?当然不是!这不是一条通往幸福的康庄大道,而是犯罪分子互通有无的场所,是臭名昭著的毒品和其他非法物品的网上市场！

说起农贸市场，大家马上就能想到小区附近的菜市场，我们平时一日三餐的原材料大部分都来自这儿。有一位来自我国宝岛台湾的"自然观察解说员"刘克襄。这位老先生在闲暇之余，喜欢以自然写作者的身份走逛菜市场，收集食材的意见，进行时蔬的采风，探寻水果的身世，推导小吃的启发。他还专门写了一本名为《男人的菜市场》的书来吐槽菜市场的趣味，老先生倒是从农贸市场上充分发掘了生活的美学。

2006 年初，一个名叫"农贸市场"的网站悄然出现！

这难道是农贸市场在赶网络化的时髦？当然不是！这不是一个普通的农贸市场。在这个市场上交易的不是"柴米油盐酱醋茶"，而是大麻和克他命！

"丝绸之路"和"农贸市场"缘何能如此猖獗而不留下痕迹呢？这是因为它们生根发芽于互联网上一个鲜为人知的领域——"深网"！

二

"深网"是什么？

"深网"是一个武林，神秘莫测！

"深网"是指谷歌等搜索引擎不去搜索或无法搜索的所有网站和数据库，它的一个重要特点便是：完全匿名。在这里，你可以彻底与现实世界里的身份说"拜拜"。也就是说，"你"在这些网站上的活动和真实世界中的"你"没有任何联系。在"深网"这个武林里，谁也不知道你到底姓甚名谁，也不知道你来自何处，要去哪里。若想进入"深网"，你只需借助一个免费软件。但是一般人从未进入过"深网"，这是一个网络之外的网络。

"深网"的信息量远远超出我们的想象！

没有做不到，只有想不到！你以为"深网"只是一个让你检索不健康信息的网站？或者只是犯罪分子交易违禁物品的网上市场？那你就大错特错了！这类网站中的信息甚至比我们所熟知的普通网络要多数倍，可以说，深网基本包含了你能想到和不能想到的所有信息。"深网"不仅是毒品交易平台，还是"基地"分子们来往的地方，更是"僵尸网络"（被黑客们掌握的大量遭病毒感染的电脑网络，攻击性极强）躲避调查的"庇护所"。在"深网"上找到毒品或武器等违禁物品的供应信息只需不到 2 分钟的时间；《纸牌屋》（第二季）里有一个黑客就是企图通过"深网"盗窃副总统的手机信息……

"丝绸之路"和"农贸市场"都只是"深网"的冰山一角。事实上，"深网"还隐藏着无数的"神秘交易"，并在犯罪分子的利用下变成了一个进行不法活动的地下平台，是一个酝酿各种犯罪行为的温床。

"深网"何以能够如此高深莫测呢？

这主要归功于一个名为"洋葱路由"的家伙！

洋葱路由？难道是长得像洋葱的路由器？

当然不是！

它是一种计算机网络上的匿名通信技术，因其保护数据的密码像洋葱一样层层叠叠而得名，简称 Tor，即"The Onion Router"的缩写。据说，"洋葱路由"的整个设计有效而精妙，就连最初创建这个计划的科学家都没有破解的办法。有了"洋葱路由"（Tor）这本"武功秘籍"的保驾护航，还用担心自己的隐私泄露吗？

三

现在，美国联邦调查局、联邦缉毒局和国家安全局等多个部门每年耗资数千万美元试图追踪"深网"的痕迹。讽刺的是，这个让美国如此头疼的系统，最初的建立者正是美国军方自己！

美国军方为何要建立这样一个充斥着犯罪活动的平台来威胁世界和平呢？难道美国是吃饱了撑的，没事给自己找事儿？

当然不是！

武林本身没有好坏之分，关键看被什么人掌控！

就像金庸老先生笔下让人闻风丧胆的"魔教"，若是被阳顶天和张无忌这样颇有侠气之人掌控，那它便并非十恶不赦的教派；作为"正义化身"的嵩山派，若是奉左冷禅这般心狠手辣的人为"武林盟主"，那它便并非名副其实的名门正派。

和武林一样，"深网"是中立的！

看到这儿，有人可能就急了："深网"可是各种非法交易的"罪恶天堂"，凭什么说它是中立的呢？

不要着急，待我慢慢道来：

"深网"本身并不违法，甚至可以说有充分的存在理由！

我们来看皮有调查公司 2013 年 9 月出具的一份报告中的数据：有 86％的网络使用者曾试图隐藏或者抹去自己的数字历史，55％的人试图在上网的时候不被有关人员发现。在当今个人信息泄露如此严重的社会，你能说想保护个人隐私是违法的吗？

有人可能会想，"深网"肯定是被一些利欲熏心的人或机构掌控着！

又要让人"失望"了！它的管理者偏偏就是一个非盈利性机构，而它的赞助者竟然包括 Google 和 Knight 基金会这样大型公共机构。更让人大跌眼镜的是，直到 2011 年，"深网"营运资金的 60％都来自美国政府！

美国政府和各大机构煞费苦心地经营"深网"可不是为了让犯罪分子逍遥法外，真若如此，岂不是搬砖头砸自己的脚吗？

他们的初衷可是非常美好的！

创造"深网"的初衷当然是为美国谋取利益！

有了"深网"这个平台，警方可以暗地调查非法网站；军方和情报机构可以秘密联络，一系列地下工作可以悄然展开。

但是，归根到底，"深网"也是所有在网络上希望以匿名身份进行活动的人的有力工具！

能够利用"深网"的可不只有美国政府和机构！

还记得科幻片里那些比较经典的场景吗？实验室里科学家们研究的病毒意外出错，最终酿成人类濒临灭绝的惨剧，或者说某种基因武器被邪恶一方利用，结果造成地球毁灭。这些看似荒诞惊悚的情节并非完全虚构，因为"深网"就是技术界的美丽预言因最终违反初衷而沦陷的典型例子。

美国这次确实是搬起石头砸了自己的脚！

"深网"的匿名特点被犯罪分子利用，尤其是在虚拟货币"比特币"的相助下，就像昔日的露天毒品市场或便于肮脏交易的深街小巷一样，"深网"也逐步沦陷为犯罪分子猖獗的另一个"罪恶天堂"！

"大神"隐秘的深网

一

武林不同于江湖。江湖是什么？有人说，有人的地方就是江湖，江湖龙蛇混杂，什么样的人都有，只要是出来混的，都可以称为江湖中人。但可不是所有出来混的人都能称为武林中人。

武林中人是"高精尖"的组合！

虽然武林也是龙蛇混杂，有"怪侠一枝梅"那样除恶扬善的大侠，也有"中原一点红"那样冷血无情的杀手，更有"赤练仙子"李莫愁那般无恶不作的恶人。但是无疑，他们都是身手不凡、高深莫测的高手！这可不是一般的小喽罗和小虾米所能匹敌的！武林，是一个藏龙卧虎的地方！

正如5%的人掌握了世界上95%的财富一样，"深网"也被仅仅不到5%的"武林高手"所掌控！

"深网"是"神龙见首不见尾"的大神隐秘之所！

最近，一个名为"Keen Team"的团队火了！这是一个中国顶尖的"黑客"团队，据说他们创造了一个奇迹，仅用了15秒便攻破了号称"当今最坚固"的操作系统——最新的苹果桌面操作系统Mac OS X。这个团队的成员"三分之一是各地的历年高考状元，三分之一是数学专业，三分之一来自微软"。在好莱坞电影中，我们经常能够看到技艺高超的"特工"，分分钟攻破入侵中央情报局，通过网络控制卫星。在现实生活中他们可能拥有无数个身份，就像《真实的谎言》里面的Harry，表面上是上班族，但实际上却是叱咤风云的特工，甚至连枕边人Helen都不知道他的真实身份。这些可都是"大隐于市"的"武林高手"啊！

混迹于"深网"的人，我们难以知道他们的真实身份，但是随着"深网"中几位嫌疑人的相继落网，至少有一点可以明确：他们都是像"黑客"或"特工"一样身怀绝技但"大隐于市"的技术达人！

二

2013年10月1日下午，一个身材瘦高、头发凌乱的男人在格伦公园附近的公共图书馆，准备将电脑接入免费的Wi-Fi，几名身着便衣的联邦调查局探员随即将其拿下，押送出大楼。

看来他是摊上大事儿了！

联邦调查局是什么部门？那可是美国最早建立的现代大型情报警务机构，是美国司法部下属的主要特工调查部门，其地位类似于我国的公安部和国安部。那些好莱坞大片中特工调查的可都是类似于跨国核武器走私、文物失窃、恐怖活动等"高端大气上档次"的案件。而这次，竟然要出动联邦调查局的探员来抓这位小伙儿，那他该是犯了多大的事儿啊！

这位仁兄想来是个典型的"工科男",和两个室友相处那么久,室友除了知道他叫乔希·特里,是个沉默寡言的外汇期货交易员外,其他就什么都不知道了。看来这位仁兄倒是挺注重个人隐私的。

乔希·特里到底摊上了什么大事儿呢?

联邦调查局相信,他就是那位令人闻风丧胆的"恐怖海盗罗伯茨"!

他摊上的事儿还真是够大的!

"恐怖海盗罗伯茨"是谁?他可是"丝绸之路"网站的创立人和管理员!

根据长达 39 页的联邦起诉书,他经营的"丝绸之路"在过去两年半的时间里拥有全球 100 万个顾客,全年营业额达 12 亿美元以上,而"恐怖海盗罗伯茨"从中敛财约 8000 万美元。由此可以想象从这个平台流动的非法商品数额之多!

这位其貌不扬、低调内向的"外汇交易员"居然是个"隐形土豪"?

其实,"乔希·特里"只是这位"武林高手"隐藏自己所用的假名,"外汇期货交易员"也只是他对外界打出的幌子。他的真名叫做罗斯·乌布利希,联邦调查局掌握的大量证据表明,他就是那位"海盗大人"!

他的两位室友做梦也想不到,他们居然和"土豪"做了室友吧!

<h2 style="text-align:center">三</h2>

我们就来说说这位"隐于市"的技术达人罗斯·乌布利希和他的"丝绸之路"吧。

罗斯·乌布利希在得克萨斯州长大,他不仅在得州大学分校学过物理学和经济学,还在宾州大学获得了物质科学和工程学的硕士学位,这绝对是一个"学霸"级的人物!认识他的人对他的评价是"聪明但略显刻板",虽然不是中心人物,但是勇于坚持自己的想法。这位聪明而略显刻板的"学霸"崇拜自由派市场经济理论,认为任何市场都不应有任何界限。

千万不要以为这位"略显刻板"的"学霸"只是一个书呆子!

大学快毕业的时候,他迷上了互联网!

难道像很多人一样,迷上了打游戏?

当然不是!他迷上的是互联网那种相对自由的氛围!

"学霸"果然是一个敢于坚持自我的人,他从来没有放弃过对"自由"的追求。甚至,他还萌生了创造一个没有政府管制力的经济形态的想法。

一个偶然的机会,这位"自由主义者""误入"高手如云的"深网",

"深网"的自由氛围让他一发不可收拾。

这不就是他一直寻觅的那方政府无力管制的"净土"吗？

"学霸"非常具有钻研精神，做起事来更是毫不马虎！

他注意到"深网"上已有很多毒贩交易，但是经常以失败告终。为什么会这样呢？经过"学霸"的"大胆假设"和"小心求证"，终于分析出了交易失败的原因：

（1）经手的钱很容易留下蛛丝马迹；

（2）难以建立相互之间的信任。

于是"学霸"开始思索：

Tor 的匿名性加上比特币的隐蔽性倒是让第一个难题迎刃而解，但是要如何建立信任呢？这可让人有点儿头疼，毕竟在这个完全匿名的市场上，对方要是跑路了，你连追踪的线索都没有。

"学霸"不愧是"学霸"，他总是能想到解决的办法！

某一天，亚马逊和亿贝在他的脑海中闪现。于是他一拍脑袋：何不将两大互联网巨头的商业模式运用到"深网"上呢？让买方和卖方在一个可以互评的中介平台上交易，评价内容所有用户都能看到，这不就建立了一个信用机制嘛！

于是，类似于亚马逊和亿贝的交易平台——"丝绸之路"就此诞生了！

从此"学霸"也拥有了一个响当当的"武林称号"——"恐怖海盗罗伯茨"！

说到这儿，有人不禁要问，不就是用虚拟的身份进行交易吗？我们平常网购的时候不也可以用虚拟的名字吗？淘宝、京东怎么就没有变成各种违禁物品的交易平台？况且，他们交易总要用钱吧？难道就不怕被美国金融监管部门发现蛛丝马迹？

这些问题问得好！

我们都知道，虾是很美味的，长沙的名小吃中有一道就是"口味虾"；维生素 C 也是营养价值丰富，不仅能帮助抗击病毒，还能美容养颜。

但是两者同食便如砒霜！后果很严重啊！

"丝绸之路"使用的技术"Tor"本身并没有罪，在互联网上保持匿名本身也没有任何问题，光有这个，是肯定不会把"丝绸之路"变成"砒霜"的！但是，他们的交易可不是像我们一样使用实名制的网银或者快捷支付，更不会傻到"货到付款"，因为这些都是有迹可循的。他们使用的是一种虚拟货币——比特币！在互联网上单单使用比特币没有任何问题，就像使用现金一样，快捷又方便。

可是两者一结合，便悲剧了！

比特币让这些犯罪分子如虎添翼！

毒品得以泛滥，洗钱变得容易，"雇用谋杀"比以前更难追查……

这么神奇的比特币到底是何方神圣创造的呢？

这就"得益"于另外一位技术达人——中本聪！

深网里的黑衣人

一

2013年的比特币风云，一时引发了一股热潮——寻找"中本聪"！

"中本聪"的真身到底是谁？

有人说，"中本聪"可能是一个虚构身份，因为他自称是居住在日本的37岁男子，但是令人惊讶的是，在个人信息泄露如此严重的互联网时代，在网上搜索他的姓名，竟然无法找到任何与这个人相关的信息。

有人说，"中本聪"压根不是日本人，而是一位居住在美国中部或西部的英国人或者爱尔兰人，因为他的英文书写如母语般纯熟地道，并且从未使用过日语。还有人专门对他上线的时间进行了统计分析，并以此推断出他所处的时区应该是西六区到西八区之间，也就是美国的东部或西部地区。

有人说，"中本聪"根本就不是一个人，而是一个团队的名字。因为比特币的算法设计极其精良，单凭个人能力很难企及，而且"中本聪"发言的时间也飘忽不定，几乎在全天不同的时间都会上线发言，单枪匹马未必能做到。

……

一时间众说纷纭，但是谁也不能肯定，他的身份依然扑朔迷离！

我们只知道，他创造了比特币协议以及相关软件 Bitcoin-Qt，被亲切地称为"比特币之父"！

在这番费尽心思的"人肉搜索"中，也不是没有一点儿收获。经过这番拉锯战，大家重点锁定了三名"嫌疑人"。

二

一号"嫌疑人"是望月新一！

2012年5月，一位名叫泰德·尼尔森（Ted Nelson）的计算机科学家经过"大胆假设"，认为炙手可热的"中本聪"是位数学家，并将众人的目光引向了日本著名的数学家望月新一。

泰德·尼尔森凭什么"大胆假设"望月新一就是大名鼎鼎的"中本聪"呢？

理由主要有三点：

（1）望月新一足够聪明，有创造比特币的智商；

（2）望月新一研究领域包含比特币使用的算法，有创造比特币的理论基础；

（3）望月新一喜欢特立独行，不使用常规的学术发表机制，有"比特币之父"的神秘特质。

但是这些毕竟都是推测，也未必能经得起细致的推敲！

此观点一提出，马上就有人提出了质疑：

第一，足够聪明就一定能创造出比特币？"足够聪明"顶多也只能算是一个"必要不充分"条件。也就是说，能创造出比特币的人必然是聪明的，但是聪明的人未必都能创造出比特币。因此"足够聪明"不足以作为推断理由。

第二，望月新一的研究领域虽然包含了比特币所使用的算法，但是他并没有研究过比特币所依赖的技术基础密码学。光有"算法"，没有"密码"，也难成"大事"吧。

第三，"中本聪"未必就是日本人，虽然望月新一很小的时候就跟随父母去了纽约，也是在那里完成的学业，拥有很强的英语交流和应用能力倒也不足为奇，能"书写如母语般纯熟地道"的英文也不是没有可能，但是作为一名目前长期生活在日本的教授应该很难"伪造"出美国东部或西部的作息规律吧。

在赚足了关注度之后，2013年7月澳大利亚《时代报》的一则报道声称望月新一否认了这一猜测！

三

二号"嫌疑人"是 Nick Szabo!

2013 年 12 月,博客作家 Skye Grey 通过"小心求证",犀利地指出"中本聪"的真实身份是前乔治华盛顿大学教授 Nick Szabo。

他是目前被认为最接近"中本聪"的人!

"小心求证"得出的"证据"主要有以下几点:

第一,Szabo 教授从 20 世纪 90 年代起就喜欢使用化名,而且他的这一"癖好"还被业内人士所熟知。

第二,Szabo 教授从 1998 年起就开始研究类似于比特币的数字货币,还发表过一篇关于"比特黄金"(Bit Gold)的论文,被认为是比特币的先驱。但 Szabo 教授对比特币的出现表现出了不同寻常的无动于衷,毕竟"去中心化货币"研究项目倾注了他近 10 年来的心血。在比特币发布前几个月,Szabo 教授还在张罗着为"比特黄金"寻找技术合作者,到是比特币出来后他反而没什么动静了,还故意推迟发表了关于"比特黄金"的论文。这一系列的"不寻常"举动难免有欲盖弥彰之嫌。

第三,Szabo 教授与"中本聪"的用词具有相当高的一致性,更为巧合的是他们还拥有高度相似的书写习惯,这种一致性和相似度完全超越了至交间的影响。

为了得到这一系列的"证据",博客作家 Skye Grey 可谓是"煞费苦心"啊!

但是这一推测马上遭到了 Szabo 教授本人的否认!

四

三号"嫌疑人"是多利安·中本!

2014 年 3 月 6 日,《新闻周刊》记者莉娅·麦格拉思·古德曼(Leah McGrath Goodman)发表文章称已经找到了"中本聪"的真身,他是一个居住在加利福尼亚州的日裔美国人,名叫多利安·中本。

这个猜测也是最为公众所熟知的!

这个猜测不是无凭无据,而是举出了重磅证据:

第一,多利安·中本和"中本聪"同名同姓。

明明一个叫"多利安·中本",一个叫"中本聪",怎么就同名同姓了呢?

原来这位多利安·中本刚出生的时候就叫中本聪，也就是说，"中本聪"是他的曾用名！

第二，多利安·中本曾经在接受关于比特币的采访时，貌似肯定了自己"比特币之父"的身份。

据说，他当时是这么回答的："我已经不再参与它了，不能讨论它。它已经被转交给其他人。他们现在在负责。我已经没有任何联系了。"

而且这段话的真实性得到了当时在场的洛杉矶郡警察的确认！

这则报告一经公开便引起了轩然大波，包括比特币社区在内的各种"吐槽"之声延绵不绝，各大媒体也趋之若鹜，纷纷蹲守在中本先生的门外，甚至还追逐他的汽车……

这阵势可把这位中本先生吓坏了！

在后续的正式访谈中，他极力撇清自己和比特币的一切联系，声称并没有听说过比特币这个东西，只是把 Goodman 关于比特币的提问误当成是关于自己之前从军方承接的保密性工作了。

但是中本先生的这些辩解毕竟显得有点儿苍白无力！

第三，"中本聪"本人站出来声明"我不是多利安·中本"，而这是他在 P2P 基金会的账户尘封五年之后发的第一条消息。

之前那么多关于"中本聪"真身的猜测，"中本聪"本人都不动声色，但是这次他反而不惜冒着被追踪的风险，用他尘封已久的 P2P 基金会的账户为这位中本先生辩白，是否有欲盖弥彰的嫌疑呢？

这次推测引发了多利安·中本和"中本聪"的双方否定！

到底谁才是真正的"中本聪"？

这依然是一个谜！

我们只知道，他创造了比特币！

我们所知道的，也仅此而已！

第二节 / 风云变幻的比特币

让人疯狂的比特币

一

比特币（Bitcoin）作为"丝绸之路"网站的专用交易货币，2013 年以来可谓是风起云涌，创造了很多奇迹！

再不谈比特币你就 OUT 了！

在澳大利亚，比特币过五关斩六将，打败众多竞争对手，荣登 2013 年"年度词汇"宝座。澳大利亚的"年度词汇"，那可是一年只有一个的。比特币能获此殊荣，足见其在 2013 年是何等劲爆！

比特币，一种基于 P2P（点对点）技术软件而产生的虚拟货币。拿人民币来比喻的话，比特币就是人民币的序列号，你知道了某张钞票上的序列号，你就拥有了这张钞票。

它可不像我们日常生活中所接触的那些货币，只要一有需要，中央发行机构一声令下，各大印钞机便马不停蹄地开始印钞。

比特币的发行可要复杂多了！

比特币家族的首长"中本聪"对大伙说："我族有 2100 万个闺女儿，个个美若天仙，秀外慧中，温柔贤惠，质量那绝对是'杠杠'的！她们慢慢都到了待嫁的年龄！但是我族的女婿必须才智过人！我给大家出了一道世界级数学难题，这道题一共有 2100 万个解，每得到一个解，我就送出一个宝贝千金（比特币），数量有限，先到先得！"

于是，一群"爱美人"的"草根"就夜以继日，绞尽脑汁来解题，还不惜砸重金买机器来帮忙运算，正可谓是"一朝奋发为红颜"啊！

有些运气好的，马上就解出了答案，乐滋滋地"抱得美人归"。于是越来越多的"草根"开始按捺不住，纷纷加入解题的浪潮。

中本聪先生早就预料到这种情况，为了防止送出去的"女儿"越来多而贬值，他早就想好后路了！

他在设计那道"世界级数学难题"的时候，早就已经预定好了答案被解出来的速率，这就相当于早就算好了"千金们"被送出去的速度，不快不慢，恰到好处地既能勾起"草根"们的兴趣，又不怕他们对此厌烦。

二

一时之间，比特币名声大噪，还一度被评为 2013 年"最值钱的电子货币"！

比特币有上百个类似的兄弟家族，其中比较有名的有莱特币、无限币、便士币等，而比特币是当之无愧的老大。在圈内流行这么一个传说：比特金、莱特银、无限铜、便士铝。

这个传说当然不是信口开河！在这个用实力说话的年代，我们只需准备一场"武林大会"，便能让你"心服口服"！

圈内都说，莱特币是山寨币中的杰出代表，是"改良比特币算法最成功的虚拟货币"。若想一较高下，那就让比特币和山寨币中的"寨主"——莱特币好好比划比划！

经过一番激烈争斗，市场作为最好的裁判，为他们打出了一个公平的分数：莱特币 vs 比特币= 10 美元 vs1242 美元！

2013 年，莱特币的最高价格是 10 美元左右，比特币在 2013 年的最好成绩是 1242 美元，而同期黄金价格为一盎司 1241.98 美元。比特币不仅是"武林盟主"，还首度超过"货币始祖"黄金！

难怪有传言说"中国大妈"都放弃了挚爱黄金，移情别恋比特币了！

有业内观察者打趣道："看了下今天的比特币交易价格曲线，我真是相信比特币是在靠中国大妈炒的！从半夜的 4000 多元（每个，下同）狂涨到 9 点多的近 7000 元，然后大妈出门买菜了，开始狂跌 40 分钟止收4800 元，大妈买菜回来了，之后又一路收复失地，到 11 点的时候稳定到6100 元，然后大妈去做饭了就又没动静了，求大妈快洗碗！"

说比特币市场价格的波动是靠中国大妈炒出来的未免言过其实，但是比特币市场犹如"过山车"般的暴涨暴跌却毫不夸张。

自从有了比特币，瞬间由草根变富豪已经不是彩票才能有的专利了！

三

比特币是"史上涨得最快的货币"！

你吃过最贵的比萨饼是多少钱一份？据说，世界上最贵的比萨饼是意大利厨师列纳多维奥拉制作的"路易十八"，价格是 8300 欧元，折算成人民币，大约就是 12 万元！这已经算是天价比萨饼了！

但是，自从有了比特币，这个"史上最贵"就只能成为历史了！

据说，一位美国人曾用 10000 比特币换来了两份比萨饼，这要是按照 2013 年 11 月的最高价，这两份比萨饼相当于价值 8000 万元，要说史上最昂贵的比萨饼，此饼排第二，谁敢排第一！不知道这位大侠会不会肠子都悔青了，恨不得时光倒流？

比特币诞生之初，几乎一文不值。而今一枚比特币有接近 1000 美元的价值。也就是说，比特币在数年之内身价上涨了超过 100 万倍。

能有如此接近梦想的机会，那些怀揣着"土豪"梦的"草根"们怎能错过！

虽然大家纷纷投身比特币市场，但是比特币的法律地位确实有点儿尴尬，很多国家只当它是"小三儿"，根本就不承认它的合法性！

这可急坏了一帮"草根"们。2013 年 8 月，比特币基金会作为代表，与美国联邦调查局、美国国税局、美联储、美国货币监理署、联邦存款保险公司等数十家牛气十足的机构展开闭门会议，企图为比特币寻得一席合法地位！

功夫不负有心人！民间组织的努力终于有所回报！

8 月 8 日，比特币被美国得州联邦认定为合法货币并受到《联邦证券法》的监管；

8 月 19 日，德国政府赋予比特币合法身份；

10 月 29 日，加拿大温哥华激活全球第一部比特币自动提款机；

10 月 15 日，百度关联网站安全加速平台——"加速乐"宣布已支持采用比特币进行支付；

……

这一系列"喜大普奔"的消息，注定了 2013 年的 11 月将会是比特币最为疯狂的一个月！

进入 11 月，比特币行情突然活跃起来，币值迅速高涨，各交易平台的交易量也急剧增长。

11 月 18 日，比特币市场更是惊现两枚重磅"炸弹"：

"炸弹"一：中国最大的比特币交易平台 BTC China 宣布获得了来自光速安振创投和美国光速度创投 A 轮 500 万美元的投资；

"炸弹"二：比特币作为一种合法的金融工具被美国司法部和美国证交会（SEC）的代表提出。

这两枚"炸弹"威力不小，11 月 19 日，比特币价格达到巅峰！

比特币价格节节攀升，由月初的 1250 元疯涨至 19 日的 8000 元，而国内比特币市场的交易总量达 25 万比特币左右。

BTC China 则由"中国最大"一跃成为"全球最大"的比特币交易平台！

有网友调侃：地球人已经无法阻止比特币的升值了。

比特币火了，但凡和比特币沾亲带故的也都火了一把，果然是"一人得道，鸡犬升天"。

卖挖矿机的发财了！硅谷的"土豪"们开始投资挖矿机了；

比特币的表亲身价大涨了！莱特币、无限币等跟着声名大噪了；

有"中国投资风向标"称号的李嘉诚也开始投资美国比特币支付公司了；

……

从"草根"到"土豪"，无一不拜倒在比特币的石榴裙下！

但是，比特币毕竟只是一种虚拟货币，并没有实体经济的支撑。它的价值一路飙升到底是因为还没到价值所在点，还是只是大家炒作下的金融泡沫？它的价格会一直居高不下吗？它的火爆场面又能持续多久呢？

突如其来的坍塌

一

遥想当年，拿破仑东征西战，这位"矮小的科西嘉人"缔造了盛极一时的法兰西帝国，欧洲封建势力成了他的"刀下亡魂"。一时间，他成了男人的典范、女人的"男神"，更是各路"矮子们"的骄傲，何其风光！

但是，生活就像一部跌宕起伏的悬疑剧，剧情总能在不经意间给你来个"峰回路转"，给你一个措手不及。

1815 年，一场举世闻名的战役在滑铁卢爆发，这场战役为什么会举世闻名？因为这场战役改变了一位英雄的人生轨迹！当时，拿破仑的军队和大英帝国的军队经过激烈战斗都损伤惨重。此刻，谁的援兵先到，谁就能赢得这场战争。漫长的翘首企盼，英国的援军纷纷赶来，拿破仑见状，心里暗骂格鲁希"死在了何处"！毫无悬念，这场战役以拿破仑的惨败而告终。那拿破仑的援军到底哪里去了呢？传说颇多，有人说，格鲁希元帅背叛了拿破仑；也有人说，格鲁希元帅误以为拿破仑是让他增援别部。不管真相到底如何，拿破仑是被这位元帅坑惨了！拿破仑的命运就此改变，这场战役成了他人生中的最后一役。

2013 年 12 月，比特币也遭遇了"币生"中的"滑铁卢"！

2013 年 11 月 20 日，也就是比特币价格达到巅峰的后一天，大红大紫的比特币终于迎来了央行一位副行长非常有艺术性的表态。

大意如下：大家不要做梦啦，从央行的角度来说，比特币暂时是不被承认的。但是，民众有自由参与比特币买卖的权利，个人认为它还是很多特点的，我会保持长期关注。

昨日比特币市场还一片锣鼓喧天，人在喜庆的环境下果然容易变得乐观，多家平台都认为，副行长的表态对投资者而言是好事啊，人家都说了比特币买卖是互联网交易自由，这不就是相当于得到了监管部门的默许吗？

乐极往往容易生悲！

就在外界对比特币的形势一片叫好的时候，比特币却迎来了冬天。

2013 年 12 月 5 日，中国央行首次公开表明对比特币的态度：比特币是不合法的！央行等五部委还联合发布了《关于防范比特币风险的通知》，通过该通知，禁止各金融机构和支付机构开展与比特币相关的业务。

这次可不是表明态度这么简单，看来央行是动真格了！

无独有偶，在这一天"表明态度"的还真不止中国央行，法国央行"恰巧"也在这天对比特币的风险提出警告：比特币是虚拟货币，并不受监管，也是没有担保的。此前荷兰的央行也发表了类似的声明。之后马来西亚、加拿大等国家也相继否定了比特币的合法地位。

尽管早前还有国家已将其纳入合法范围。德国正式承认比特币的合法地位；美国司法部和美国证交会的代表称，比特币是一种合法的金融工具。但是随着多国央行相继发声，还是对比特币造成重创。

比特币价格暴跌是不可避免的事情，但是更糟糕的还在后头！

就在中国央行警示比特币风险后的第二天，百度旗下网站加速乐暂停接受比特币支付，之后，比特币和挖矿机在淘宝都开始禁售。

不久，中国企业果壳电子，曾经是全球首例支持比特币实物交易，也称其会全面停止比特币支付服务。

无论是网点还是实体店，都纷纷在强大的政策压力面前开始退缩。

这一切都显得扑朔迷离！

为什么这一切偏偏在比特币处于鼎盛期相继出现？为什么多国政府都选择在 12 月 5 日前后表态？是巧合还是早有预谋？

二

你以为政府表完态，比特币市场遭受重创，各方停止比特币支付就算完事了吗？你以为这会儿就该是"冬天已经来了，春天还会远吗"的节奏吗？

没有最惨，只有更惨！

2013 年 12 月比特币迎来的只是初冬，2014 年以来开始进入寒冬。更有人预言，比特币的疯狂迷信将在 2014 年崩溃。

比特币的春天貌似渐行渐远！

2014 年 1 月 27 日，"比特币大佬"查理·施雷姆因涉嫌洗钱遭美检方起诉。这家伙是谁呢？他是专门为比特币打广告的，还有一个光鲜的职务——"比特币基金会"副主席。他还有另外一个身份——比特币交易网站 BitInstant 的首席执行官，他绝对是比特币的铁杆粉丝。

首先对他开刀，是不是在杀一儆百呢？这个我们无从得知，但是 2 月以来的一系列事件越发让人觉得这很有可能就是一个蓄谋已久的阴谋。

2 月 8 日，比特币全球大型网络交易平台 Mt.Gox 突然暂停提现。Mt. Gox 随后便发布了声明，"由于系统维护，将在尚不确定的一段时间内暂停提现服务，希望解决部分用户过去几个月一直投诉的提现交易延时的问题"。这怎么听起来有点像是打着维修的幌子在拆比特币的台呢？

2 月 11 日，全球最大的两家比特币交易所遭黑客攻击，致使客户无法赎回资金。虽然有人开始躁动不安，但是很多人还是非常淡定：只是遭了黑客的攻击罢了，这些问题只能说明交易所的系统有待升级，和比特币本身并没有什么关系。

这些也都只是前奏罢了！

2月25日，全球最大的比特币交易平台Mt.Gox网站一夜之间消失。如果说黑客攻击只是给比特币市场挠了个小痒，那Mt.Gox的人间蒸发无疑给了它当头一棒。全球比特币投资者瞬间陷入巨大恐慌，曾经贵比黄金的比特币前途未卜。

然而，这一切并没有结束！

2月27日，新加坡比特币交易平台First Meta的28岁美女CEO秋·莱德科离奇身亡。莱德科自杀的原因目前还没有定论，在比特币交易风波闹得沸沸扬扬的节骨眼上，美女CEO就这样莫名其妙地香消玉殒，想让人不把它与比特币风波联系起来都难。

就在命案发生后一天，又有重大变故惊现！

2月28日，世界最大规模的比特币交易所Mt.Gox继"系统维护"和交易网站"人间蒸发"之后，又一次发生重大变故——交易所遭贼了，85万个比特币"不翼而飞"！不论是自身所持有的还是用户存放在这儿的，统统不见了！"剧情"能再"荒唐"一点儿吗？但是事已至此，又能有什么办法呢？世界最大比特币交易平台只能申请破产保护。

这一系列"荒唐剧情"之后，比特币在如此严寒的冬季，还能迎来百花齐放的春天吗？

三

很多人都相信，这一切都只是一个阴谋。

阴谋终将不能得逞，是金子总是会发光的！

黎明前最黑暗，现实已是这般残酷，有一群铁杆粉丝坚信黎明的曙光就要来临，"比特币"终将迎来新一轮的春天。

在强大信念的支撑下，比特币犹如在阴影中自我狂欢！

2014年4月15日，比特币遭央行"封杀"，部分交易网站银行账户被封。一时间，国内比特币业界可谓是风声鹤唳，这对原本就已混乱不堪的比特币市场来说无疑是雪上加霜，央行大肆封杀比特币的行径也让人唏嘘不已。

比特币很难再重回当年的"盛世"了！

但是，就在这一天，国内第一台比特币ATM机登陆上海张江，手机交易应用"币加锁ATM"面世。

在这些利好消息刺激下，随后两天，国内比特币市场终于有所回暖，价格上涨至 3000 元左右。

在泱泱大中国的比特币市场，依然有很多人对它不离不弃，"生死"相随。他们不惧惨淡的行情，不畏央行的封杀，毅然决然地坚守着比特币。他们非常具有乐观主义精神：近期比特币磨难重重，那是"天将降大任"的节奏。我们的目标可是未来的储备货币，各国央行联合打压，那不是在帮助我们发掘比特币市场的缺陷，让我们为它的合法化寻找更适合的道路吗？比特币哪能是几份文件就能打败的呢？它可比"小强"还要坚强。

"乐享比特币"网站的创始人袁浩对比特币的未来充满信心：有些事是禁止不了的，因为这是人性！

你以为那些人是心甘情愿地卖掉比特币的吗？他们只不过是担心在"4·15"之后价格大跌，自己会赔钱而已，但是这些银行也没有痛下杀手，他们只是私下通知销户，并没有断掉所有交易平台的账户。即便断了国内的账户，也可以用海外的账户买。

果不其然，经过此次央行的封杀影响，在内地设有分部的 MYCOIN 比特币综合服务平台迅速崛起，注册用户和交易量噌噌地往上升。

中国青年天使会副会长麦刚也是比特币的坚定信仰者和支持者：我支持比特币是因为我是理想主义者。

很多人支持比特币可不单单是为了"草根"变"土豪"，更重要的是它模拟出了贵金属的属性，创造了一个去中心化的货币世界，那可是最伟大的民主！

为什么创造了一个去中心化的货币世界就是最伟大的民主呢？为什么一个市值仅为 56 亿美元的比特币却遭到了多国政府的联合打压呢？比特币的风起云涌到底是动了谁的奶酪？到底是谁在摧毁比特币？

比特币背后的角逐

一

比特币在民间很受欢迎！

比特币可在全球范围内通用，有了它，你可以买东西、支付劳务费用，甚至还可以投资股票，而且比特币本身也日益成为非常抢手的投资工具，更让人欣喜的是：用比特币交易，你不用担心任何的手续费。

很显然，比特币已经充当了货币的一些功能。

人怕出名猪怕壮！

随着比特币的风生水起，一场关于"比特币是否是一种有资格成为国际储备货币的新兴货币"的争论日趋白热化。

要想有资格去争夺国际储备货币之位，那必须得为它正名——它首先得是一种合法的货币。

但是，要想让比特币成为名正言顺的合法货币又谈何容易？

这明显是对权威赤裸裸的挑衅。

比特币实质上侵犯的是主权政府的核心利益——货币发行权！

你可别小看这货币发行权，它能给中央货币局带来一笔丰厚的铸币收益税，连凯恩斯都说，在没有其他办法的时候，政府可以通过这种方式生存下去。

但这可是只有各国政府才能有的权力，一个民间组织哪能有这等荣幸！

哪能随意说比特币是合法性货币呢？

二

你以为大家会团结一致抵御"外敌"吗？

别天真了！

当某些国家发现能巧妙地利用比特币来提升本国货币地位的时候，他们就会去拥抱比特币，甚至不惜策划整个"比特币事件"。

于是各路人马分成明显的两拨：

一拨是"美国派"和"欧盟派"，他们积极拥护比特币的合法地位。

一拨是以中国为首的"亚太派"，其拥护者主要有印度和马来西亚，他们着重强调比特币的巨大风险，不承认它是真正意义上的货币。

"欧盟派"站出来支持比特币这倒还好理解，毕竟多了一个强劲的对手，更能挫挫美国的锐气，说不定还能坐收渔翁之利呢！

但是，"美国派"为何也要支持比特币呢？美元那可是名正言顺的国际货币，比特币明显是冲着国际货币去的，这么强劲的对手你不趁机打压，反而推波助澜，这用意到底何在呢？

有人说，美国根本就没有把比特币放在眼里，认为它根本就动摇不了美元的国际货币地位。

但是比特币如此深得民心，难道美国真的一点儿都不担心吗？

又有人说，美国其实最害怕比特币动摇美元的国际货币地位。

美国之所以赞成比特币作为合法货币，那都是被逼的。在德国，比特币合法了，甚至在大部分欧洲国家都是倾向于合法的，"欧盟派"可是觊觎美元的国际货币地位已久，狼子野心昭然若揭，这对美元构成了很大的威胁。美国心想：我可不能在这群人面前认输！我不是懦夫，不能让世人看扁了美元，他们不怕，那我也不怕！

可是，事实真的如此吗？美国真的会如此意气用事？为了一时的颜面而把美元置于如此危险的境地？

三

有人就不赞同了。

他们从阴谋论的角度出发，认为比特币其实就是美国为了巩固美元的国际货币地位而自导自演的阴谋！

为什么这么说呢？

比特币仿照的可是"货币鼻祖"黄金，美联储以往一直非常敌视这种类似于黄金且可以取代美元支付系统的货币形式，但这次对比特币的态度怎么就截然相反了呢？

说不定比特币的"生母"只是美国找的一个托儿，毕竟我们连她到底姓甚名谁都不知道，这位"伟大的母亲"至今仍是一个谜。

现在，国际社会上"去美元化"的呼声越来越高，很多人都希望重构世界货币体系，创造一种无主权性质的国际货币。也就是说，很多人都希望国际货币能不受任何国家的摆布。听命于美国的美元的国际货币地位受到动摇。

这个时候，比特币就出场了，它甚至效仿了黄金几乎所有的特性，甚至还放大了它的稀缺性——黄金五十年增加 1 倍，而比特币一百年才增加 1 倍。

美国先是继德国之后假仁假义地承认比特币的合法身份，之后就等着比特币飞上云端。待大家都认为比特币终将众望所归夺得国际货币之位的时候，再让它从云端跌下，粉身碎骨，再无翻身的机会。

站得越高，跌得越惨！

之后，若再有人提出重建以超主权货币为国际货币的建议，美国便有正当理由置之不理，甚至顺带还奉劝大家：你们不要执迷不悟啦，你看比特币都那样了，哪有我们美元靠谱啊。

于是，国际社会不得不再次信任和依赖以美元为核心的主权信用货币的国际货币地位。

美元依然稳坐国际货币之位，而美国的霸主地位依然屹立不倒！

就算比特币生命力顽强，在万般磨难中挺过来了，美国也是一点儿都不担心。

毕竟目前衡量比特币的一般等价物依然是美元，比特币的身价越高，那对美元的需求量不就越大吗？说不定比特币不仅不能动摇美元的国际地位，反而最终会让美元水涨船高，作为国际货币的地位日益巩固了呢？

就算到时候比特币的身价无限量地涨上去了，支付系统也形成了，但是由于比特币来路不正，根本就没有强硬的后台，那么以美元计价的比特币就非常容易沦为洗钱、贩卖毒品、倒卖军火的犯罪工具，这不就变相成为美元的另一个市场了吗？而美国还不用被安上"姑息养奸"的骂名。

何乐而不为呢？

但是，事实真的是这样吗？目前没有人能给出答案，要想知道这一切到底是不是美国的一个阴谋，那只能看美元到底从中获益多少。

比特币最终总会有它的一个归宿，但到底是最终投入使用还是化为泡沫？这一切都要看各方博弈的结果如何。

若投入使用，比特币真的能打败美元成为未来的国际储备货币吗？要知道，美元的势力不容小觑，货币的霸权依然掌握在美国手中，要打败美元，谈何容易？时间是检验真理唯一的标准，就让我们拭目以待吧！

然而，为什么当初的国际货币不是英镑，不是马克，不是法郎，也不是人民币？美元是如何在美国的庇荫下一步步地爬上国际货币之位的呢？

第三节 / 货币的殊死搏斗

美元的强取豪夺

一

给人类带来巨大灾难的两次世界大战，粉碎了西欧某些国家的霸主梦，但是成就了美国的发财梦。

在第二次世界大战快结束的时候，大家猛然发现，美国才是隐藏已久的"大赢家"。赢了战争不说，还发了大财——几乎全世界的黄金都通过战争的"契机"流到了美国，彼时美国拥有的黄金占当时各国官方黄金储备量的 75% 以上。

此时，昔日称霸的西欧国家已经普遍衰落，而美国的经济实力空前膨胀。美国也从两次世界大战中吸取了教训：像德国那样靠战争来寻求生存的方式太愚蠢了，要想称霸世界，就必须进行金融殖民，通过经济渗透让别人乖乖地把钱交出来才是上策。

于是，一场没有硝烟的战争就此拉开帷幕！

1944 年 7 月，美国就对当时准备筹建联合国的 44 个国家的政府代表说，"金本位制"已经彻底崩溃啦，大家是时候坐下来商量建立新的国际货币体系的事情了！

于是各方都应邀来到布雷顿森林，一起讨论构建国际货币体系事宜。

这次会议，美国毋庸置疑又是最大的赢家。

经过一番激烈地博弈，大家签订了"布雷顿森林协议"，规定各国的货币只有通过美元才能与黄金发生关系。也就是说，美元已经成了黄金的唯一"等价物"。谁若想兑换黄金，那都只能先兑换成美元，然后才能如愿兑换成黄金。当然，美国也对其他政府承诺：只要你拿美元来我就给你兑黄金，一盎司黄金 35 美元，童叟无欺。

有钱的才是老大！

美国此时财大气粗：绝大部分的官方黄金储备都在我这儿，我还拥有全世界最强的经济实力和军事实力，你们能奈我何？

一场战争，一个会议，一纸公约，美元就此荣登世界货币的宝座！

从此，各国货币都唯美元马首是瞻，美国也享受大把的铸币税带来的喜悦。

但是，美国从此就能高枕无忧了吗？

二

好景不长，不到 30 年的光景，美国又有点儿掌控不住了。

为什么呢？

因为布雷顿森林体系本身就存在着不可调和的矛盾：美元作为世界货币必然会成为其他国家重要的外汇储备，为了不让全世界面临外汇储备短缺的窘境，美国不得不保持贸易逆差，而逆差扩大，对美元的需求就增多，但是黄金的数量又只有那么多，这可让美元有点儿捉襟见肘。

看来老大不是那么好当的。但是事已至此，骑虎难下，必须想办法解决。美国很快想到了应对之策——让美元和黄金脱钩。没有了黄金的约束，那要印多少美元还不是我美国说了算。

当然，美国自己心里也清楚：我也只能趁着全世界还在愣神的时候大把地印刷纸币，等他们清醒过来，这招或许就没那么好使啦。

那要怎么办才好呢？美国知道，要想让美元的地位固如磐石，那就必须让全世界都对美元形成极强的依赖。

可是，怎样才能让全世界都依赖美元呢？最好的办法莫过于让美元与世界上最重要的大宗商品挂钩。什么是世界上最重要的大宗商品呢？当然非人类生存的必需品能源莫属。

赶得早不如赶得巧！

1973 年，第四次中东战争拉开帷幕。原本埃及和叙利亚突击以色列成功，战争的胜利指日可待，但是以色列在一些西方国家的支持下瞬间反超。阿拉伯人咽不下这口气，于是决定利用优势资源——石油来打击西方国家的气焰。欧佩克成员国一致对外，抬高油价，这可把那些需要大量石油进口的西方国家整得够呛。这时候美国偷偷飞往这块是非之地，与"世界第一大产油国"沙特密谋：你们要想把石油价格抬多高我都可以不管，但是你们若是想让美国不与你们为敌，那就必须答应我们一个条件——所有的石油交易都必须用美元结算。当时沙特求胜心切，也并不知道美国这招棋的真正用意，于是便答应了。

就这样，美元成功地与能源挂上了钩，巧妙地将世界和美元紧紧地联系在一起了！

当然，光有依赖那是不够的，还必须让世界对美元充满信心，而对美元的信心则来自于对美国的信心。因此，要想一劳永逸，那就必须釜底抽薪——依靠军事实力维持美国的霸主地位。

于是，美国开始打着"自由和民主"的旗号到处耀武扬威！

三

哪里有战争，哪里就有美国的身影！

无论美国打着什么旗号发动战争，其实质都是为了维护美元的霸主地位。

你若不信，我们便来仔细瞧瞧各种"巧合"：

1999 年 1 月，欧元启动。

1999 年 3 月，以美国为首的北约打着"人道主义"的幌子发动了科索沃战争，战争一打响，欧元汇率大跌，7000 多亿美元的热钱有 4000 多亿美元逃离欧洲，其中 2000 亿美元流向了美国，另外 2000 亿美元则流向了我国香港。

1999 年 4 月，美国"误炸"中国驻南斯拉夫大使馆，大量热钱从我国香港逃离，逃向何方了呢？当然是美国。

2001 年 9 月，美国纽约世贸中心和华盛顿五角大楼遭恐怖分子劫持的民航客机撞击，也就是轰动全球的"9·11 恐怖袭击事件"，大量热钱撤离美国。

2001 年 10 月，以美国为首的联军打着"反恐"的旗帜发动了阿富汗战争，大量热钱又流回美国。

欧元崛起，那我就打击欧元，热钱外流，那我就用战争把钱"打回"美国！

这些战争都只能解燃眉之急，要怎样才能让美元永远雄起呢？那就只能让全世界都增加对美元的需求。

2003 年，反美的萨达姆政府撞在了枪口上！

美国攻打伊拉克的理由依然是"反恐"和所谓的"人道主义"，但是，到底是不是为了"世界和平"而战，大家都心知肚明。只要看看伊拉克战争后美元的收益，那美国的用意也就成了"司马昭之心"了。

伊拉克战争让全球油价飙升，这意味着什么？石油那必须是要用美元结算的，油价飙升了，全世界对美元的需求那就跟着飙升了。此时，美国再大肆印刷钞票，你还能说他"无情无义无理取闹"吗？于是，美国打着为世界增加流动性的名义肆无忌惮地印刷钞票，全世界人民也只能"看不惯他，又干不掉他"！你以为这些钞票是白给的吗？你可得拿着产品去换，最后用"白花花的大米"换来的却是越来越不值钱的绿票子。这么多的绿票子该何去何从呢？别着急，"大佬"美国早就为此准备好了一个非常好的出路——购买美国国债。

美国就这样轻松地利用美元这个工具名正言顺地大肆搜刮世界财富。

出来混迟早要还的！

大肆滥发美元和美国"赤字"政策的"毒瘤"终于发作，2008年金融危机爆发，并迅速通过美元这个世界货币的媒介蔓延至全球各大经济体。

但是，接踵而至的欧债危机也使欧元"元气大伤"，基本上失去了和美元竞争的资格。

有人说，欧债危机其实就是美国阻止欧洲一体化、打击欧元的阴谋！

美国早就意识到欧元的崛起很有可能威胁到美元的地位。2001年，在高盛量身裁定的"货币掉期交易"方式下，希腊成功进入欧元区。而华尔街也利用同样的方法帮助欧洲许多国家"瞒天过海"，正是因为当年的"劣因"才导致了今日欧债危机的"恶果"。

美国一直在为美元而战！

因为美国知道，要让美国经久不衰，美元就必须屹立不倒。

殊不知，美元的肆无忌惮已经在慢慢侵蚀世界对美元的信任，人们纷纷寻求让自己更有安全感的保值方式。

但是，什么样的投资方式才能保值呢？手持现金担心被偷被抢，存在银行又担心通胀，房市此时又萎靡不振，投资股市又害怕血本无归……在金融危机常发生、金融市场高风险的年代，我们的钱该何去何从？

疯狂的中国大妈

一

2013 年"五一档"再度上演了一部精彩绝伦的大戏——新版"满城尽带黄金甲",交战一方是大名鼎鼎的美国华尔街大鳄,另一方居然是"中国大妈"。随着战况愈演愈烈,这部大戏的收视率一路飙高,并受到了国际关注。

这年的"五一黄金周"俨然成为了"五一抢金周"!

当时恰逢华尔街大鳄们出手做空黄金,黄金大跌,世界哗然。

这一消息不胫而走,大量中国民众冲进最近的店铺抢购黄金制品,就像买大白菜一样,毫不眨眼地一买就是几公斤,许多城市的商场黄金专柜被一群以大妈大婶为主流的主妇们"洗劫一空",库存频频告急。更为恐怖的是,内地主妇们还利用"五一"小长假组团赴港台等地狂购,港台地区的金店一瞬间也被抢个"片甲不留"。

央视《华尔街》顾问陈思进分析说:"黄金大降价对中国大妈大婶们而言就像北京二环的房价从 3 万元降到了 2 万元,60 寸的大电视 1000 元甩卖,老百姓怎么会不抢?华尔街大佬们显然低估了她们,百姓只在乎值与不值,哪管你期货不期货!"

有媒体报道称,彼时 10 余天的时间,"中国大妈"的黄金购买量就达300 吨。

那是什么概念?全国 2012 年黄金消费量共为 832.18 吨,也就是说,"中国大妈"在 10 余天的时间便抢购了 2012 年一个季度的黄金量。

半路杀出的"程咬金",打了华尔街大鳄们一个措手不及。整个华尔街都为之震惊:华尔街投多少,"中国大妈"就买多少。"抢购潮"竟然真的"力挽狂澜",让金价出现了反弹。

高盛率先退出做空黄金,一时间让"中国大妈打败华尔街"的段子频频被网友讨论。

尽管事后多个声音表明这一切其实只是巧合,单凭"中国大妈"之力根本难以打败华尔街大鳄!

不管事情的真相到底如何,但这疯狂的姿态已让"中国大妈"一战成名，全世界都为之"叹服"！《华尔街日报》甚至专门创造了一个英文单词"dama"来形容，甚至，有传言说这一词汇非常有潜力继"no zuo no die"之后入选美国俚语词典。

二

在这一金价狂跌的浪潮中，疯狂抢金的可不止"中国大妈"，世界上很多国家都出现了黄金"圣斗士"！

印度：农民卖地抢金。

金价下跌之后，"中国大妈"抢金忙，"印度大妈"也没闲着！

据报道，2013年4月16日、17日，仅两天的时间，印度最大的黄金市场孟买便销售了4吨黄金，是平时销量的两倍，虽然比起"中国大妈"来有点儿逊色，但也算是非常疯狂了。

每当讨论主要黄金消费国的时候，人们一般会先想到中国，其次便是印度，这两个国家的珠宝黄金需求占据全球总需求的比例非常大。

印度是一个非常喜欢黄金的国家！

我们在看印度电影的时候，往往会惊叹于其精美的黄金饰品和其他的黄金元素。这次全球金价大跌，印度人民怎能错过这般大好机会？当然毫不犹豫地加入了抢购黄金的浪潮，甚至有印度的农民伯伯把自个儿的地都卖了去买黄金。

土耳其：民间藏金5000吨。

酷爱黄金的国家可不止中国和印度，"土耳其大妈"也疯狂！

这次黄金大跌的契机也让"土耳其大妈"好好疯狂了一把，4月的黄金进口量足足超过3月的1倍。

类似于中国和印度，在土耳其，贵金属被用作装饰品，也是非常重要的保值资产。

作为土耳其人传统的储蓄方式，土耳其小孩在很小的时候就知道黄金是一种有储存财富功能的资产。随着多年的积累，土耳其已经集聚了约5000吨黄金，该国居民手中的黄金总价超千亿美元。

阿联酋：黄金无处不在。

据统计，阿联酋平日的黄金交易量也仅1~1.5吨，但从黄金跌价开始，黄金日交易量达2~2.5吨，毫无疑问也是掀起了一股黄金买卖狂潮。

说起对黄金的喜爱，"中国大妈"也仅仅是疯狂地买金囤金，阿联酋这个"土豪"遍地的地方简直就是在"炫金"。

在阿联酋这个神奇的国度，黄金可以说是无处不在！那里有黄金打造的七星级饭店，阿联酋帆船饭店还有黄金 iPad 供入住的顾客使用，甚至有黄金制造的马桶和贩卖机。

果然是"上得厅堂，下得厨房"呀！

这还不够，说不定你哪天运气好，碰上个"减肥拿黄金"的比赛，还能掉肉赚黄金呢！不要以为这是在开玩笑，阿联酋还真举办过这样的比赛，只要你在 30 天内减掉 2 公斤，就给你送 2 克黄金，多减 1 公斤，就多送 1 克黄金。

三

2008 年的金融危机，股票暴跌。股民们投进股市的那都是一张张的票子，出来后腰包都成了一个个"瘦子"！有些人为此痛哭流涕，茶饭不思；有些人因此气急攻心，生病住院；有些人甚至倾家荡产，因抵不住各方压力选择结束自己的生命。

何其可叹，何其可惜！

"中国大妈"的疯抢黄金引发了全球热议，很多人都吐槽"大妈"们的盲目不理性，在随后金价的继续下跌中，"大妈"们也真是亏惨了！据说，疯狂买金的"中国大妈"在一年内亏损了 46 亿元。

你以为"大妈"们会哭天抢地，像某些在股市亏得血本无归的人一样想不开跳楼自杀？

"大妈"们并没有那么着急！

股票那东西，一旦亏损，那没了就是没了。黄金可不一样，亏了就亏了呗，也不急着出手，收在家里，再怎么着金条还是金条，又不会因为时间长了就成面条，怎么着也不会一文不值吧。以后若是涨了，我还能大赚一笔，若是不涨，那就权当"传家宝"送给儿女了，说不定几代之后就成"大富豪"了。

千百年来，黄金作为硬通货，在百姓心目中的地位已经根深蒂固。"大妈"们炒的不是黄金，而是对财富的安全感！

为什么比特币一时间会身价大涨，成为热门的投资工具？因为它模仿的就是黄金。那为什么中本聪要模仿黄金来设计比特币呢？归根结底就是因为大家对传统避险货币不信任。

中本聪在 P2P 基金会网站上发行比特币的时候如是解释比特币诞生的背景："传统货币最根本的问题在于信任。央行必须让人信任它不会让货币贬值，但是历史上货币贬值的事情一再发生。银行本应该帮我们保管钱财并以电子化形式流通，但是他们让财富在一轮轮的信用泡沫中浮沉。"

金融危机以来，希腊、冰岛、西班牙、葡萄牙、意大利、塞浦路斯、爱尔兰……这一串名单一再地印证了中本聪的担忧。

虽然比特币未必是未来货币的最终形式，但比特币的出现和广受欢迎却足以引发一场对货币本质的思考。

说不定真印证了宋鸿兵先生的那句预言：现在处于世界货币大动荡的前夜！

现行的众多纸币未来肯定都将进入历史博物馆，但是，理想的未来之币是什么样子的呢？

理想的未来之币

一

很久以前的一天，一个用树叶蔽体的人牵着一头羊，走着走着遇到了一个披着兽皮的人拿着一把镶着宝石的斧头，"树叶"哥对"兽皮"哥说："喂，大哥，你手里那东西挺有意思的，我可以用我的羊跟你换吗？""兽皮"哥一听，乐了，这东西我们有很多，但是挺久没有吃过羊肉了，于是非常爽快地答应了。然后"树叶"哥拿着斧头，"兽皮"哥牵着羊，乐呵呵地各回各家了。

"树叶"哥和"兽皮"哥或许不知道，他们无意中的一次交换造就了货币的起源！

货币是什么？

经济学家说，货币就是一般等价物。什么是一般等价物？说白了就是你能接受，我能接受，大家都乐于接受的东西。

"在'物物交换'的时代，我想用羊换匹布，但是布的主人想换匹马，马的主人又只想要只猪……要找到'对头'的人，那多不容易。于是人们就想，何不找一个大家都能接受的东西来固定地充当一般等价物呢？"

但是，什么样的东西才能让大家都认可呢？

经过实践的证明，一般等价物主要得符合以下六个标准：

（1）品质稳定性。也就是说，同一件东西，品质不会随时间发生太大的改变，像蔬菜水果这些容易腐烂的东西就不适合充当货币。

（2）稀缺性。货币的增速必须有限，若增长速度过快，就会发生货币贬值，谁会希望自己拿在手里的货币越来越不值钱呢？

（3）防伪性。这点是必须的，若是本该用白花花的银子才能买的东西，有人用一层镀着银的石头就买到了，那市场不就混乱了。

（4）价值均匀性。货币的价值大小仅根据其个数、大小或重量等就能辨别，所以玉就不适合充当货币，因为不同品种的玉具有不同的价值。

（5）易分割性。用较小的成本就能把货币分割成较小的单位，便于流通。

（6）便携性。拿着货币出门买个东西不容易，总得方便携带吧。

当然，这是非常理想的标准。很多女孩都希望自己的"白马王子"是"高富帅"，但是"高"者常有，"富"者不少，"帅"者亦挺多，而集"高富帅"于一身的却不常有，那也只能退而求其次，在茫茫人海中寻一个感觉最好的从了吧。

流通中的货币不一定是最理想的，但一定是最多人认可的！

在科技落后，又没有非常强大的统一政权的时代，人们只能从自然界中选择天然的物质来充当货币。经过上万年的寻寻觅觅，人们终于找到了心目中的"高富帅"——金银。以上六点标准，金银基本上都能满足，连马克思都忍不住赞道：货币天然是金银。

但是"高富帅"也有软肋，随着经济的发展，金银的增加速度已经远远赶不上人类对货币需求的增长速度。

长江后浪推前浪，"高富帅"也被拍死在沙滩上了！

二

天然货币的"老大"位置被谁抢走了呢？

那就是我们非常熟知的信用货币。什么是信用货币？顾名思义，就是凭借个人或组织的信用担保发行的货币。人民币、美元、欧元……这些都属于信用货币。

信用货币是如何打败天然货币的呢？

最初，信用货币只是跟天然货币说："老大，你看现在哪儿都需要你，看着你累得这么憔悴，小弟好是心疼，那些跑腿的事情，就让小弟为您效劳吧。"天然货币想了想，最近确实挺累的，这样也好，于是就对信用货币说："既然你有这诚心，那就去吧，但是切记不可胡作非为。"于是，信用货币便开始代替天然货币在市场上流通，但若有需要，人们可以随时用信用货币兑换天然货币。

与天然货币相比，信用货币更为方便快捷，因此深受欢迎。但是，信用货币存在一个致命的缺点，一旦发行人不兑现信用货币，那它就立即变成垃圾，因此信用度越高，人们就越有安全感，于是这一职责便自然而然地落到了政府手中。发展到这个时候，人们对于天然货币的兑换需求就没有那么多了，毕竟大家只关心自己手中的货币能不能买到东西，若是带几张纸币就能搞定的事情，谁愿意带比石头还重的金银呢？

慢慢地，政府就发现了这个诀窍：既然大家都不怎么兑换天然货币了，那我发行货币还考虑天然货币的储备作甚？于是，滥发信用货币就成了政府的"摇钱树"，一时间世界各地的政府都在一定程度上利用超发货币来敛财。"布雷顿森林"体系解体后，信用货币与天然货币完全脱钩，各国政府就更加肆无忌惮了。美元作为全球信用的"锚"，本身也只是一种信用货币，而其唯一的发行权只在美联储，于是这天下便成了美元的天下。美国的一场金融危机，却利用美元传染了整个世界，结果美国只有一点"皮外伤"，其他国家就都变成了"经济危机"。

美国造下的孽，却要全世界来埋单。

世界人民很愤怒，后果很严重！

我们需要的是属于人民的货币，而不是政府的货币。虽说温水煮青蛙，已经很难拧成一股绳与之正面抗争了，但是人们并没有放弃，我们还有武器，那就是民心。

回归天然货币几乎不可能了，因为它根本无法满足当前经济发展的需要，但是只要能利用科技创造出一种既绕过政府又能被人们广泛接受的民主货币，那信用货币的好日子也就要到头了！

三

既然称为民主货币，那就一定要是名副其实的民主。什么样的货币才是民主的货币呢？

除了以上所说的那几条货币的属性，还有两点非常重要：

其一，发行权属于人民。就是要依靠某种机制，让全体人民可以平等地获取这种货币，只有让人民掌握了货币的发行权，才能从根本上避免政府通过滥发货币来掠夺人民财富。

其二，无中心交易与存储。不能像信用电子货币那样存储在银行的中央系统里，系统一旦被政府用特权控制，那货币就又只能被政府操控了。

山重水复疑无路，柳暗花明又一村！

2008 年，一个名叫"中本聪"的人开创了世界货币历史的先河，创造了一种民主货币的雏形——比特币。

比特币有什么民主的属性呢？

首先，比特币的发行是通过一种"挖矿"的机制，不受任何政府和个人的控制，能不能挖到比特币，完全取决于计算机的算力，也就是说，全球人民人人平等。

其次，比特币的存储不需要中央系统，比特币的所有交易在每个客户端都有记录，等于是超多备份存储，而比特币交易采用的是 P2P 网络，经过多个中间人传递和公证，也无须通过中央交易系统。

更能体现民主的还在后头！

你是否想象过，有一天你不仅有权利去选择自己使用的货币，只要技术过硬，还可以自己去创造一种货币？以比特币为代表的电子货币的出现为你提供了这样的一种可行性。

在民主货币的世界里，除了比特币，还有莱特币、无限币等多种类似的货币可供选择，到底使用哪种，不是由政府决定的，而是由你自己、由市场决定的。甚至，任何组织和个人都有权利去创造这样的货币，只要能够经得起市场的考验，它就能永垂不朽。

尽管比特币还有很多不完善的地方，但是货币的电子化和民主化已经成为全世界人民的共同呼吁。除非现代文明遭到毁灭，否则未来货币的电子化和民主化基本是无人质疑的！

我们设想，多少年以后，我们的大学校园里有"校园币"，朋友圈中有"朋币"，甚至世界上将有一种大家都能接受认可的"世界币"，各国居民可以带"世界一卡通"走遍全球，住酒店、购房买车、买水果、买蔬菜……

把它变为现实，可能要很多年，但相信人类一定会努力奋进的。民主货币实现了，人民币、美元、英镑、马克、欧元……都将进入历史博物馆。

没有通货膨胀、没有货币贬值、没有金融危机……那将是多么美好的时代！

第七章

监管之殇

    如果说 2013 年是互联网金融发展的元年，那么 2014 年将是其规范之年，是互联网金融和监管与传统金融抗衡发展的一年。

    互联网金融这一新业态，已经让传统金融感受到了它的巨大冲击。作为整个中国金融体系的"搅局人"，它到底是在挑战、颠覆传统金融，还是在对传统金融进行补充与完善，仁者见仁。但我们明白的是，技术引领的产业革新，起于挑战，终归于融合。互联网金融想必也如此。

    互联网金融在中国的"传奇式"发展也许是效率的一种体现，但更是一种风险的隐患。作为监管当局，只有掌握、熟知并运用好互联网金融的这些特色和文化，才能更好地管理互联网金融。

    中国却还未形成成型的互联网金融监管模式，在探索，摸着石头过河，但必须摸索，而且容不得你有半点怠慢。

    监管之殇。

    殇，元年之速！殇，协调不易！殇，监管之辛！

第一节 / **父母之爱子，则为之计深远**

隐忧

一

即使再穷的人，在他的小屋里，也能够对抗国王的权威。屋子可能很破旧，屋顶可能摇摇欲坠，风可以吹进这所房子，雨可以淋进这所房子，但是国王不能踏进这所房子，他的千军万马也不敢跨过这间破房子的门槛。这是 250 年前，英国首相老威廉·皮特在国会的一次演讲。这位老伯伯估计做梦也想不到，这段演讲从此就变成一条让英国百姓腰杆儿挺直的信条："风能进、雨能进、国王不能进！"这说的是什么？是人权，人权的不可侵犯。英国国王爱德华八世访问矿区，就恭敬地站在破房子门口，问主人：我可以进去吗？

时空再一次变换，到了美国波士顿。1890 年的一个晚上，一个美丽的女人华伦夫人举办了一次舞会。上层社会的少妇嘛，不就是想展现自己举手投足间的魅力吗？不就是端着高脚杯穿梭在舞池和各路达官显贵寒暄吗？可惜安保措施没做好，有那么几个人猫在某个角落对着华伦夫人一顿乱拍，这几个人估计是狗仔的鼻祖吧！第二天，无压力上头条——华伦夫人舞会的各种窘态。可那夫人是"背后有人"的呀，她丈夫是有哈佛法学院背景的报业人士，在《哈佛法学评论》上发表了一篇《隐私权》的文章，把隐私权首次以概念形式提出来。

"生命诚可贵，爱情价更高，若为自由故，两者皆可抛"，这也是我们先人对人权的至高追求。从过去到现在，人权已经上升为我们的基本权利。

既然是基本权利，那法律就要保护，谁也不能来侵犯。

看，互联网来了！全民狂欢，极客时代，草根的舞台，我思故我在，我有个性我出名，只要你能摆个"S"形，像芙蓉姐姐那样妖娆，你也有粉丝！狂欢后，我们或许都没意识到，我们在"裸泳"，你看什么、想什么、做什么，通过互联网，别人都有办法知道。国王还用站在门口问"我能进去吗"？不用，你家里椅子摆哪儿，桌上有几个水杯，阳台上晒了几件衣服，他都知道。

听了这些你也许会吓出一身冷汗，隐私权呢？难道不应该尊重我的隐私权吗？对的，我想告诉你，在互联网时代，物理防护措施对于个人隐私而言，已经如同虚设，他甚至有读心术，能猜透你的喜好。在互联网时代，我们都是"透明人"。

2012年，中国台湾花莲市的一位女同胞，不幸在全球人面前"裸泳"。她裸体在家中活动，走到窗户边上时，碰巧被谷歌街景车拍到，于是这一刻就永远留在公众视野里。荷兰的一男一女，也不幸"中招"，躺在自家楼顶上，一丝不挂晒个日光浴时，正巧被天上飞过的谷歌卫星"一饱眼福"，同乐的就是全球网民了。

互联网时代，人和人之间建立广泛的连接，会极大降低交易成本，但随之而来的就是个人隐私问题。思考一下，如果把隐私泄密和你的财务相结合，通过互联网进行各种资金运作，会怎样？想想就觉得不放心，安全确实是互联网时代的一大难题。

二

安全是个难题？是的，你会说"感觉就是不安全，网络世界摸不着抓不到，我们找不到踏实感"。可他到底哪里不安全呢？答案就在你的支付行为中。

时下，能证明我们紧随潮流的一种方式就是手机"扫一扫"，扫什么？二维码呀！你看，不管是在商场、餐厅、电影院还是哪个咖啡厅，随处可见二维码：扫一扫中大奖，扫一扫有惊喜，网上购物也经常有"扫二维码立减×元"的优惠。可这一扫，一不小心就会"掉血"——账户资金被盗取。

《楚天都市报》曾报道一名小伙子，很"幸运"被彩蛋砸中，消费时收到店家派发的"红包"，用手机扫了二维码，没想到支付宝里的1.8万元就没了。

同病相怜的还有扬州的一位女士，精打细算，在网上千挑万选，淘了一款便宜洗衣机，估计心里是乐开了花，店家发来一个据说是用于查看洗衣机官方说明的二维码，想也没想就扫描了，结果是洗衣机没有得到，银行卡上的2.4万元全部被盗取。

不仅是买家被忽悠，卖家也有被"坑"的时候。

2014年2月，江苏的一位淘宝卖家，在扫了买家发来的付款二维码时，支付宝里的40万元全部被盗取。幸运的是这起案件被顺利破获，犯罪嫌疑人竟然是云南的一位18岁的高三少年。这位"天才"少年酷爱计算机编程，把木马病毒植入二维码，"轻松"获取巨额钱财！

据腾讯移动安全实验室报告，截至2014年上半年，手机用户总扫码次数为21.59亿次，扫码手机用户总数超过4亿次；2014年上半年，手机病毒来源渠道中，因扫二维码中毒的比例为9%。

读到这里，你可能马上就有疑问，扫二维码怎么就会有这么多隐患？

仔细研究一下二维码的来源和特性，就能找到问题的根源。现在我国普遍使用的二维码是日本丰田公司旗下公司发明的QR码，这种二维码编码开放，无技术壁垒，无须授权就可任意生成，再加上缺乏应用标准，让不法分子有了可乘之机。他们在二维码中植入恶意木马，扫描之后，恶意木马便会潜伏在你的手机中，拦截所有短信并将其转发至他们设定的手机上，就这样轻松得到了用于支付的短信验证码，从而盗取银行卡上的资金。

看到了吧，网络支付诞生的产物——二维码，不是你想扫就能扫的。

再看看互联网时代的"大明星"余额宝。这个"宝宝"的生平简介想必不用再过多说明了。现在，问题来了，把钱放在余额宝里安全吗？网络安全保密技术固然发达，可是黑客也不傻，不仍能在美国国防部、五角大落等高级别区域来去自如？黑客要是盗取密码，取走钱财那可怎么办？

不要紧，有《余额宝服务协议》，其中提到"可以就使用本服务时因不能归责于您的原因造成的理财产品损失申请支付宝的补偿"。

可是现实往往比这一纸承诺要复杂得多。

曾有上海一名用户发现有六笔钱共计2997元相继从自己余额宝账户转出进入一名陌生人的银行账户。随后，这名用户与支付宝客户满意中心联系并报了警。

但该用户得到支付宝的反馈是："您表示非本人操作的交易均是在可信网络环境下进行的操作，这个情况确实不符合支付宝补偿条件。"

这样的结果实在无法令用户心安，余额宝呀，想说爱你不容易。

再有另一人入镜。

整整两周，刘雯都忧心忡忡，事情源于她将自己的积蓄20万元投入到P2P平台"旺旺贷"，本来是满心期待一笔丰厚的收益的，谁知到最后遇上了P2P网络借贷公司"跑路"。何谓"跑路"？顾名思义，就是老板携款潜逃。不可否认，P2P网络借贷公司的倒闭或是跑路潮，已经成了互联网金融背后风险最显著的表现形式。

据不完全统计，2013年至2014年6月，P2P网络借贷投资者被套牢的资金已超过20多亿元，个别平台吸收资金在亿元以上。这一听，想必P2P网络借贷平台已经给你留下了易跑路、高风险的印象，我们再来大致梳理下P2P网络借贷行业的跑路经过，会更让你心跳加速。

P2P跑路第一案发生于2012年12月，上线于2012年8月的优易网，运营4个月便关停，受害投资人60人，涉案金额2000万元。

2013年，P2P网络借贷行业在蓬勃发展的同时也是风险频发，从10月开始的第一波倒闭潮更是一度让网络借贷市场"风声鹤唳"，仅2013年10月到年底，就有约75家平台出现倒闭、跑路以及提现困难等现象，涉及金额达到12亿元，网络借贷平台的倒闭速度更是高达一天一家，令不少投资者胆战心惊，网络借贷市场进入"寒冬"。

进入2014年后，P2P网络借贷平台"跑路"的脚步并未停歇。1月还未结束，就有杭州国临创投、深圳中贷信创、上海锋逸信创三家P2P网络借贷平台同时倒闭，被卷跑的金额至少在1亿元以上。数据显示，截至今年7月，国内运营中的P2P平台共有1200多家，而累计有136家P2P网贷平台出现提现困难、倒闭或者跑路的现象，其中，2014年倒闭和跑路的共有 61 家，绝大部分涉嫌诈骗，仅 7 家是由于运营不善而倒闭的。

P2P 网贷一直在互联网金融行业"裸奔"，出事也在预料之中。

鑫信担保，这个当时南京民营担保公司的带头者，在短短 3 年间，真切地体会了一把由盛转衰的落差，刺激，够刺激！其高峰时期的对外担保总额将近 40 亿元。如今，却极度落魄。多家企业破产倒闭或老板跑路；数百家客户纷纷陷入困境；十几名客户非正常死亡……徒留一个荒唐的结局，鑫信担保最后以资金枯竭、200 名员工剩下 7 名而草草收场。

P2P 网络借贷出现的诸多状况，让人觉得网络借贷相当"不靠谱"。

但是，这个"不靠谱"的 P2P 却是真真正正出生名门的"高贵血统"。网络信贷是源于诺贝尔经济学奖获得者，孟加拉国银行家穆罕默德·尤努斯首创的乡村银行，将小额贷款借给平民百姓。小额借贷意在突破传统银行"冷艳高贵"的作风，普惠大众。但现在的跑路潮和倒闭潮，却给金融稳定和经济体系的正常运转带来了巨大冲击。

说到这里，大家是不是觉得互联网金融没有想象中那么高大上，繁荣背后却有那么多的隐忧。

互联网金融犹如猛龙过江，极速狂奔，一路高歌猛进，一眼望去，都望不到它的发展尽头。可当它坐着火箭一飞冲天的时候，它身体内部却在隐隐作痛。

互联网金融，不要为了追求速度，强调势头而忽略了健康发展、可持续发展的重要性啊。

你还是需要呵护的孩子

一

用餐前"开胃小菜"的作用就是提神开胃，我们现在也上一道"开胃小菜"，聊点儿别的话题——中国信托业。

为什么聊中国的信托业呢？因为中国信托业有韧劲儿，脊梁骨硬，可以说是金融机构中最坚挺的选手了。从出生起就被监管机构整顿，前后 20 年共五次大整顿，2002 年第五次整顿结束，信托业犹如凤凰涅槃，浴火重生，终迎来发展的春天。

第一次整顿是 1982 年。信托发展初级阶段，初生牛犊不怕虎，冲劲儿十足！由于盲目扩大基本建设规模，破坏了信贷收支平衡。因此，国务院进行了对信托业的第一次整顿，令其暂时静一静，闭门思过：信托投资业务交给银行，地方信托公司一律停办。

第二次整顿是 1985 年。才过去两三年，又是"小伙子"血性方刚，发展过热，资金过多投向固定资产领域，助长了固定资产规模膨胀。第二次整顿由此开始，央行给信托业浇了盆冷水：暂停办理新的信托贷款和投资业务。

1986 年以后，我国经济过热，资金需求过大，引发信托业再次膨胀，但是管理工作又跟不上节奏，导致了整个金融秩序的混乱，1988 年国务院又开始了对信托业的第三次整顿，整顿后信托投资公司从 600 多家锐减到339 家！

第四次整顿是在五年之后，1993 年。话说信托业在经历前三次"教训"后，痛定思痛，老老实实做事儿，元气迅速恢复，1993 年信托投资公司创纪录有 700 多家，这么多人参与，那还是老问题来了——鱼龙混杂，违规操作。这次整顿目标就是全面清理各级人民银行越权批设的信托投资公司。

第五次整顿是以 1999 年 3 月《国务院办公厅转发中国人民银行整顿信托投资公司方案的通知》的下发为标志。这一次，可以说是信托发展以来最彻底的一次"再造式"改革，推倒重来！对所有问题严重、地方政府不愿救助或无力救助的信托公司一律实行停业整顿、关闭、撤销，并进入清算程序。这一次的整顿是从制度层面上重新定位信托，促使信托公司回归本源业务，别让这个小伙子不务正业，"耕了别家的田，荒了自家的地"。

这一次整顿之后，信托业真的有了让人耳目一新的感觉。2002 年 7 月后，各种信托产品纷纷涌现，火爆的销售场面给了整顿后初试啼声的信托业热烈的掌声。这样的掌声背后既有信托业自己寻求发展的坚韧决心，更有监管层的良苦用心。

信托业发展前后 20 多年，历经五次大整顿，平均 4 年一次的节奏，这可不是一般人扛得住的。但是，就在这样的反复"磨砺"中，信托业越来越成熟稳重，不痛则不通，他逐步走向健康发展的道路，凤凰涅槃，浴火重生！

从信托业的成长历程中可以发现，一个新生行业，一开始总是年轻气盛，有着天马行空般的想象力，天高任鸟飞，海阔凭鱼跃，发展前景那是一片光明。可是新生行业也有盲目性、任意性，看不到哪里有个坑，说不定走着走着就一头栽下去了，这一栽，自己摔个鼻青脸肿事儿小，关键是怕撂倒一大群人，威胁到整个金融系统的安全。

怎么办？这时候，就要人来看管，要人来呵护，就像操碎了心的家长，小心翼翼地扶着初生的小宝宝一步步学走路。

二

我们现在再聊聊关于互联网金融的一次大事件，可以命名为"互联网金融闯关"。闯关？游戏术语，顾名思义就是你必须经过一道道坎儿，过了坎儿才能升级。

整个事件主要由央行的几道政令发展开来。我们先把整个事件中几个关键点捋一捋：

2014 年 2 月 21 日，钮文新发博文称余额宝是金融寄生虫。

2014 年 3 月 4 日，周小川表示不会取缔余额宝。

2014 年 3 月 13 日，央行要求暂停二维码支付、虚拟信用卡等。

2014 年 3 月 14 日，央行征求意见稿流出，拟限制第三方转账支付额度。

2014 年 3 月 18 日，央行官员撰文称，余额宝应缴纳存款准备金。

2014 年 3 月 22 日，四大行下调第三方快捷支付额度。

2014 年 3 月 24 日，央行首度回应鼓励互联网金融的初衷未改变。

正当互联网金融做得风生水起，发展如火如荼之际，央行政策大棒空中挥舞，相继叫停二维码支付、虚拟信用卡，还限制了第三方支付转账、消费金额。

于是争执来了，口水战来了。

抗议大军中不得不说的一位——马云先生，互联网时代的明星企业家，多少追梦青年心中的偶像，他说："市场不信眼泪，市场更不怕竞争，市场怕不公平。'四大天王'联手封杀，支付宝虽败犹荣，虽死犹生，但决定市场胜负的不应该是垄断和权力，而是用户！"

"虽败犹荣，虽死犹生"，多么富有感染力的表述。余额宝瞬间形象高大起来，就像那慷慨就义的壮士，对着心中无处可申的冤屈，只得"我自横刀向天笑，去留肝胆两昆仑"了。

马云文章一出，另一名人——史玉柱先生更是回应："切，多大的事儿啊？那就请男女屌丝们存款搬家，把在四大的存款搬到民生银行呗，民生银行是民营的。民生和阿里基因相近，是亲戚。"

看吧，精神领袖们都站出来摇旗呐喊了，那背后更是成千上万的民众疾呼，不满央行的做法！

"奶酪说"甚嚣尘上。到底是哪家动了哪家的奶酪？互联网金融中是支付机构动了银行的奶酪，O2O中支付机构又动了银联的奶酪。反正就是草根级别的第三方支付机构侵害了有着纯正金融血统的银行、银联的利益，然后央行看不过去了，维护自家的"子女"，借监管之名，行保护之实，狠招频出，打压第三方支付。

各路人马力挺余额宝，为第三方支付机构叫屈！

可是，事实真的如此吗？俗话说眼见为实，可有的时候眼见也不一定为实，你不能人云亦云，要沉下心来，细细想清楚各种缘由。

"鼓励互联网金融"是监管层一直的基调，就连央行行长周小川都站出来申明这点了。

所以说，市场对监管政策的理解有误读的成分。央行的苦心你不懂！

二维码支付、虚拟信用卡只是暂停而非叫停，不是一棒子打死的节奏，而是要好好反思，闭门思过。

防范风险、保护消费者权益才是央行出手的初衷。

我们前面也说了，二维码支付存在风险隐患，若是一个计算机高手往二维码里植入恶意木马，你再随手扫一扫，卡里的钱就分分钟被盗了，大多数时候还追不回来，叫天天不应，叫地地不灵。但是网银支付却不同，网购的时候，输入完了支付密码，还需要手机验证码，里三层外三层，资金管得严严实实。

再看看周围发达国家或是新兴市场，都没有二维码支付大规模应用的现状，难道是别人比我们笨，想不到这么快捷便利的方法？恰恰相反，别人是有风险的事儿不去干！目前在金融领域出现的二维码认证通用标准没有健全，缺少认证体系和第三方检测。就是说，没有权威机构对这种二维码认证的算法或线下扫码做安全认证。在中国这么一个庞大的市场，贸然推广二维码支付，那可是支付"裸奔"，消费者权益随时可能被侵害！

所以说，二维码支付要"暂停"，好好想想错在哪里？主要还是没有安全保障，等到能通过金融行业相关安全认证，估计还是可以出来的。

而虚拟信用卡的风险也是不言而喻的，它在发卡环节就已经弱化了风险控制！

　　对比想想线下信用卡发卡过程，遵循"三亲"原则，亲见申请本人，亲审核申请人身份证，亲见申请人签字。就算这样严格控制，也还是有风险发生，更何况虚拟信用卡仅仅只是拿着手机，简单几个操作就可以轻松搞定呢。

　　再进一步说，使用虚拟信用卡，会有套现、洗钱的隐患，更会对金额账户实名制产生冲击。金融实名制，这可是安全的底线！

　　如果我们放宽了虚拟信用卡适用条件，那些借助互联网企业积累了数亿支付用户、发行虚拟信用卡的银行就会获得不公平的竞争优势，这样一来，就会有利益冲突呀，利益当头，必会破坏现有金融格局的稳定性。

　　作为金融主管部门，央行是绝对不会坐视不理的，管，要管！虚拟信用卡，你先去"面壁"吧。

　　再说央行对第三方支付额度的限制，中国人民银行副行长刘诗雨都表示，网上流传的《支付机构网络支付业务管理办法（征求意见稿）》是央行和业界的共识，往后还会广泛征求民意，重心不在额度上，而在业务流程的风险控制上。外界的抗议声只是在断章取义罢了。

　　《支付机构网络支付业务管理办法（征求意见稿）》中，监管部门提出对第三方账户余额支付进行限制，受限的只是虚拟账户的消费限额，而非银行卡支付的限额，主要还是出于金融安全的考虑。从监管的角度来看，个人支付账户的资金流动打破了央行对资金流动的透明化监管，形成了一个黑匣子，确实存在巨大的洗钱风险。

　　央行的这种做法也是有例可循的，不少国家对大额支付行为进行监管的标准，比我国现行的做法还要更加严格。央行作为一个庞大的金融体系的"大管家"，需要站在一个总揽全局的角度上，平衡好各方的利益，缜密思考后做出每一次决定，寻求"帕累托改进"，减少政策推行成本。

　　简单的认为央行的行为是出于"谁动了谁的奶酪"而要替谁"出头"，确实有些小家子气。

　　互联网金融，就像一个初生的孩子，从头到脚都是稚嫩的，他朝气蓬勃，蓄势待发，他的人生还是一张白纸，他的发展有无数种可能。他可以给整个金融行业注入活力，推动整个金融业的前进，当然，他也可能误入歧途，甚至会危及金融业现有的稳定，而这一切就要取决他的看护者了，看监护人会怎么引导他。

　　而我们的看护者呢，绝不是童话故事里的恶毒皇后，给你"毒苹果"

吃，可以看见，他们是需要互联网金融，是想呵护他，希望他好好发展的。于是才一次次苦心"教导"互联网金融那些"规矩"，规范他的"不正"行为，为的是想让他走上健康的发展道路。

第二节 / 谁能管得了

亮剑：互联网金融发展新思维

一

想必大家都熟悉国学大师王国维老先生的《人间词话》，他在书中讲到，古今之成大事业者，必经过三种境界："昨夜西风凋碧树。独上高楼，望尽天涯路。"此第一境也。"衣带渐宽终不悔，为伊消得人憔悴。"此第二境也。"众里寻他千百度，蓦然回首，那人却在灯火阑珊处。"此第三境也。

互联网金融的产生和发展也经历着三大境界：境界一"网络渠道拓展"，境界二"大数据运用"，境界三"虚拟信用平台"。

在互联网金融的发展史中，有一种思维模式逐渐被人们熟知和领略。这就是互联网思维。

而互联网金融之所以能以迅雷不及掩耳之势跻身于大牛横行的金融业而不倒，必然有其独到之处，它所依托的正是"互联网思维"。

作为此段主角，"互联网思维"究竟有什么特点？

那就请大家随我来解读一下当下最时髦的话题——"互联网思维"吧。

根据百度搜索的结果，互联网思维是：充分利用互联网的精神、价值、技术、方法、规则、机会，来指导、处理、创新工作的思维方式。这种空泛抽象毫无生动性可言的教科书式的定义，在绕了一圈后，还是没能让我们明白到底什么是"互联网思维"。

只能说"度娘"定义互联网思维太肤浅！

实际上不是因为有了互联网，才有了互联网思维。

大家所接受的"互联网思维"是一种对传统企业模式的再定义。注重

"用户体验"，并把这一核心贯穿到企业生产的各个环节。

更加形象地来打个比方，互联网思维是一种"女性思维"，什么叫"女性思维"？女性一般关注的是自身魅力建设，自身每个细节都关注到，从而成功吸引男士。

有了"女性思维"的解释后，你可能要问，那什么是男性思维？男性思维就有点儿像蒸汽机开启的那一个大工业时代，什么都是大规模，追求数量的庞大。

教科书式的定义说了，比喻也打了，还是拿几个例子说说吧。

案例一：三只松鼠，卖的就是萌。

松鼠最爱吃的就是坚果，所以顾客想到三只松鼠，就会想到坚果。但事实上，三只松鼠不仅卖坚果，还卖萌，这是取悦新一代消费者的不二法门。三只松鼠上线仅65天就登上天猫坚果类销售额第一的位置，2012年它的销售额是1亿元。2013年1月单月销售额超过2200万元；累计销售过亿，获得IDG公司600万美元投资，2013年突破3亿元。

这一成绩，"玩命卖萌"的客户满意部功不可没。为了满足不同客户的需求，三只松鼠也对应将售前客服依据其性格不同进行分组，以便满足各种类型客户的需求，这样一来，回头客很多，二次购买率达到30%。

品牌在创立初期本来计划走高端路线，却在与用户的微博往来中，松鼠被"教育"成了现在的萌样儿，"萌货、无节操、求包养" 是客户听到这个品牌的直观反映。同时三只松鼠带有品牌卡通形象的包裹、开箱器、快递大哥寄语、坚果包装袋、封口夹、垃圾袋、传递品牌理念的微杂志、卡通钥匙链，还有湿巾，都让人眼前一亮。

案例二：黄太吉煎饼果子，既吃饭又吃噱头。

一个"迷你"店面：有10多平方米面积，13个座位。但生意却是出奇的好，煎饼果子晚去了就卖断，猪蹄是限量发售而且还要提前预约。老板频繁现身各种互联网活动演讲，风投估值高达几千万元。新浪微博粉丝量将近25000人，成为新浪微博营销的典型案例。很多客人慕名而去，却不是为了吃那一口煎饼。

"黄太吉"善于借力，几乎借助了所有社会化媒体平台营销，微博、大众点评、微信等，通过各种渠道推送相关消息。同时，"黄太吉"看重"用户体验"，老板亲自打理微博，认真答复每一条粉丝提问，不定期发长篇文字，1000多页的PPT，长达6小时的有关于UFO讲座，涉猎广泛，但的的确确提高了消费者和商家的黏性。

该品牌用其内在理念笼络一批死忠粉丝，靠粉丝的传播，降低了营销成本。

案例三："罗辑思维"，联的是思维又是价值。

"罗辑思维"——估值1亿元的社群电商：第一次售卖会员费就高达160万元，第二次一天之内售卖800万元。拥有108万的粉丝数目和平均每期视频超过100万次的点击量。

"罗辑思维"所拥有的100万微信活跃分子是一个庞大的社交资源库，而且大多是活跃的年轻人。基于这样的平台，"罗辑思维"还能继续开阔发展视野。

"罗辑思维"很好地说明了互联网思维精髓——注重用户体验。

二

网上传得特别火的"雕爷牛腩"大家应该听说过，"雕爷"何许人也？毫无餐饮经验的互联网人，花500万元买食神牛腩配方，烧钱1000万元半年封测，VC投资6000万元，估值4亿元。砸钱绝不手软！砸钱气魄让人佩服！

当在别人还在怀疑互联网的安全性，对于投资踟蹰不前时，"雕爷"早已赚得盆满钵满。一个字：猛！

"雕爷"的眼界超乎常人，利用互联网做营销，还砸那么多钱，想必"雕爷"对于这种营销的效果已经胸有成竹。

如果说互联网思维是一个大的群体，那么他就有九大种族：用户思维、简约思维、极致思维、迭代思维、流量思维、社会化思维、大数据思维、平台思维、跨界思维。

种族看上去还挺庞大的，是不是感觉互联网思维略复杂，略高大上呢？其实不然。

小米，何许物也？雷军和一群小伙伴，早上喝了碗小米粥，便灵感来袭，拍手决定搞个公司卖手机。

卖个手机，为何吸引如此多人的眼球？

因为小米"不走寻常路"。雷军盯上了互联网，对互联网思维也开始入迷。有没有顿时觉得奢华有内涵？雷军将他的互联网思维总结为7个字，"专注、极致、口碑、快"，号称"七字诀"。这也正是小米手机如今如此火爆的秘方。

民间流传的祖传秘方，是我国的国粹之一。互联网思维，则是金融界的精粹。互联网思维的秘方，并不是一旦获得，就能治百病，而是要对这味秘方细火慢熬，慢慢酝酿。

秘方一：专注。

少就是多，大道至简。

这是来自苹果的启示，此苹果非彼苹果。苹果，地球上最贵的公司，市值超过了 6000 亿美元，仅仅 iPhone 和 iPad 就贡献了其高达 75% 的收入。iPhone 获得了全球智能手机市场 73% 的利润，其他所有智能手机厂商，像三星、摩托罗拉、HTC 等全部加起来，利润也才及 iPhone 的 1/3。相对于苹果，如此微薄之利润，其他的智能手机只有提草鞋的命。

苹果将"专注"做到极致，5 年来只出了 5 款手机。所以雷军自己做手机的时候也只做了一款手机，只有一个名字，叫"小米手机"。而非深圳的山寨厂，一天就能出 100 款手机。

少就是多，专注才有力量，专注才可以把东西做到无可挑剔。

这个秘方，不要放太多，少量即可。

秘方二：极致。

做到自己能力的极限。

做到你能做的最好，做到别人达不到的高度。

Instagram，一家 13 人的小公司做的图片分享应用，把易用性做到了极致。只花了 2 年时间就得到了 5000 万用户的追捧、赚了 10 亿美元。每个游戏玩家都应该知道的，暴雪公司创办 20 多年，只推出几款游戏，但个个都健健康康、迅速成长。游戏就像其开发公司的孩子一样，对于暴雪来说，最宠爱的就是《魔兽世界》和《暗黑》系列。

小米很"极致"：创业时期，首推全球第一款双核 1.5G 的高端 WCD-MA 智能手机；"小米 3"还被央视评为史上最快的手机，靠的正是其精益求精的态度。

这个秘方，要慢慢熬，给足时间。

秘方三：口碑。

超越用户预期。

口碑的真谛是超越用户的期望值。小米此次借鉴的例子是海底捞，海底捞的服务超越了人们的期望值，人们当然赞不绝口，五星级餐馆服务也好，但一开始就被我们赋予了很高的期望值，再往后就很难被超越了。

最初没有人了解小米和雷军，第一款小米推出时，仅仅在论坛里发帖，靠"米粉"的口口传递为大众所知，最终在智能手机领域分得一杯羹。

这个秘方，需要把熬出的精华好好包装。

秘方四：快。

天下武功，唯快不破。

FarmVille 或者得州扑克是社交游戏公司 Zynga 旗下的游戏。

Zynga 何方神圣？它是一家把游戏产品当作互联网产品快速经营的快节奏公司，每周更新游戏数次，并且会发布更多游戏以便快速试错。专业的游戏玩家还真的相当兴奋，因为可以体验不同的乐趣。快速过关，再快速转战，相当刺激。

小米 MIUI 坚持每周迭代，这速度，让推崇新功能的手机控们如何是好？

这个秘方，需要加大火候。

所谓知己知彼方能百战百胜，要想有效地管理好互联网金融，就必须对其精髓——互联网思维有个深刻的了解。

监管层对于如此非主流的互联网思维了解多少？传统监管对此自然迷惑不解，但高层已经在慢慢关注这个新事物。

传统监管水土不服

互联网解构权威——互联网金融不是你想管就能管的。

显然，就目前情况来看，传统监管自从迁到互联网金融这块地盘，就出现了水土不服的状况，身上起了大量红斑，看来情况并不乐观。

互联网金融依托互联网技术让监管机构浑身不适，起了不良反应。

不良反应第一幕：你让我归谁管？

银监会、证监会抑或保监会？

监管者在这个最基本的问题上就开始卡壳了。为此，倾力大范围"围捕"互联网金融，欲把互联网金融推到"实验台"上，了解个透彻。

好似地球来了个外星人，出于好奇或担忧，搞个专家团队对其进行一番透彻研究。

不弄懂互联网金融是个什么东西，该谁管，怎么管这一系列问题的小伙伴儿，都可以洗洗睡了。

P2P 网络借贷颠覆了监管对贷款的界定：法规中，贷款是银行或其他金融机构按一定利率和必须归还等条件出借货币资金的一种信用活动形式。而 P2P 网络借贷行为在形式上类似贷款，可中间却经过一个网络中介平台，所以贷款的相关法规管不到这里。

余额宝等"宝宝"们神似货币基金，但却不同于之前的货币基金。因为他的发行平台和发行渠道都是通过网络。

要弄懂他们还真是不容易！

互联网金融的发展以及所出现的问题对经济的影响可不是几个模型或者报告能够解决的。

互联网金融正是发挥了其自身的智能化、数字化和便捷化处理这些长处（这刚好是传统金融不足的地方），才能一朝登入金融的高大殿堂。

但互联网金融这个孩子太野，一旦入门便行为不受约束。从最初抢滩登陆金融"蓝海"，便直"搅"中国传统金融。

像拍拍贷等 P2P 网络借贷企业"三无"状态经营；余额宝等互联网货币基金的高收益率叫板传统银行；而比特币等虚拟货币更是直接威胁到国家金融安全。

互联网金融是一个大概念，几乎可以包罗一切金融业。对于归谁管，监管层脑袋一时炸开了花。现在暂时的归属是：央行负责第三方支付；电商小贷由地方金融办负责；保监会监管众安在线；余额宝等理财产品由于其货币市场基金的本质，属于证监会监管范围；而 P2P 网络借贷属于银监会的范畴。

这样的多头监管、分工不明晰、政出多门，对于目前仅有 20 多家企业的行业来说，所接受的监管成本得有多高？而垂直金融搜索引擎，由于不涉及资金交易，又该归口何方？至于比特币这个烫手山芋，就更加没有监管部门愿意接手了。

现在的监管机构设置来看，有一个名为"处置非法集资部际联席会议"的组织来负责非法集资问题。参与者有最高人民法院、最高人民检察院、公安部、监察部、银监会等在内的 31 个成员单位；央行也是出动了 9 个部委，对 P2P 搞一个调研，大家都来管，也就是谁也管不了。

不良反应第二幕：扑朔迷离，雾里看花，水中望月，你猜不透。

互联网金融依托的是高科技时代的大数据、海量信息和云传输。传统监管技术上是否跟得上？在数据安全、风险模型判断、监管区域模糊等问题上又该如何解决？

传言互联网金融可以通过你发的微博、QQ 空间等社交网站了解你的信用状况。

这可是真的！很赞吧！

P2P 网络借贷平台大神——拍拍贷，就采用对 SNS 社交关系进行认证的方式。暂且不需要搞懂什么是 SNS，只需要知道在这个玩意儿上面能够获得大量个人信息。这些数据对于拍拍贷勾勒个体的信用轮廓很有用。所以说，你要是在拍拍贷上借款，微博、微信、QQ 上的有关个人信息都有可能被挖出来作为评判你信用状况的标准。

另外，拍拍贷还将自己的大数据分享给其他人，也就是说，你在拍拍贷上的违约记录将被作为信用污点而被他人知道。那么可想而知，你之后的借贷路将会多么崎岖坎坷。《南方周末》在 2014 年初曾经报道过，重庆一名大学生因为在拍拍贷上的一笔逾期借款，无法从当地城商行办理房贷。

这样看来，在这个信息流通共享的大数据时代，互联网已悄悄挖起了银行信息垄断的"墙角"。

当前无论是对产品功能的监管还是机构监管，都是单维数据搜集、点状数据分离的分散化监管，无法适应互联网金融下"大数据"趋势的要求。如何利用大数据来丰富监管制度本身，如何寻找到适合互联网金融的监管方式，对监管部门来说无疑是一大难题。

不良反应第三幕：你自身本就千疮百孔待治疗。

传统监管何曾不想市场健康有序发展，但很多时候只因为自身实力太弱，千疮百孔，心有余而力不足。

借用琼瑶阿姨的一句话，"一个破碎的自己如何去挽救一个破碎的你"。监管层曾经对一起"资金流动异常行为"的监管做到了"态度积极，案例极少，基础薄弱，手段落后"，彰显其监管实力。

现在状况也没什么改进。对互联网金融的监管可想而知。

在如今的大数据时代，谁掌握了大数据，谁就能很好地左右市场。阿里巴巴和腾讯便是如此。

监管当局的头脑有点儿糊涂，不知道该如何对数据进行集中、整理和分析。就像一个对数学"不感冒"的学生，看到数字就头疼，视数字为死敌。数据，简直是监管当局的"软肋"。

中国从来不缺少调查，但深入实质，有里程碑意义的调研却很少。至少纵观以前的金融监管，大多是有事说事，有情况解决情况，处于相对被动地位，创新性的监管案例较少。当下，面临互联网金融与各传统金融业"群雄角逐"的复杂局面，当局若不采取新的有前瞻性的方式，那监管将何从谈起？

而且，互联网金融并不是在故意与监管机构"抬杠"。只是他的发展显得有些突兀。

在没有监管的日子里，互联网金融业是空虚无助的。看着监管机构给银行源源不断的支持和补给，自己却只能在风中凌乱，"骨瘦如柴"却还要不时的和监管机构玩躲猫猫，身心俱疲呀！

互联网金融是盼着政府来接管自己的，同时，又怕因此失去自由，所以只能和政府打游击。

互联网金融和传统金融好比在赛跑，监管权威则是这场竞技的裁判员，他的职责是制定规则，维护比赛的正常秩序。互联网金融既要学会如何遵循比赛规则，更要关注如何在规矩之下，跑过传统金融，他是"带着脚铐在舞蹈"！

对于"裁判员"，保证裁决的公平公正性才是比赛进行的保证，若他有稍微的态度倾向，势必导致弱势一方的不满，甚至"顶撞"裁判，"抗议"裁决。所以，"裁判员"，也请你将心中的那杆秤端平！

第三节 / **互联网时代的泛监管**

求同存异

中国有句古语："水能载舟，亦能覆舟。"说的就是草根阶层的重要性。

自打互联网金融诞生的那天起，就伴随着话题与争议，"如何对待这股新生势力"很自然地将民众划成了两派，一派是拥护者，俗称"草根"，而另一派则是他的反对者，自然就是传统金融的追随者，俗称"高富帅"。

究竟哪一派能助自己的掌门人占到优势呢？

派别一：草根——互联网金融的粉丝。

特质：他们不是矮穷矬，他们年轻、朝气蓬勃、富有激情，乐于表达自己的看法和意见。有数据分析显示，"草根"年龄普遍小于银行的铁粉们。"新秀"互联网金融只有获得这群"草根"死心塌地的追随，才有未来发展的可能。

观点：创新才有未来！互联网金融应该更多地被接纳。

论据：从余额宝、微信的发家到如今整个行业拥有几千亿规模可以看出，互联网金融这股新生力量具有强大的创新性与潜力。它为草根群众提供了比银行更高收益的产品，所以有很多人赞成它们，接纳并选择了它们，它们也发展得越来越快。

评价：互联网界得草根而得天下。在这个全民调侃草根的年代，草根实质上却拥有了最后的话语权。因为草根代表着一批最广大的投资者和需求者。他们"用手投票"，用自己的选择行使着他们对金融市场的评判。而互联网金融"出生民间"，他们肯低头倾听草根的心声，替草根发声，赢得了广泛的群众基础。

派别二：高富帅——传统金融的粉丝。

特质：高端儒雅，有一定的资产，年龄属中老年阶层，对风险大的东西缺乏安全感，故偏好存款。

有个段子可以表达他们的情感：

还记得许多年前的银行，那时的客户绝没这么刁钻，没有余额宝也没有微信，没有6%收益的理财。可当初的客户是那么的快乐，虽然只有一本破旧存折，在家里在大厅在柜台前，算着那微不足道的利息。"如果有一天，我老无所依，请帮我灭了，灭了那余额宝。如果有一天，我悄然离去，请把我埋在存款里，存款里……"

忠诚，忠诚得让人惊讶。

观点：他们不愿购入或持有互联网货币基金，甚至反感这些产品。在他们心中，这些产品太不靠谱，甚至觉得这个世界已经被这些投机倒把分子搞得鸡犬不宁了，他们呼吁万能的政府赶紧出来管管。

论据：我们只拿事实说话。看看2014年"3·15"聚焦的中国互联网金融诈骗最大案。该案的主角是一款叫金玉恒通的理财产品，该产品承诺保本分红，总公司在英国，分公司在我国香港，来我们内地帮助百姓脱贫致富。该案涉案金额超百亿元且全国2万多人成了这款理财产品的"幸运儿"，"日进百万元"的美梦瞬间化为乌有！2013 年 P2P 网络借贷平台的倒闭潮，2014 年余额宝的暂无收益，互联网金融接二连三的事故，让人心脏病都快犯了。

评价：这也是看待互联网金融的另外一双眼睛。这是互联网金融要扩大所要极力拉拢的一部分力量。互联网金融要吸收这一部分人的支持，就需要做好相关的风险控制。从这个意义上讲，这部分群众充当了互联网金融的监督者。

针对互联网金融的两大派别、不同声音，我们可以借鉴周总理在处理国际关系上的"求同存异"方针。只有拥有对多样性的包容，才有发展的可能。因为不同的"眼睛""看到"的是不同的方向，代表的是不同的意见。从某种程度来说，这亦是另一种"监管"。

当然了，同时也奉劝监管者一句，不要限制过多，互联网金融，就像翱翔于蓝天的一只风筝，对于这只风筝，只要把线牢牢攥在手里就好，该松则松，该紧则紧，松紧结合，顺着风势，风筝才会越飞越高。

分工协作

亚当·斯密提出的劳动分工理论在经济学，甚至在整个社会发展中都具有里程碑的意义。分工提高效率，这条放之四海而皆准的公理，在政府和市场这里当然也同样适用。并且在更加自由公平的互联网时代，市场自身的调节和自律更显得重要。

亨利·福特，那个被称为"为世界装上轮子的人"，创立了福特汽车公司，生产出了世界第一辆 T 型车。而他更大的成就在于开发出了世界上第一条流水线。这项发明对于整个世界、整个汽车工业来说意义都可以用伟大来形容。世人给了他一个"划时代"高度的评价：他将汽车从只为少数有钱人消遣的代步工具带给寻常百姓。

流水线到底有多么强大？每 10 分钟可以组装一部整车，当年的旧金山世博会期间，就组装了 4400 辆车，震惊世界。

举这个例子不是想为福特公司打广告，只是让大家知道明确的分工可以带来工作效率的极大提升。

还有一句话讲得好：此地无声胜有声。

当年汉高祖称帝后，吸取秦亡经验，采取道家"黄老治术"、"无为而治"治理国家。不搞劳民伤财、严刑峻法的统治，改以宽刑薄赋的政策，保养民力政策。历经几代皇帝（惠帝、吕后、文帝、景帝），前后六七十年，执政结果是"海内殷富，国力充实"，这便是"无为胜有为"。

看来管理不是事事都管才叫好。就像揠苗助长故事中的那位，硬要"管"那棵苗，累得半死，结果苗还全死了。这则寓言的寓意是浅显易懂，在生活中却有很大的借鉴意义。

近些年来，我们觉得国外管理多么先进，纷纷拿来效仿，其实也可以从我国传统文化吸收精华。2000 年前的政府就能运用好的政策，相信现代化如此高的当今政府肯定运用得更好。

每个人都是矛盾的统一体，连市场和政府也是这样。所以，有时候纠结一下是被允许的。这段时间，政府和市场被两个问题折磨得心力交瘁：市场和政府应该怎样分工监管？应该怎样做好自己的那一部分职责？

话不多说，赶紧进入第一个话题：

究竟哪些是应该交给市场的，哪些是政府必须要管的？

互联网金融，先天就有"信用"与"安全"两大"不足"，时不时生病是在所难免的。当然有些病痛就像小感冒一样，自我修复，过几天就好；而有些病痛则需要进医院，让政府的监管来治疗。

互联网金融会存在哪些风险？

互联网金融很多投资产品方向在传统金融行业，依附于传统金融这棵大树，大树有什么闪失，自然你也难以全身而退。所以传统金融的那几类风险，像市场风险、信用风险、法律风险等，互联网金融也同样受其影响。

众筹——通俗地理解"众人拾材火焰高"，却也可能"烫"坏了自己。

看看捆在他身上的"几把火"，暂且先拿法律风险这把大火跟大家探讨探讨。

众筹，众字一出场，动辄成千上百，波及范围之广可想而知，一旦发生诉讼纠纷，所面临的对象甚至是集团；更要紧的是众筹平台可能有资金池风险和项目发起者的违约风险。在众筹的操作过程中，在无明确投资项目的前提下，操作人事先归集投资者的资金，形成资金池，然后公开宣传、吸引项目上线，一旦资金归集完成，就有可能拿你的钱干其他事或是卷铺盖走人。真若如此，你就可能被集资诈骗了，血本难归；另有部分股权众筹平台直接向民众发股，至于事后项目投资盈利怎么分红，就看平台心情了。

有没有听着毛骨悚然？

但不要风声鹤唳，草木皆兵，这个世界上没有"零风险"的中空地带，同时也不是一犯错误就会遭到严厉惩罚的。

打个不是很恰当的比喻：家长教育孩子，孩子偶尔的过失或跌倒有时更能促进其成长。在一部很著名的好莱坞电影里有一句话"Why do we fall? So we can learn to pick ourselves up"，还有"失败是成功的妈妈"，看来中外文化在教育这块还是有蛮多相通的地方的。

当然这个比喻不太恰当，但要说明的道理很简单，不管央行还是政府，你真是要发展互联网金融，就应该让他有自己的发展空间。时至2014年，P2P网络借贷行业倒闭了20多家，其实政府不必过于紧张，就把他当作网贷行业发展过程中的调节整合。事物发展必有优胜劣汰，就连人类进化都是不断适应环境的结果，所以说，倒闭的P2P平台就是不能很好适应竞争浪潮的次品，他们的退出是市场自身的不断调整与优化。这样一看，岂不眼前一亮么，但就是要把好一个度。

银行是聪明的，借互联网"安全问题"大做文章，他们显然已经抓住了互联网金融的"软肋"。之前银行从客户个人信息和账户安全角度考虑，调整快捷支付额度，从之前的单笔5万元下调至5000元，弄得快捷支付界风雨飘摇。

安全，又是安全，这已成为传统金融业抵御互联网金融的不二法宝了。这究竟是银行真心实意为客户考虑，还是在混淆视听，或是两者兼有之？答案是什么，你我都会心一笑，心知肚明。

互联网金融是个复杂体。互联网金融出现的风险或问题将对其他人产生很大影响——就是我们所说的金融外部性。所以没法让它完全按照自我意愿去发展，得有人看着管着，不然自己摔跟头是小，还会连着撂倒周围一片人。但也不可过度谈危色变，甚至借安全之名妨碍其发展。

第二个议题：怎样各自实现各自的职责。

将监管者的内容放在后面细讲，这里主要讲讲互联网金融怎样把握好自己的职责，实现自身腾飞。

现在都知道互联网金融发展快，而风险成为制约其发展的一道墙，现在要做的就是如何翻越这道墙。

在互联网金融行业，大家心照不宣的一件事就是：谁能做好风控，谁就能胜出。陆金所在这方面给互联网网贷业务提供了一个较成功的案例。陆金所的心思足够缜密，他通过"政策、分析、模型"的三元组织架构对用户数据进行了有效梳理和应用，敏锐的他早已把握住了发展的核心：数据。因此，再苦再累也要把数据分析好分析全。陆金所不断追求完美，他还构建了进件验证系统、风险评估模型和早期预警系统三道防线，不允许任何风险靠近三道防线一步。

互联网金融的发展不得不归因于他们自身的努力，他们并不是只会敛财只顾眼前之利。我们得给他们多一点点时间，多一点点空间。

变革从监管者做起

釜底抽薪，从监管者下手。

没办法，你就是标杆，就是风向标，起着表率作用，就得承担多一点儿。正如班长一样，一切要以身作则。

对于互联网金融监管到底该如何实施的争论，就目前看来，主要有三派意见。

派别一：纠正"野孩子"的不良行为。

将余额宝纳入央行的监管范围，以传统金融的规矩约束其行为，纠正其"不良"作风。互联网金融的出现，为草根们带来了太多福利，尽管这都是浅层次的小恩小惠，从大局来看，百姓实际上是吃亏的。以余额宝为例，余额宝就是"吸血鬼"、"金融寄生虫"，危害巨大。它并未创造价值，而是通过拉高全社会的经济成本并从中渔利，冲击的是全社会的融资成本，融资成本高了，公司难赚钱，你的工资谁给你发？这最终遭难的是整个中国的经济安全体系。

派别二：创新者就当鼓励。

互联网金融带来的福利前所未有的多，草根用户的交易成本大大降低，服务效率大大提升等。因此，对互联网金融产生的新业态，监管者应该表现出比传统银行更宽广的胸怀。正所谓，退一步，海阔天空。监管者退一步，带来的是中国金融市场的海阔天空。

派别三：适度管理。

央行希望互联网金融健康发展。首先要保证安全性，这点是必须的。监管与创新的博弈，用户选择权居首位，其次是游戏规则的公平明确。金融改革需要新事物的参与，像 P2P 网络借贷、第三方支付，新事物就要保持它的天性，这样才能给整个系统带来生机与活力。

互联网金融对监管的态度没有特别强硬，他们还是希望得到政府的支持，但是就怕被政府过多限制。所以对于政府一方来说，管理的力度也需要再三斟酌。

古往今来，监管、市场、民众这三者的博弈就不少。这也是监管者应该充分考虑的一个问题。那历史上，我国对经济的监管是怎么样一个情况？

接下来让我们看看中国金融监管的历史吧。

中国金融监管始于清末。那个时候金融就早已产生，所以这么看来，金融是先于监管产生的，这似乎决定了金融监管滞后性的命运。

改革开放以前，在计划经济体制下，我国无金融监管，管理体制以行政隶属关系为准。改革开放至今，中国金融业形成了如今的证监会、银监会、保监会"三驾马车"式垂直的分业监管体制。

基本上现在我们谈的金融监管就是"一行三会"的监管。话说中国金融监管打一出生就有一点儿"先天不足"。

其一，体质问题，中国金融监管的体质是有点儿虚弱的。近代中国金融业在动荡的环境中成长起来，基于此，想要建立完整金融监管制度可谓是举步维艰。中国近代金融监管制度的设计，一直专注于对西方经验的吸取，开的药虽好，但终归不适合自身的体质。就像鲁迅所说的拿来主义总归不太适合自身。

其二，近代中国金融监管的主体是财政部，却不是中央银行。这就决定了监管本身不具有完备的独立性，或多或少会受到当时"风向"影响。

其三，在近代中国，强制性变迁是金融监管制度变迁的主要方式，诱致性变迁次之。对比之下，美联储金融监管体系确立与演进的历程具有很浓烈的诱致性变迁色彩，金融监管应该以提升金融市场有效运转为目的，即实现金融自由化与金融监管的平衡。

大家看着这几点可能觉着烦琐，其实原因总结起来就 4 个字"外乱内垮"！

如何在管制与松绑中找到平衡，并且兼顾经济发展与国家利益，是保证金融业发展的关键。对待互联网金融的发展亦如此。

一个人的自身强大才是解决一切问题的资本，监管者是时候该修炼一下内功，提升下段位了。

第一条便是对新事物抱有包容态度不变。

创新是前进的源泉，有生命才会有活力。互联网金融像一个新生的小婴儿，从头到脚都是稚嫩的，难免会做错事儿，作为家长，自然要多关怀呵护才是。就像当初"呵护"信托那样，不厌其烦地纠正他的"不良行为"，永远能够在他跌倒，需要搀扶的时候伸出手来。更重要的是，当看见他快要误入歧途时，能够一把把他拉回正道。

第二条便是要增强自身监管实力，自身过硬，任尔东西南北风。

这里的监管不一定是要严防死打，是指适度适量的少监管更显智慧。

很多人只看得到别人的缺点，而找不到自身的不足，这是伤脑筋的问题。监管者要想不负"监管"二字，必须敢于直视自己的缺陷，从缺陷抓起。

行业监管立法必须得加强，形成理性立法而不是混乱管理。今天出来一纸条文说要发展，明天出来一份草案又要严打，如此朝令夕改，让游戏参与者无所适从，最终损害的还是监管者的信用额度。

制定法律要靠脑，而不是手。全国统筹、深入研究、综合考量，好好把握这三大法宝吧。对于P2P网贷借贷，可做的还真多：一是经营主体要备案，出事了至少还有个责任人在，知道上哪儿去找。二是征信体系要完善，至少要知道借钱人的信用状况，谁合适就借给谁，而不是见谁就借给谁。三是建立黑名单，不放走任何一个漏网之鱼，这是约束违约方极好的办法。

第三条，对症下药，考虑互联网特性管理文化。

中国互联网金融产品大多是从美国"进口"而来，很多金融产品诸如人人贷、支付宝等作为舶来品在中国发展后就"接地气"，有了"中国特色"，这也就造成了互联网金融源于美国，却火在中国。

中国有个奇迹：在中国，一家公司从成立到成为世界第一，只需半年。这在其他拥有成熟市场机制的国家是很少出现的。因为充分的竞争、清晰的规则决定了在一个发育比较充分的金融市场上要想获取暴利、一夜暴富已经十分困难。

"中国传奇"也许是效率的一种体现，但其背后隐藏着更大的危机和风险。监管当局只有掌握、熟知并运用好互联网金融的这些特色和文化，才能更好地管理互联网金融。

互联网金融的发展方向是好的，对经济发展也是有利的，主流上就应该支持，发展其特性。真的如果像银行一样管理，只可能出现两种结果：一是互联网金融妥协，逐步向传统银行模式靠近，创新性一点一点被蚕蚀；二是发起反抗，就像处于青春叛逆期的"问题少年"，你要跟他来软的，而不是硬碰硬，这样往往会适得其反。

互联网金融"向左向右"

2014年既是互联网金融兴盛的元年，又是互联网金融监管的元年，元年与元年的碰撞，到底路在何方？

这考验着每个人的智慧。

监管当局可不敢怠慢，调研、课题、立法都得跟进。2013年八九月，央行联合九部委分别赴上海和杭州对互联网金融进行密集调研，其中上海就选择了陆金所、拍拍贷等，而杭州则选择了阿里巴巴。

为何要调研，因为互联网金融的监管"前无古人"。

在新兴行业发展瞬息万变、创新不断，尤其涉及两个产业融合的情况下，要做到"管"的话，就更加考验监管层的知识与法律水平了。而从目前来看，显然中国监管层还被局限在"非法集资"、"非法吸收公众存款"等计划经济色彩颇浓的法律框架内。

国外互联网金融监管为我国监管当局提供了多样化的借鉴。美国对互联网金融的教育方式就是严管。互联网金融的一举一动都要受到严格约束，注册、登记、运作模式、经营风险、财务状况等，都要管，而且严加看管。P2P网络借贷、众筹等都要管，一个都不能放过。

还未长大的孩子怎能承受严管带来的压力呢？于是，他们叛逆，只有这样才能宣泄心中的怒火与不满，而为这结果埋单的当然也是美国。英国Zopa直接放弃了美国市场，导致美国目前只有两家P2P网络借贷平台分庭抗衡，全年成交仅为24.2亿美元。

而英国的教育方式吸取了美国老大的教训，采用较有章法的管理，不会一下子管死。当孩子在调皮的时候管一管，孩子只要不犯错，就任其自由发展。这样的教育方式当然更受孩子们的欢迎。英国的监管者更加人性化，在2014年4月前，英国P2P行业获得了200%的年增长率，其中Zopa有望于2014年达到4亿英镑的年成交量，协会会员也发展至Funding

Circle、RateSetter、ThinCats 四家。

"路漫漫其修远兮，吾将上下而求索"，中国的互联网金融监管模式仍在探索，摸着石头过河，但必须摸索，而且容不得半点儿怠慢。

监管之殇。

殇，元年之速！

殇，协调不易！

殇，监管之辛！

问题就摆在眼前，Are you ready？

（或许有一天，我们能够看到央行人员和马云、马化腾等互联网金融家以及四大行行长愉快地一起用餐，讨论中国经济的发展问题，如何实现中国经济的腾飞。）

后 记

互联网正在"狙击"金融！

互联网在中国已经走过了整整 20 年。20 年来，我们见证并伴随着中国互联网的崛起。到今天，互联网这股不可阻挡的力量已经成功打破了传统金融的垄断，杀入了金融业，进而成为改变金融乃至颠覆传统金融的力量。回顾过去，刚过去的 2013 年被称为"互联网金融元年"，我们见证了互联网金融"热潮"的疯狂；展望未来，互联网在金融行业的继续渗透与发展，让我们看到了未来金融的发展方向。"今天就是明天的历史"，互联网这股无可比拟的力量将翻开中国金融历史崭新的一页……

《互联网＋金融》这本书试图讲述互联网金融在中国近几年来的快速发展，包括马云、马化腾等在金融行业的几次大动作，银行家们对互联网金融的反击，"草根"们的金融梦想，还有比特币、监管等相关的内容。在撰写本书时，写作组在长期研究并大量阅读相关资料的基础上，力图以独特新颖的视角、诙谐幽默的语言、充满激情的笔墨，努力展现 2013 年"互联网金融元年"波澜壮阔的画卷。

我们团队的目标是写一部"白话互联网金融"的扛鼎之作，使用的写作手法完全颠覆传统范式的死板与索然无味，"戏说"互联网金融，以通俗生动的语言来解剖深奥的专业知识，叙述互联网金融在中国的故事，力争给人们提供有关互联网金融最有趣、最丰富、最全面的信息，让人们更容易了解互联网金融这些事儿，并以此唤起更多人对互联网金融的兴趣，通俗易懂，雅俗共赏。

感谢经济管理出版社宋娜主任对本书的支持与指导！感谢本书的写作团队，他们为此付出了大量的精力！写作团队核心成员是：陈哲、黄中翔，参与第一章；陈梦茜，参与第二章；黄中翔，参与第三章；陈哲，参与第四章；吕慧敏，参与第五章；刘彬、周小斌，参与第六章；张文，参与第七章。后期修改团队的成员是：李陌、张艺媛，参与第一章、第五章；万晓蕾、杨莹、袁丽婷，参与第二章、第三章；吕慧敏、李俊杰，参与第四章；李路璐、杨蕾，参与第六章、第七章。另外，还要感谢李亦博、夏越细致耐心地审稿，感谢洪文堆参与了前期工作，感谢万晓蕾耐心细致地校对定稿。

乔海曙　于麓山下

2015 年